数学·教师·教学

黄红涛 ◎ 著

西南交通大学出版社

·成 都·

图书在版编目（ＣＩＰ）数据

数学·教师·教学 / 黄红涛著. —成都：西南交通大学出版社，2022.4

ISBN 978-7-5643-8636-8

Ⅰ. ①数⋯ Ⅱ. ①黄⋯ Ⅲ. ①小学数学课－教学研究 Ⅳ. ①G623.502

中国版本图书馆 CIP 数据核字（2022）第 050499 号

Shuxue · Jiaoshi · Jiaoxue

数学·教师·教学

黄红涛　著

责任编辑	赵玉婷
封面设计	何东琳设计工作室

出版发行	西南交通大学出版社
	（四川省成都市金牛区二环路北一段 111 号
	西南交通大学创新大厦 21 楼）
邮政编码	610031
发行部电话	028-87600564　　028-87600533
网址	http://www.xnjdcbs.com
印刷	四川煤田地质制图印刷厂

成品尺寸	148 mm × 210 mm
印张	8
字数	208 千
版次	2022 年 4 月第 1 版
印次	2022 年 4 月第 1 次
书号	ISBN 978-7-5643-8636-8
定价	48.00 元

其人其"室"其书：奇
（代序）

2021 年 8 月 30 日，重庆市涪陵城区第七小学校副校长、涪陵区黄红涛名师工作室主持人黄红涛老师带着厚厚的书稿和完成书稿的素材原件来找我，让我给书写个序。接到请求后，我夜以继日地拜读起来。读了几遍后，我仍旧不知道这个"序"从何下手，如何评价这本书？

就在我非常困惑、苦思冥想的时候，突然想到我做"教育扶贫"课题的时候读过的一本书——《立此存照：十八洞村精准扶贫档案实录》（以下简称《立此存照》）。《立此存照》的内容及专家对《立此存照》的评价给我巨大的启发。《立此存照》以十八洞村精准扶贫档案为例，通过图片、表格、数据和纪实文字等，从一个侧面记录着中国新时代脱贫攻坚战的重大胜利，从一个局部展现了世界减贫的中国方案。国家档案局原局长、中央档案馆原馆长杨冬权认为，《立此存照》用扶贫档案的形式来记录扶贫事业，在反映脱贫的图书中独树一帜，有很高的辨识度，让人耳目一新，堪称一本独具特色、史料权威、能够传世，为中国和世界立此存照的好书。《数学·教师·教学》这本书不是同样以大量的原始档案素材，通过真人真事真实对话来叙述的吗？

想到这里，我有了灵感，并对自己的无知感到惭愧，认识到自己缺乏"教育情怀"和创新担当。只有对传统的"序"进行合理的、适度的创新，才能够评论好、介绍好这部书。

我给本书写序，应以介绍或评论本书为主。但是我想只介绍本书内容，还不能充分说明本书的特点，还需要介绍一下作者、作者的名师工作室。

作者、作者的工作室和本书，我只能用一个字来概括，那就是"奇"。这个"奇"是中性词，只想表达"奇"中的"特殊的"这层意思，是客观评价，没有更多的"褒奖"。

作者黄红涛，出身农村，中等师范学校毕业后扎根乡村学校任教。因在地区、县和省级优质课竞赛中获奖的偶然机会，被重庆市涪陵城区第七小学校领导看中，调到该校执教，历任中层、副校级职务。

从乡村教师变成城市一流学校的领导，他的工作地点变化了、工作环境变化了、工作对象变化了，但教书育人的本色和深厚的教育情怀始终没有变化。他任副校级干部达20余年，几次有机会到重庆主城工作、到其他学校任校长，但他都放弃了进一步发展的机会。当学校发展成教育集团时，管理任务异常艰巨。在这样的情况下，他没有放弃教师的身份，坚持每学期至少要上一个班的数学示范课。他还把上课经验、体会写成文章，坚持每学期至少完成一篇文章。我为他的特殊的"放弃"与"坚持"感动。

黄红涛名师工作室是数学名师工作室，具有很强的专业性，但是他给我提供了18万多字的2014年以来习近平总书记关于教育的重要论述的原文和学习笔记，清楚地记录着习近平总书记每句话的出处、寓意和相关典故；还提供了150多篇他们团队研读过的学术论文，每篇论文都有批注、要点摘编。这充分说明了名师工作室的理论基础打得是多么扎实。黄红涛又提出了进入工作室要具有"十二气"的基本要求："闲时多读书，博览凝才气；谨慎言行，低调养清气；交友重情义，慷慨有人气；困中善负重，忍辱蓄志气；处事宜平易，不争添和气；对己讲原则，坚持守底气；淡泊且致远，修身立正气；居低少卑怯，坦然见骨气；卓而能合群，品高养浩气；舍我而其谁，争先显霸气；齐心共努力，协作振士气；勇上公开课，天高比勇气。"这"十二气"有效推动了教育者"优先发展"和"先受教育"的进程。黄红涛名师工作室自 2015 年成立以来始终坚持学术研讨、送教下乡两条腿走路，他们的一半活动是在乡下开展的。我为他们的特殊的学习路径和对教育情怀的坚守而感叹。

本书书名为"数学·教师·教学"，是重庆市涪陵区数学名师工作室的研究成果，主要内容包括三部分：小学数学教师素质研究、小学数学教学研究与实践、小学数学教师"名师工作室"工作研究与实践。第一部分主要从新时代教育使命、基础教育基础学科、小学教师标准、小学数学课程标准等视角阐述内容；第二部分主要阐述了个性课堂教学模式的实践、动态生成好玩有趣的数学课堂、对新课程标准下的高效课堂的认识、学科教学与德育、教学设计案例选等内容。第三部分主要阐述了塑造工作室独特精神气质，打造金牌工作室，培养"问题导向"的小学数学教师、培养"好玩有趣"的小学数学教师、培养"有效教学"的小学数学教师、培养"善于数学实验"的小学数学教师、培养"具有信息化意识"的小学数学教师、培养"有效开展课程德育"的小学数学教师等内容。本书坚持"顶天立地""对标对表""从实求知"，以习近平总书记关于教育的重要论述为指导，以小学教师标准和数学课程标准为依据，以承担的课题研究——重庆市涪陵区教育科学规划领导小组办公室的"好玩有趣"的小学数学活动化课堂教学模式研究（课题号：2019-G-8），重庆市教育科学规划领导小组办公室的个性教育实践研究（课题号 2007-TS-019）——为依托，第一部分从过去到现在，从国内到国外进行理论阐释；第二部分、第三部分以工作室学习、教学、研讨的档案材料为主，记录着如何培养教育者甚至是教育者的成功历程。我为一本"小"书有这样特殊的立意和布局而感慨。

作为一个研究基础教育的工作人员，对本书的主要观点谈谈个人看法。

关于数学课程标准、小学数学教学，人们曾经都有过激烈争论。甚至"关于小学一二年级开不开设数学课"这样一个有明确结论的话题大家都争论已久，意见不一。赞成者认为，一二年级学生普遍在六七岁的年龄，这个年龄段的学生记忆能力强，逻辑思维能力较差，是学语言的最佳发展期，学习数学相对比较吃力。反对者则认为，培养逻辑思维是个循序渐进的过程，一二年级若不学数学，会影响到今后的数学学习。本书并没有在意别人的争论，没有去回答开不开设数学课的问题，而是从国内到国外，从历史看未来，认真分析论证怎么开、怎么教、谁来教、教什么的问题。

首先，以高度的责任担当和主人翁意识，开宗明义提出，"教师素质直接决定着新课程改革的成败"，要以习总书记"教育是国之大计、党之大计"的重要论断为指针，用战略思维探索自身素质提升，增强专业发展的自觉能动和创造的主体意识。

其次，以两个标准为对照，探讨如何担当起新时代小学数学老师的使命和责任。学生早期创新意识的激发、学习兴趣的启蒙、研究志向的引导，既是基础教育者的使命，也是责任和义务。

再次，用大量的原汁原味的案例、对话，分析、论证了好玩有趣有效的数学教学问题。从数感到数学感、从双基到四基再到核心素养，从数学教学到数学课程育人都进行了阐释。

认真读过他们的案例，能够看到他们对数感、数学感的培养。小学数学的学习离不开数感的培养，而数感的培养离不开教育者在日常生活和学习中的引导。

数感这个词，是从英文词组 number sense 直接翻译过来的。它的意思有很多，主要指的是孩子灵活机动地使用数字的能力。他们不仅注重"数感"，而且会发展学生的"数学感"，坚持数学教学要紧密联系学生的生活环境，从学生经验和已有知识出发，创设有助于学生自主学习、合作交流的情境，使学生通过观察、操作、归纳等活动，掌握基本的数学知识和技能，发展他们的能力，激发他们对数学的兴趣以及学好数学的愿望。其实，数学源于生活，生活中的数学是最鲜活的，一切脱离生活实际的教和学都显得苍白无力。

在我们的生活中，到处都充满着数学，教师在教学时要善于从学生的生活中发现数学问题，让学生熟知的生活数学走进学生视野、进入课堂，使学生产生亲近感，引发学生的内在学习动机，使学生主动地动手、动口、动脑，想办法来探索知识，以达到对自我生活、心理需要的满足，获得成功的喜悦感；同时也增强其学习数学的主动性，发展求异思维，培养实事求是的科学态度和勇于探索、创新的精神。

本书另外一个着力点是如何拓展"数学教学的功能"。1952 年 3 月，教育部颁发的《中学暂行规程（草案）》中提出：中学的教育目标之一，是使学生"得到现代化科学的基础知识和技能，养成科学的世界观"。这是"双基"概念首次被提出。自此，我国数学教育界开始使用"双基"概念，并强调基础教育课程的主要内容应是基础知识、基本技能，教学中一定要抓"双基"，考试一定要考"双基"。数学双基教学是植根于中国本土的教学观念，带有鲜明的中国特色，是中国数学教育的优势所在。教育部于 2011 年 12 月 28 日正式公布了《义务教育数学课程标准（2011 年版）》，它明确提出了"四基"，即数学的基础知识、基本技能、基本思想和基本活动经验，并把它们确定为我国义务教育数学课程的基本目标。数学教学是数学活动的教学，是学生在各种数学活动中生成、拓展、提升与交流数学活动经验的过程，同时也是他们获得数学的基础知识、基本技能与基本思想的过程。本书突出了"四基"的科学训练。在此基础上，又强化了对小学数学"核心素养"培养、深度学习、课程德育等内容的阐述。

本书是创新之作，可圈可点之处很多，但也存在一定的瑕疵，需要今后在研究中避免。一是论证上如果能够做到"纵向到底、横向到边"，这样就更有说服力。二是案例选取在注重"原生态"的基础上若能够更精细、更精准，对他人的参考价值就更大。三是对他人的研究成果如果能够做到"消化吸收"使之变成自己"流淌着的血液"，那样语言会更优美，体系会更科学，逻辑会更清晰，形散而神不散的效果会更明显。

不能喧宾夺主，有感而发到此。

本人才疏学浅，对本书的评价不足之处，敬请谅解。

于海洪

（长江师范学院教育学院教授，国家基础教育成果评审专家）

目录

第一编

小学数学教师素质——我的认识

　　在新课程改革背景下，小学数学教师愈发关注学生的综合素质，认识到了学生综合素质的重要意义。对于小学生而言，数学综合素质不仅仅指学生的数学知识运用能力，更代指学生的数学思维能力与数学自主学习能力。培养学生的综合素质，教师的素质至关重要。作为一名工作在一线的教师，在推进素质教育的过程中，笔者越来越清楚地意识到，教师素质的高低直接决定着新课程改革的成败。

　　关于教师素质的研究成果非常多。小学数学教师应该具备什么素质？怎么提高小学数学教师的素质？这两个问题是黄红涛名师工作室成立以来始终思考的问题。经过多年的研究思考，笔者认为，要从四个维度来分析，即从新时代教育使命、基础教育基础学科的重要意义、小学教师标准、实现和落实数学课程标准等四个视角来分析。

一、新时代教育使命视角

进入新时代以来，以习近平同志为核心的党中央高度重视教育，对教师队伍建设提出更高要求。

习近平总书记2014年教师节到北京师范大学考察并发表重要讲话；2015年教师节，习近平总书记给"国培计划（2014）"北京师范大学贵州研修班全体参训教师回信；2016年教师节，习近平总书记到北京八一学校考察并发表重要讲话，对教师提出四个"引路人"的殷切希望。《中共中央　国务院关于全面深化新时代教师队伍建设改革的意见》是新中国成立以来党中央出台的第一个专门面向教师队伍建设的里程碑式政策文件，是习近平总书记亲自关心、亲自推动、亲自签发的文献。习总书记关于教育的重要论述，充分说明了他关心教育，关心教师，关心基础教育，为新时代教育改革发展提供了根本遵循。

（一）习近平总书记关于教育的重要论述给我们指明了方向

习近平总书记关于教育的重要论述围绕"培养什么人、怎样培养人、为谁培养人"这一根本问题，深刻阐明了教育事业发展中具有方向性、根本性、全局性、战略性的重大理论和实践问题，蕴含着"教育兴则国家兴、教育强则国家强"的时代逻辑、坚持社会主义办学方向的价值逻辑、马克思主义教育思想传承创新的理论逻辑、遵循教育本质及其发展规律的科学逻辑、坚持扎根中国大地办教育的实践逻辑。

党的十八大以来，习近平总书记立足世界发展大势和国家发展全局，着眼民族复兴的伟大梦想，围绕中国教育发展作出了一系列重要讲话、指示批示、贺信回信，提出了一系列新理念、新思想、新观点。特别是以2018年9月召开的全国教育大会为标志，习近平总书记在会上系统总结了推进我国教育改革发展的"九个坚持"，对当前和今后一个时期教育工作作出了重大部署。习近平总书记关于教育的重要论述体现出深切的教育情怀、深刻的教育思考和深沉的教育追求。世界百年未有之大变局和中华民族伟大复兴的战略全局，构成了习近平总书记审视和思考中国教育问题的战略视野，给我们指明了工作方向。

习近平总书记指出，"建设教育强国是中华民族伟大复兴的基础工程，必须把教育事业放在优先位置，深化教育改革，加快教育现代化，办好人民满意的教育。"①"关于教育和办学，思想流派繁多，理论观点各异，但在教育必须培养社会发展所需要的人这一点上是有共识的。"②"为了中华民族的今天和明天，我们要教育引导广大少年儿童树立远大志向、培育美好心灵，让少年儿童成长得更好。"③"教育的指挥棒在中小学实际上是考试分数和升学率，在高校主要是科研论文，关于德育、素质教育的应有地位和科学评价体系没有真正确立起来。这是一个必须解决的老大难问题。"④"国家繁荣、民族振兴、教育发展，需要我们大力培养造就一支师德高尚、业务精湛、结构合理、充满活力的高素质专业化教师队伍，需要涌现一大批好老师。"⑤"人而无德，行之不远。没有良好的道德品质和思想修养，

① 习近平. 决胜全面建成小康社会夺取新时代中国特色社会主义伟大胜利——在中国共产党第十九次全国代表大会上的报告[M]. 北京：人民出版社，2017：45.
② 习近平. 在北京大学师生座谈会上的讲话[M]. 北京：人民出版社，2018：5.
③ 习近平. 习近平谈治国理政：第一卷[M]. 北京：外文出版社，2018：182.
④ 习近平. 论坚持全面深化改革[M]. 北京：中央文献出版社，2018：472-473.
⑤ 习近平. 做党和人民满意的好老师——同北京师范大学师生代表座谈时的讲话[M]. 北京：人民出版社，2014：4.

即使有丰富的知识、高深的学问，也难成大器。"① "广大教师要用好课堂讲坛，用好校园阵地，用自己的行动倡导社会主义核心价值观，用自己的学识、阅历、经验点燃学生对真善美的向往，使社会主义核心价值观润物细无声地浸润学生们的心田、转化为日常行为，增强学生的价值判断能力、价值选择能力、价值塑造能力，引领学生健康成长。"②

　　通过上述习近平总书记关于教育的重要论述，我们可以清楚地看到，其系统回答了一系列方向性、全局性、战略性重大问题，标志着我们党对教育发展规律的认识达到了新高度，为新时代中国特色社会主义教育事业提供了根本遵循。习近平总书记关于教育的重要论述为新时代中国特色社会主义教育指明了方向，指明了道路，揭示了本质和规律，给出了要求，给出了方法。

（二）教育在党和国家事业发展全局中的重要地位揭示我们必须努力提高自身素质

　　党的十八大以来，习近平总书记围绕教育提出了许多新理念、新思想、新观点。其中，"教育是国之大计、党之大计"是习近平总书记在全国教育大会上立足我国发展新的历史方位，在对教育与党长期执政、国家长治久安、民族兴旺发达、人民安居乐业的关系进行系统思考的基础上提出的原创性重要论断。③这一论断深刻揭示了教育在党和国家事业发展全局中的重要地位及战略意义，为新时代优先发展教育事业提供了根本依据。"教育是国之大计、党之大计"

---

① 习近平. 干在实处走在前列——推进浙江新发展的思考与实践[M]. 北京：中共中央党校出版社，2006：304.

② 习近平. 做党和人民满意的好老师——同北京师范大学师生代表座谈时的讲话[M]. 北京：人民出版社，2014：6.

③ 杨晓慧. 深入理解"教育是国之大计、党之大计"重要论断[J]. 中国高等教育，2020（22）：12-14.

重要论断言简意赅、高屋建瓴、内涵深刻、意义重大，是习近平总书记关于教育的重要论述的基本命题之一。这一新论断从全局与战略高度赋予了教育新功能、新使命、新方向，是马克思主义教育理论中国化的最新认识成果。

2018 年 9 月 10 日至 11 日在北京召开的全国教育大会，是在习近平新时代中国特色社会主义思想指引下召开的第一次教育大会。习近平总书记出席全国教育大会并发表重要讲话。他在讲话中指出，教育是民族振兴、社会进步的重要基石，是功在当代、利在千秋的德政工程，对提高人民综合素质、促进人的全面发展、增强中华民族创新创造活力、实现中华民族伟大复兴具有决定性意义①。

习近平总书记在 2018 年全国教育大会上提出教育要以"凝聚人心、完善人格、开发人力、培育人才、造福人民"为工作目标，这是教育工作目标在新时代的新表达。新时代教育工作目标的生成蕴含着坚实的理论基础、清晰的历史根据和丰富的实践智慧，是理论逻辑、历史逻辑和实践逻辑的统一②。理论逻辑在于对教育工作目标概念的准确定位和新时代教育工作目标要素的清晰把握，其所内含的是教育工作目标概念内涵与外延的界定以及新时代教育工作目标要素的思想来源。历史逻辑在于教育工作回归人本价值的本真追求，其所呈现的是近百年来党在探索教育发展进程中对教育工作目标要素认识的历时性传承。实践逻辑在于解决教育矛盾与问题的需要和担当时代教育使命的诉求，其所反映的是新时代教育工作目标要素所确立的目标指向对现实突出问题的共时性导向引领。厘清这三重逻辑，对准确认识新时代教育工作目标的意涵与理论创新，增强落

---

① 习近平在全国教育大会上强调：坚持中国特色社会主义教育发展道路培养德智体美劳全面发展的社会主义建设者和接班人[N]. 人民日报，2018-09-11（1）.

② 卢黎歌，郭玉杰. 新时代教育工作目标的生成逻辑[J]. 湖北大学学报（哲学社会科学版），2021，48（4）：158-165，177.

实新时代教育工作目标的自信，坚定教育改革发展的正确方向和科学的实施路径意义重大。

（三）用战略思维思考教师素质提升

教师队伍建设是否构成战略问题，是首先需要面对的问题。"战略"一词最早源于军事，"战"指战争，"略"指谋略，后来引申为从全局考虑实现全局目标的谋划[①]。

习近平总书记用"极端重要性"来表述教师工作的战略定位，把教师工作提升到了前所未有的战略高度。2014年9月9日，习近平总书记在考察北京师范大学时指出："各级党委和政府要从战略高度来认识教师工作的极端重要性，把加强教师队伍建设作为基础工作来抓。"[②]"教师工作的极端重要性"由此正式提出。《中共中央 国务院关于全面深化新时代教师队伍建设改革的意见》再次强调，"各级党委和政府要从战略和全局高度充分认识教师工作的极端重要性，把全面加强教师队伍建设作为一项重大政治任务和根本性民生工程切实抓紧抓好"。"极端重要"的战略定位预示着新时代的教师工作必然翻开新篇章、进入新阶段。

教师工作之所以具有"极端重要性"，源于对"两个大局"战略环境的认识和判断。战略环境是影响全局和长远的动态变化的客观条件，一般分为国际和国内两种战略环境。一个是中华民族伟大复兴的战略全局，一个是世界百年未有之大变局，这是我们谋划工作的基本出发点。国内、国际两个大局同步交织、相互激荡形成的独特时代景观是当今最大的战略环境。两个大局也是习近平总书记思考和谋划教师工作的基本出发点。中华民族伟大复兴的战略全局，

① 严蔚刚. 习近平"坚持把教师队伍建设作为基础工作"重要论述的战略思维[J]. 东北师大学报（哲学社会科学版），2020（5）：44-49.
② 习近平. 做党和人民满意的好老师——同北京师范大学师生代表座谈时的讲话[N]. 人民日报，2014-09-10（2）.

是指以习近平同志为核心的党中央运筹帷幄、统筹推进，团结和领导中国人民形成的为中华民族伟大复兴中国梦而共同奋斗的战略态势。实现中华民族伟大复兴，关键在人才，基础在教育，根本在教师。教师之于这一战略全局具有奠基性地位。以往阐述教师的作用和价值，多在教育系统内部，而直接把教师与国家兴盛关联，论及"兴国必先强师"的则很少见。习近平总书记引用《荀子·大略》中的话，"国将兴，必贵师而重傅，贵师而重傅，则法度存"，来阐明教师对于国家的战略意义。"国家繁荣、民族振兴、教育发展，需要我们大力培养造就一支师德高尚、业务精湛、结构合理、充满活力的高素质专业化教师队伍，需要涌现一大批好老师。"①中国人民的伟大创造精神、伟大奋斗精神、伟大团结精神、伟大梦想精神，是一代一代中华儿女创造和积淀出来的，也需要一代一代传承下去。教育是承前启后的事业，教师的工作是继往开来的工作。因此，实施人才强国战略，必须首先重视教师资源；开发人才资源，必须首先开发教师资源。

　　世界百年未有之大变局②，是指全球政治格局、治理体系、安全形势、科技进步等领域发生的历史性变革。特别值得关注的是，在世界大变局中，最为深刻而显著的变局是中国与世界的关系将发生重大变化。中国将日益发挥着世界和平的建设者、全球发展的贡献者、国际秩序的维护者的重要作用，与此同时，中国必然会遭遇"成长的烦恼"，经历绕不开的"爬坡过坎"，各种反华势力会抓住各种机会诋毁污蔑中国，企图阻挡伟大复兴步伐。中华民族的伟大复兴，绝不是轻轻松松、敲锣打鼓就能实现的。习近平总书记在全国教育

---

① 习近平在全国教育大会上强调坚持中国特色社会主义教育发展道路培养德智体美劳全面发展的社会主义建设者和接班人[J]. 党建研究，2018（10）：2.

② 习近平. 携手共命运同心促发展——在 2018 年中非合作论坛北京峰会开幕式上的主旨讲话[M]. 北京：人民出版社，2018：4.

大会上讲："长期以来，各种敌对势力从来没有停止对我国实施西化、分化战略，从来没有停止对中国共产党领导和我国社会主义制度进行颠覆破坏活动，始终企图在我国策划'颜色革命'，他们下功夫最大的一个领域就是争夺我们的青少年。""争夺青少年的斗争是长期的、严峻的，我们不能输，也输不起。我们一定要警醒！"[①]在此大变局之下，更加重视教师工作，全面建好教师队伍，是主动运筹、排忧解患、化危为机、有效应对重大风险挑战的战略举措。

（四）增强教师的自觉能动性和创造的主体意识

基于以上三点，笔者认为，新时代的教师应该具有自觉能动性和创造的主体意识。

缺乏主体意识的教师，表现为缺乏革新意识，对教育发展态势漠然，对新的育人方式消极迎合。这样的教师缺少活力，精神面貌疲软，仅仅是把教师工作当作一种谋生的手段。

而具有主体意识的教师，应该是一个创造型的教师，具有钻研教育现象的能力，对教育教学的新内容、新方法、新趋势表现出浓厚的兴趣和密切的关注，喜欢尝试新的教育教学方式；具有获取新信息的能力，时时注重自我素质的提升和技能的完善。

一名理想教师的知识结构应当包括广博、深厚的文化科学基础知识和扎实、系统、精深的专业知识。所谓"精"就是要"知得深"，对专业知识不仅要知其然，而且要知其所以然；所谓"博"就是要"知得广"，能触类旁通，作为当今时代的教师，这一点尤为重要。如今的孩子们可以从书上、网上、电视上获取众多的信息，教师的知识权威容易遭到质疑。新时代意味着一个充满机遇和挑战的世界，仅仅局限于课本知识的传授远远不能满足学生的需要。在一个信息爆炸的时代，很多时候我们将与学生同时接受资讯，作为教师，我

---

① 十九大以来重要文献选编：上[M]．北京：中央文献出版社，2019：648．

们在看问题的方法、理解问题的系统性方面优于学生。这时候，教会学生如何思考尤为重要。教师应在现实生活中使学生更好地运用所学知识，在极大地激发起学生学习兴趣的同时培养他们学习知识、运用知识的能力，更多地在思维方式与知识的导向性上给学生以指点。

怎么样才能够增加教师的自觉能动性和创造的主体意识呢？

（1）准确定位教师的"新时代"形象。传统的教师形象是"师道尊严"，教师的功能定位于"传道授业解惑"。但在今天，板起面孔，未必就有师道尊严；知识经济时代，教师的功能定位不再是纯粹的传道授业解惑，教师更应做学生的引导者、合作者、促进者和激励者等。新型教师形象的核心是热爱学生。教师新形象的体现就是对学生的真挚、无私和自然的爱意的流露。

现代社会对教育者提出的一个重要要求，那就是指导学生选择有用信息，学会自我学习，掌握知识更新的能力。教育不能再像以往那样，再也不是灌输，不是表演，而是以学生发展为本，让学生学会学习，学会创造，学会共同生活，学会审美，形成可持续发展的教育。所以在教学中始终要把学生作为主人，以学法决定教法，制定适合学生学习的方案，以调动学生积极参与，让学生动脑、动手、动口。在课堂上不一人讲、满堂灌，充分发挥和保证学生的学习积极性，让学生明确学习的意义，知道学习的内容和所应达到的目标，使学习收到良好的效果。

（2）要保持昂扬的精神面貌。昂扬的精神状态意味着心态年轻，年轻的心态是跨越教师与学生之间"代沟"的桥梁，是师生之间心灵交流的精神黏合剂。昂扬的精神面貌关键在于教师是否具有年轻化的心理。年轻化的心理，是指教师具有良好的心理素质，如高度的敬业精神、责任感和事业心，坚强的意志品质和良好的情绪特征，开朗的个性和乐观的精神，豁达的胸怀和真诚的态度，广泛的兴趣和坚定的自信心。有此心理，教师的思维必然开阔活跃、深邃，富有创造性，态度必然倾向于对心灵和人格的追求。新时代的教师应当崇尚美，力求教育智慧的优化、教育人格的丰满，努力塑造自身的人格形象，不断地提高自己的素养，充实自我、完善自我。总之，年轻化的心态，能使教师的思维、精神、态度和风貌"保鲜"。

二、基础教育基础学科视角

（一）基础教育必须解决教育公平问题

目前，学界对基础教育的基本特征做了许多有益的探索，但未形成共识。基础教育的内在规定性决定了它不仅具有基础性，而且具有普及性、义务性与公平性，为所有少年儿童提供高质量、免费和公平的教育是政府、学校和家长的基本职责。从问题的逻辑顺序来讲，在进入基础教育的基本特征概括之前，还有一个必须解决的问题，即基础教育作为教育的子系统，在整个教育系统中的基础性地位问题，也就是基础教育的教育基础性问题，作为整个教育事业基础的基础教育，自然具有为教育事业奠基的功能和价值。从这个视角出发，思考教师素质，必须体现出教师素质的全员性和基础性。可以说，要以"公平"为基本出发点和落脚点。

"公平"是人类恒久不变的追求，中国自古以来便有"不患寡而患不均"的传统思想，而同样的，教育公平也是一个无法逃避的话题。现如今，受限于经济发展水平的差异，经济发达地区与经济欠发达地区、城市地区与农村地区的基础教育出现了较大的差距。

教育公平关乎社会公平，影响着社会稳定及其发展质量。回溯中国共产党推进教育公平的百年历程，可以发现其在政策上始终将教育公平视为革命和建设的根基，视为经济和社会的引擎，注重推进教育机会公平，重视推进教育过程公平，强化推进教育结果公平，努力塑造教育前景公平。但是当前教育仍然存在着城乡、区域、校际的不均衡以及教师间、家庭间和学生间的不均衡。为持续推进教育公平，中国共产党的未来教育政策要接轨国际视野的教育公平，确定教育公平的中国维度，赋予教育公平以质量内涵，增强教育公平的经济基础，营造教育公平的文化氛围，改善教育公平的制约环节。①

按照党的十九大报告的要求，要着力推进创新发展、乡村振兴、区域协调发展的进程。而这三个着力点，都与教育有着密不可分的关系。换句话说，没有教育的高质量发展，就不可能推进创新发展、乡村振兴、区域协调发展的进程。深层次讲，没有教育的高质量发展，就不可能建成现代化经济体系。而教育的高质量发展，关键在高素质教育队伍的建设。同时，从教育发展本身来看，也由调整增长阶段转向高质量发展阶段。因此，党和政府英明决策，连续发布了两个重要文件，一是《中共中央　国务院关于全面深化新时代教师队伍建设改革的意见》，二是《教师教育振兴行动计划（2018—2022年）》，旗帜鲜明地阐明了"高质量发展与建设现代化经济体系，必须优先发展教育""教育优先发展需要教师优先发展"的战略决策。

城乡教师资源配置失衡是当前我国城乡教育质量不均衡的原因之一，具体表现在城乡教师学历、数量以及待遇方面的差距。从教育公平视角来看，落后的师资配置机制以及缺乏有利的社会氛围是造成城乡基础师资配置失衡的主要因素。

1. 一个现状：城里挤，乡下弱

随着社会的发展，城镇化水平的提高，相当多的农村居民都在城里买了住房，这样，他们的孩子便可到城里上学。有的农村居民甚至是专门为了自己的孩子能够享受城里的教育而在城里买房。所以，城里挤，挤的是学校，是学校里的学生多，区域名校、名师班级尤甚，造成城里学校的负担过重。

乡下弱，一方面是学生少，学校规模萎缩。另一方面则是师资

---

① 陈新忠，向克蜜. 中国共产党推进教育公平的百年历程与政策前瞻[J]. 华中农业大学学报（社会科学版），2021（5）：5-13，191.

队伍弱。相当多的优秀教师随着城镇化的步伐，或者为了让自己孩子能够享受到城里优质的教育资源而到城里任教。留下的教师也由于多种原因在专业方面难以获得发展提高，久而久之，一部分农村教师渐渐便跟不上时代发展的要求。

2. 一个案例：我想教，教不成

一位从农村学校到城里学校交流的老师，年龄三十多，教龄十几年了，到城里学校执教五年级。开学初，学校领导听他的数学课，满堂课采用的都是老师讲、学生听的模式，传统的传授式教学叫台下的学生听不懂，领导很震惊。下课后与他交流的时候，要求他迅速转变教学观念，改变教学方法，运用新课程理念，打造自己的个性课堂。但他听了半天，像没有听懂似地说，"我知道该像您说的那样去上，但我不知道怎样上！"——这种"我想教"又"教不成"的老师不是少数，缺少外部竞争和学习通道的环境，难以激发内在的向上激积极性。

3. 一个共识：高素质，高质量

2018 年第十三届全国人民代表大会第一次会议召开，李克强总理在政府工作报告中把"发展公平而有质量的教育"作为"提高保障和改善民生水平"的一项重大任务，提到了全社会面前。而发展公平而有质量的教育，根本在提高教师素质。高素质的教师队伍，对高质量的教育起着决定性作用。发展公平而有质量的教育就是要缩小城市和农村之间、名优学校和薄弱学校之间教师队伍素质差距，全面提高学校教师队伍素质。

4. 一个建议：改体制，强整体

教师队伍专业水平如何提高？城乡教师队伍之间的差距如何缩小？笔者所在的重庆市涪陵区走出了一些新的路子，包括三种办学模式的改革等引起了上级的高度重视。而针对如何强化教师队伍建设，尽快缩小城乡学校之间、强弱学校之间师资队伍的差距，笔者建议"改体制，强整体"。

所谓"改体制"，就是改变涪陵区教师队伍的人事管理体制。按《中共中央　国务院关于全面深化新时代教师队伍建设改革的意见》精神，教师是国家公职人员，理应由地方组织部门管理，因此，沿海地区正在改革探索的"区管校用"的人事管理体制是有政策依据的。只有"区管"，才能打破原来小田、小塘的坝坎围挡，让原来一个学校一个学校的小田、小塘变成一个区县的大塘；只有"轮岗校用"，才能让师资水平均衡，让优秀的教师到薄弱学校去，让优秀的学校管理者到薄弱学校去，他们会带领自己周围的老师、自己的学校向优秀的方向发展。这样的教师轮岗校用，就能够给区管的教师队伍这口大塘带来源头活水，促进教师队伍的整体发展。

但实施这样的"区管校用"体制依然有一个关键问题，那就是"区管"了，"区调整得动不？"也就是真正管得了不？笔者认为，树立均衡教育的观念，站在发展公平而有质量教育的高度，将学校教师和领导的轮岗当作对优质师资和管理人才的提拔和重用，将实际工作能力和工作业绩与职务和职称晋升配套，更能激发学校教师和领导轮岗的积极性。

当然考虑到教师家庭等条件限制，可以将"区县管"的大塘，按地域划分切块成"片区大塘"，作为建设区县一级"大塘"的过渡。

所谓"强整体"，就是要全面提高全体教师的专业素养。这需要涪陵区成立教师"普训"机构，对全体教师分学科、分专业开展"普识"培训，建立全员轮训制度，让涪陵区开展的课程改革全员参与。

只有当专业成长培训成为全体教师学习工作和生活的常态，才能全面提高涪陵区教师队伍的专业素质，才能打造涪陵区高水平的师资队伍，才能真正抓住发展公平而有质量教育的关键，才能实现涪陵区优质教育的均衡发展，才能真正让人民群众享受更优质的教育。

（二）基础教育课程改革要求教师素质的"立体化"

基础教育课程改革从正式启动到现在,已经历了整整20个寒暑。站在这个节点上回溯过往,无论是里程碑式的大事,还是改革过程中的急事、难事甚至趣事、轶事、荒唐事,都浮现在眼前。它的伟大与平凡、宏观与微观、理想与现实、共识与分歧、创新与守正、成就与教训等,在此过程中相生相伴,并始终宽容、民主、开放地鼓励探索、多样与独创,正是这种精神,促成了这场改革的持久、广泛和深入①。它由党中央、国务院发动,并 20 年不改初衷地坚定推进。1999 年 1 月,国务院批转教育部制定的《面向 21 世纪教育振兴行动计划》(国发〔1999〕4 号),提出"2000 年初步形成现代化基础教育课程框架和课程标准""争取经过 10 年左右的实验,在全国推行 21 世纪基础教育课程教材体系"。1999 年 6 月,《中共中央　国务院关于深化教育改革全面推进素质教育的决定》(中发〔1999〕9 号)颁布。②2001 年,教育部印发《基础教育课程改革纲要(试行)》,启动基础教育课程改革实验。2014 年 4 月 11 日,教育部基础教育课程教材发展中心在重庆市涪陵区召开基础教育课程改革实验区建设工作启动会,实验采用"先立后破、先实验后推广"的方针,分层推进、滚动发展。

1. 新课程改革的主要特点

新课程摒弃了传统的"应试"教育模式,将过去的"英才"教育转变为学生的整体教育。既有语文、数学、外语、综合实践活动等必修课程,又有丰富多样的选修课程。

强调创新,注重科学探究,寻求个人理解的知识建构。新课程

---

① 朱慕菊. 献给倾情奉献的改革者——纪念基础教育课程改革 20 年[J]. 基础教育课程,2021(17):18-23.

② 付宜红,刘芳,刘青松. 第八次基础教育课程改革大事记[J]. 基础教育课程,2021(17):80-81.

在内容的设计上改变了过去课程内容"繁、难、偏、旧"和过于注重书本知识掌握的现状，加强课程内容与学生生活以及现代社会和科技发展的联系，关注学生的学习兴趣和经验，倡导学生主动参与、乐于探究、勤于动手，增强学生的创新意识，提高创新能力。

新课程不再视知识为确定的、独立于认知者的一个目标，而是视其为一种探索的行动或创造的过程，是个人积极创造的产物，而这正是创新思想的基础。

要求学生结合学科的特点，主动参与、亲身实践、独立思考、合作探究，加强"过程性""体验性"目标，通过科学研究的方法，提出问题，分析问题，积极利用校内外的图书馆、实验室等各种资源以及丰富的自然资源解决问题，从而实现学生学习方式的变革，让"协作学习、探究性学习、自主学习"等成为学习的主流形式。

新课程打破了单纯地强调学科自身的系统性、逻辑性的局限，各学科互相渗透，构成了一个复杂多样的课程体系；强调综合活动课程的作用，要求理论联系实际。

2. 教师素质需要适应新课程改革需要

教师是培养创新人才的关键。新课程创新思想的顺利、正确实施依赖于教师素质的改善与提高，依赖于教师全新教学能力的改善，要求教师要有全新的教育观念、宽广的知识结构、博学善思的学习品质、较高的信息素养和有针对性、灵活性和多样化的教学方法。

宽广的知识结构来源于学习，"学会学习"已不再是对学生的要求，对于教师也同样适用。协作而不盲从，自信而不固执，具有鲜明的个性和团队协作精神，才能创造性地思考问题和解决问题。

（1）完善的知识素养。教师应具备过硬的专业知识。"如果教师想给学生一碗水，教师自己必须拥有一桶水。"信息爆炸时代已经到来，人们获得知识的渠道更加丰富和便捷，对有些知识的获得，教师与学生只有先后的区别。为了将更丰富的知识以更加系统、生动且深刻的方式呈现给学生，教师只能加强自身的专业知识修养，达到融会贯通。同时还要了解本学科发展的最新成果及前沿的知识，让学生懂得，他所学的东西不是来自某种乌托邦的幻想或借自柏拉图的理想，而是我们周围的事实之一，以崭新的方式，让学生获得与在电脑前获取知识完全不同的感觉。所以，今天如果教师想给学生一碗水，教师就要充当源头活水的泉眼。

（2）教师的人格修养。洛克曾指出："如果教师自己放浪形骸，那么他教导儿童克制情绪冲动便会徒劳无功；如果他不能洁身自好，那么他努力改变其学生任何邪恶及不端行为的努力将付诸东流。"基础教育阶段接受教育的学生的世界观、人生观、价值观以及审美情趣和生活方式都尚未定型，他们具备极强的模仿性，教师真、善、美的人格修养在教育中能起到"润物无声"的作用，无疑是学生人生珍贵的一课。

（3）构建和谐、和悦师生关系的素质。人类的教育活动是在师生关系中展开、完成的，因此，在大变革的时代背景下，传统的教育观念、教育教学过程、师生关系都要发生变化，做出相应的调整以适应新要求。要尊重学生的主体性。教育最本质的含义是尊重人的主体性。人，作为主体，应具备三个特征：一是独立性，即自主性，是对自我的认识和实现自我的完善；二是主动性，是对现实的选择，对外界适应的能动性；三是创造性，是对现实的超越。这是对主体的本质规定。教师在教学过程中尊重学生的独立性，促进学生学习的主动性，培养学生的创造性，便是对尊重学生主体性的最好诠释。

此外，"教而不思则罔，思而不教则殆"。还要构建研究型教学素质，充分发挥教师在教学改革中的能动性。

（三）基础学科拔尖人才培养需要从小抓起

"基础学科拔尖学生培养试验计划"（简称"拔尖计划"），是国家为回应"钱学森之问"而推出的一项人才培养计划，旨在培养中国自己的学术大师。该计划由教育部联合中组部、财政部于 2009 年启动。2018 年 9 月 17 日，教育部、科技部、财政部、中国科学院、中国社会科学院、中国科学技术协会联合发布《教育部等六部门关于实施基础学科拔尖学生培养计划 2.0 的意见》[①]：基础学科是国家创新发展的源泉、先导和后盾。培养基础学科拔尖人才是高等教育强国建设的重大战略任务。

笔者对这个"拔尖计划"有自己的理解，实施基础学科拔尖学生培养计划看上去是高等院校的事情。其实，与基础教育，特别是基础数学教育关系密切。

基础学科是科技创新的源头，是创新型国家建设的先导和后盾。[②]"拔尖计划"是中国招生考试制度改革和拔尖创新人才培养政策的重要组成部分。从试点高校情况看，试点高校的学校考核均为综合能力测试，重点考察学生的学科特长、创新潜质和非认知因素；以素质评价档案为参考依据，考察学生中学阶段的全过程表现，包括课外学习情况，参与社团活动和社会实践情况。这一评价方式有助于引导基础教育走出知识本位，关注学生成长过程和综合素质提升，积极推进促进学生全面发展的素质教育。为单科特别优秀的学生开辟破格录取路径，在一定程度上能够引导学校摒弃浮躁和功利性做法，回归教育初心，创新人才培养模式，为在早期展示出卓越天赋的学生提供与其特长相得益彰的成长环境。

首先，"拔尖计划"关注拔尖学生个性化需求，尊重学生成长规律。试点高校立足学校特色，集聚优质资源，为拔尖学生的专业发展提供外部环境条件。在培养过程中，为学生制定个性化培养方案，提供异质性课程，实行灵活多样的管理体制，促进学生独特心智的

---

① 教育部等六部门关于实施基础学科拔尖学生培养计划 2.0 的意见[J]. 中华人民共和国教育部公报，2018（10）：29-31.

② 阎琨，吴菡."强基计划"实施的动因、优势、挑战及政策优化研究[J]. 江苏高教，2021（3）：59-67.

展开。其次，"拔尖计划"以"志"为桥梁，弥合外部目标和个体需求之间的距离。相较于传统拔尖人才项目的"择智"倾向，"拔尖计划"更加重视"择志"。计划强调选拔有志向、对基础学科有兴趣的学生进行专门化培养。兴趣是个体积极探究事物的偏好，志向则与人生观和价值观有关。基础学科具有非商业性和应用型，在劳动力市场上常占据下风，而基础研究也时常被认为是一项艰深而枯燥的劳动。但一旦有志于从事基础研究，从内心认同学科文化及其内部规定性，在学习和研究中就会产生"消遣"的感受，"甘坐冷板凳"，投身基础学科进行原创性学术探究，即将自我实现的满足感和超越自我的集体意义感相统一。从这个角度说，"拔尖计划"在本质上捕捉到内部需求与外部目标、工具理性与价值理性之间整合的可能性，促进个体本位与国家本位的融合。

国际知名数学家丘成桐在接受媒体采访时表示："为什么要小孩子？因为他没有一些先入为主的、墨守成规的观念。我发现不少大学生或者研究生，满脑子就是固定地跟着人家走，有一种瞻前顾后的心态：怕交不上卷子、完不成课题、毕不了业。相反，小孩子不会有这些杂念、顾虑，会更勇于在真问题上探索。"①

学生早期创新意识的激发、学习兴趣的启蒙、研究志向的引导，既是基础教育学校的使命，更是责任和义务。我们小学数学老师必须有这个责任担当。

基于以上分析，我们团队围绕"三化五育"来提升教师素质。下面介绍"三化五育"的内涵和具体做法。

随着人工智能时代的到来，社会竞争日益激烈，社会对于人才的需求发生了深刻的变化，这也对学校的教育提出了更高的要求。在机遇与挑战并存的年代，基础教育工作者要始终站在教育改革与

---

① 叶雨婷，樊未晨，张含琼. 基础学科拔尖人才缺口如何弥补[N]. 中国青年报，2021-04-12（005）.

发展前沿。有 60 年办学历史的重庆市涪陵城区第七小学校，形成了"以人为本，文化立校"的核心价值观，以"学而有异，和而不同"的办学理念，以"课内打基础，课外求发展，活动出人才"的育人理念，以"培养有理想学做人，有能力勤探究，有个性能发展，有情趣会生活的新时代小主人"的培养目标，以"健康向上，个性飞扬"的学生文化，引领学生特长发展。学校认真落实减负提质要求，扎实推进"2+2 工程"的实施，坚持开展形式各样的体育节、艺术节、读书节、科技节活动，坚持开展大课间操、社团活动、学生课外活动和科技创新活动。学校学生在全国省、市、区的棋类比赛、少儿书画大赛、科技创新大赛、体育比赛等各种赛事中，参与面广、获奖面宽、获奖层次高，在涪陵区居第一位，充分展示了学校的个性教育成果和学生的综合素质。

但是，在办学中特别是教育教学改革中，在内外、主客观多种因素的影响下，学校仍然存在着一些教学问题：基于班级授课固有的缺点和不足，教学过程标准统一、同步，难以适应学生的个别差异，因材施教不够的教学问题；基于小学教学中普遍存在的强调书本知识的学习，忽视良好习惯养成，张扬个性与对标对表顾此失彼，学生"五育"发展不均衡的教学问题；基于学生家长对教育教学规律了解不足而导致的家庭教育缺位越位问题，校外教育乏力的问题。怎么解决这些教学问题呢？

党的十八大以来，基础教育改革进入深水区，伴随着社会变迁，我国基础教育课程改革目标也一直在嬗变中不断发展与完善。2014年，教育部出台了《关于全面深化课程改革落实立德树人根本任务的意见》（2010—2020 年），为人才培养模式转变和全面深化课程改革指引了方向，引导中小学教育从单纯重视知识和技能向全面育人、综合育人转变，注重发挥学科教育的育人功能，把培育和践行社会主义核心价值观融入国民教育全过程，促进学生德智体美劳全面发展。与之相应，2016 年《中国学生发展核心素养》应运而生，从原先的"双基"，即基础知识与基本技能，到提出"知识与技能、过程与方法、情感态度与价值观"的三维教学目标，再到"核心素养"，这是我国基础教育从教书走向育人的重大变革。如果将落实"双基"比作是课程目标的1.0版，三维目标是2.0版，那么核心素养就是3.0版，学科核心素养的凝练和落地，则意味着3.0版的具化与升级。2019年发布的《中共中央 国务院关于深化教育教学改革全面提高义务教育质量的意见》，对学校的教育提出了更高要求，也更加鼓舞我们深化教育教学改革，坚持"五育"并举，全面发展素质教育。

重庆市涪陵城区第七小学校基于自身办学条件和文化底蕴，在"个性化教育"成果基础上，充分体现为党育人、为国育才的教书育人使命，突出担当民族大任时代新人的家国情怀、创新精神和实践能力的培养，围绕"三化五育"育人体系构建，深化教育教学综合改革，倡导育人方式方法"个性化、立体化、综合化"，"德智体美劳全面发展"。学校形成了"德育：育人活动个性化、品格养成立体化、激励机制综合化；智育：教学风格个性化、学科素养立体化、素质评价综合化；体育：兴趣爱好个性化、训练空间立体化、体质达标综合化；美育：艺术情趣个性化、培养途径立体化、审美特质综合化；劳动教育：实践内容个性化、体验形式立体化、能力展示综合化"的"三化五育"育人体系。为了落实这个体系，采取了如下措施：坚持走内涵发展之路，正确处理对标对表与走个性教育之路的关系，走特色办学之路，以"学而有异，和而不同"的办学理念引领教育教学改革；以深化课程改革，强化师德师风建设，着力教育科研，有效提升"家校共育"水平，从主体、时间、空间三个维度，强化学生"读、写、做"综合训练，优化育人环境，夯实育人基础，实现人人、时时、处处育人；形成教师、管理人员、家长育人三主体；教育教学改革和育人工作贯穿学生学习工作生活成长全过程；人才培养贯穿课内课外、校内校外、网上网下各领域、各环节，形成了全员、全过程、全方位的立体化育人体系，实现了学生德智体美劳"五育"并举、全面发展。

以"课程育人、实践育人、文化育人、活动育人"为重点，形成"纵向衔接、横向沟通、内外结合"的育人工作方式和"多途径、多渠道、多媒体"的育人工作方法，构建了学校、家庭、社会三维育人体系。学校校内以教师发展中心、课程资源中心和学生发展中心统筹育人活动的开展，家庭育人质量提升分别以"家庭教育课堂""家庭教育沙龙""家庭教育直播"等主题活动来承载，社会育人体系包含"社会实践基地""研学实践基地""劳动教育基地"。

以正确处理"个性教育"与"对标对表"为引领，以提质增效为目的，推行教师教育教学综合改革；拓展育人空间，延长育人时间，优化家校共育策略，构建立体化育人体系，提升教师育人能力；促进教师专业发展，"教、研"双丰收。教师的教育教学水平、科研教研水平明显提升，承担市级科研课题 10 项，发表（获奖）论文 280 余篇，出版专著（教材）2 部，培养了全国模范教师 1 人，全国特色学校优秀教师 1 人，正高级教师 2 人，重庆市特级教师 3 人，重庆市骨干校长 2 人，重庆市学科名师 4 人，市级骨干教师 14 人，涪陵区教书育人专家 1 人，涪陵区名校长 2 人，涪陵区科技拔尖人才 1 人，涪陵区名教师 5 人，涪陵区学科带头人 13 人，涪陵区骨干教师 46 人。据不完全统计，重庆市涪陵城区第七小学校教师近四年在辅导学生、指导教师、开展活动、课题研究、论文获奖、荣誉称号等方面，共获得区级以上奖项 856 项，国家级 71 项，市级 170 项，区级 615 项，其中 2017 年 206 项，2018 年 198 项，2019 年 183 项，2020 年 269 项。

三、小学教师标准视角

名师工作室是名师指导，培训骨干教师，辐射全体教师，强调"工作"的学术共同体。名师是明天之师、明辨之师、明白之师，以名师带动教师队伍建设。实践证明，名师工作室的成立，充分发挥了名师的示范、辐射和指导作用，实现了资源共享、智慧生成、全员提升的目的，培养了一批师德高尚、造诣深厚、业务精湛的教师。名师工作室要成为"民师工作室"，名师工作室不是专家的实验室，也不是农民的温室大棚，无论是成员层次的组成、成员地域的选择还是研究方法的运用，它都应该成为从科研成果到实践运用的纽带与桥梁，更好地、更多地为平民教师改善教育教学行为提供服务与保障；名师工作室还是"明师工作室"，教育要面向未来，名师工作室的发展目标自然也要着眼于教育的明天，名师工作室从研究主题上、从工作制度上都要着眼于教育、教师未来的发展；名师工作室要成为"鸣师工作室"，名师工作室对内要倡导民主，不能搞一言堂和绝对权威，允许有不同的声音发出，允许有不同的见解产生，百家争鸣才能百花齐放，争论、争鸣之中才有智慧的火花闪现。因此，工作室要经常开展论文研讨、专著交流、学术沙龙、研究报告会、教师论坛、公开教学、调查报告等一系列活动，不断实践、总结、反思、批判。只有这样，工作室的研究水平才会整体提升，研究方向才会不断走向科学。可以说，名师工作室就是教师的"教师"。因此，名师工作室的工作必须牢牢把握教师标准，把学习教师标准、研究教师标准、执行教师标准变成常态。

（一）小学教师标准概要

2012 年 2 月 10 日教育部以教师〔2012〕1 号文件形式印发了《小学教师专业标准（试行）》，标准开宗明义："为促进小学教师专业发展，建设高素质小学教师队伍，根据《中华人民共和国教师法》和《中华人民共和国义务教育法》，特制定《小学教师专业标准（试行）》（以下简称《专业标准》）。"小学教师是履行小学教育教学工作职责的专业人员，需要经过严格的培养与培训，具有良好的职业道德，掌握系统的专业知识和专业技能。《专业标准》是国家对合格小学教师专业素质的基本要求，是小学教师实施教育教学行为的基本规范，是引领小学教师专业发展的基本准则，是小学教师培养、准入、培训、考核等工作的重要依据。本标准的基本理念是：

（1）师德为先。热爱小学教育事业，具有职业理想，践行社会主义核心价值体系，履行教师职业道德规范，依法执教。关爱小学生，尊重小学生人格，富有爱心、责任心、耐心和细心；为人师表，教书育人，自尊自律，做小学生健康成长的指导者和引路人。

（2）学生为本。尊重小学生权益，以小学生为主体，充分调动和发挥小学生的主动性；遵循小学生身心发展特点和教育教学规律，提供适合的教育，促进小学生生动活泼学习、健康快乐成长。

（3）能力为重。把学科知识、教育理论与教育实践有机结合，突出教书育人实践能力；研究小学生，遵循小学生成长规律，提升教育教学专业化水平；坚持实践、反思、再实践、再反思，不断提高专业能力。

（4）终身学习。学习先进小学教育理论，了解国内外小学教育改革与发展的经验和做法；优化知识结构，提高文化素养；具有终身学习与持续发展的意识和能力，做终身学习的典范。

通过表1.1，我们可以清楚地看到对小学教师的基本要求。

表 1.1　小学教师标准及基本要求一览表

维度	领域	基本要求
专业理念与师德	（一）职业理解与认识	1.贯彻党和国家教育方针政策，遵守教育法律法规。 2.理解小学教育工作的意义，热爱小学教育事业，具有职业理想和敬业精神。 3.认同小学教师的专业性和独特性，注重自身专业发展。 4.具有良好职业道德修养，为人师表。 5.具有团队合作精神，积极开展协作与交流。

维度	领域	基本要求
专业理念与师德	（二）对小学生的态度与行为	6.关爱小学生，重视小学生身心健康，将保护小学生生命安全放在首位。 7.尊重小学生独立人格，维护小学生合法权益，平等对待每一位小学生。不讽刺、挖苦、歧视小学生，不体罚或变相体罚小学生。 8.信任小学生，尊重个体差异，主动了解和满足有益于小学生身心发展的不同需求。 9.积极创造条件，让小学生拥有快乐的学校生活。
	（三）教育教学的态度与行为	10.树立育人为本、德育为先的理念，将小学生的知识学习、能力发展与品德养成相结合，重视小学生全面发展。 11.尊重教育规律和小学生身心发展规律，为每一个小学生提供适合的教育。 12.引导小学生体验学习乐趣，保护小学生的求知欲和好奇心，培养小学生的广泛兴趣、动手能力和探究精神。 13.引导小学生学会学习，养成良好学习习惯。 14.尊重和发挥好少先队组织的教育引导作用。
	（四）个人修养与行为	15.富有爱心、责任心、耐心和细心。 16.乐观向上、热情开朗、有亲和力。 17.善于自我调节情绪，保持平和心态。 18.勤于学习，不断进取。 19.衣着整洁得体，语言规范健康，举止文明礼貌。
专业知识	（五）小学生发展知识	20.了解关于小学生生存、发展和保护的有关法律法规及政策规定。 21.了解不同年龄及有特殊需要的小学生身心发展特点和规律，掌握保护和促进小学生身心健康发展的策略与方法。

续表

维度	领域	基本要求
专业知识	（五）小学生发展知识	22.了解不同年龄小学生学习的特点，掌握小学生良好行为习惯养成的知识。 23.了解幼小和小初衔接阶段小学生的心理特点，掌握帮助小学生顺利过渡的方法。 24.了解对小学生进行青春期和性健康教育的知识和方法。 25.了解小学生安全防护的知识，掌握针对小学生可能出现的各种侵犯与伤害行为的预防与应对方法。
	（六）学科知识	26.适应小学综合性教学的要求，了解多学科知识。 27.掌握所教学科知识体系、基本思想与方法。 28.了解所教学科与社会实践、少先队活动的联系，了解与其他学科的联系。
	（七）教育教学知识	29.掌握小学教育教学基本理论。 30.掌握小学生品行养成的特点和规律。 31.掌握不同年龄小学生的认知规律和教育心理学的基本原理和方法。 32.掌握所教学科的课程标准和教学知识。
	（八）通识性知识	33.具有相应的自然科学和人文社会科学知识。 34.了解中国教育基本情况。 35.具有相应的艺术欣赏与表现知识。 36.具有适应教育内容、教学手段和方法现代化的信息技术知识。

续表

维度	领域	基本要求
专业能力	（九）教育教学设计	37.合理制定小学生个体与集体的教育教学计划。
		38.合理利用教学资源，科学编写教学方案。
		39.合理设计主题鲜明、丰富多彩的班级和少先队活动。
	（十）组织与实施	40.建立良好的师生关系，帮助小学生建立良好的同伴关系。
		41.创设适宜的教学情境，根据小学生的反应及时调整教学活动。
		42.调动小学生学习积极性，结合小学生已有的知识和经验激发学习兴趣。
		43.发挥小学生主体性，灵活运用启发式、探究式、讨论式、参与式等教学方式。
		44.发挥好少先队组织生活、集体活动、信息传播等教育功能。
		45.将现代教育技术手段整合应用到教学中。
		46.较好使用口头语言、肢体语言与书面语言，使用普通话教学，规范书写钢笔字、粉笔字、毛笔字。
		47.妥善应对突发事件。
		48.鉴别小学生行为和思想动向，用科学的方法防止和有效矫正不良行为。
	（十一）激励与评价	49.对小学生日常表现进行观察与判断，发现和赏识每一位小学生的点滴进步。
		50.灵活使用多元评价方式，给予小学生恰当的评价和指导。
		51.引导小学生进行积极的自我评价。
		52.利用评价结果不断改进教育教学工作。

续表

维度	领域	基本要求
专业能力	（十二）沟通与合作	53.使用符合小学生特点的语言进行教育教学工作。 54.善于倾听，和蔼可亲，与小学生进行有效沟通。 55.与同事合作交流，分享经验和资源，共同发展。 56.与家长进行有效沟通合作，共同促进小学生发展。 57.协助小学与社区建立合作互助的良好关系。
	（十三）反思与发展	58.主动收集分析相关信息，不断进行反思，改进教育教学工作。 59.针对教育教学工作中的现实需要与问题，进行探索和研究。 60.制定专业发展规划，积极参加专业培训，不断提高自身专业素质。

（二）教师专业发展标准

教师标准是基于合格教师的基本要求，虽然内涵有 60 条之多，但是还不能很好地体现教师的专业发展。从教师专业发展来看，还需要思考或者说设计更高的标准。

仅就教师知识结构而言，孙兴华在 2015 年进行了系统研究，他从学科教学知识建构的视角，探讨小学数学教师学科教学知识建构的表现要素、类型及来源，为职前与职后的小学数学教师培养在课程设计以及教学方式上提供了借鉴。他提出了"知识包"等概念[1]，

---

[1] 孙兴华. 小学数学教师学科教学知识建构表现的研究[D]. 长春：东北师范大学，2015.

他认为"知识包"是经验教师特有的学科知识的图式，每个数学主题都可以形成一个知识包（见图1.1、图1.2、图1.3、图1.4）。每个知识包里都包含一些"关键片段"或"概念结"，教师在教学时，会根据教学脉络去组织他们的知识包；同样的知识包在不同的数学主题教学中重要性也会跟着改变。

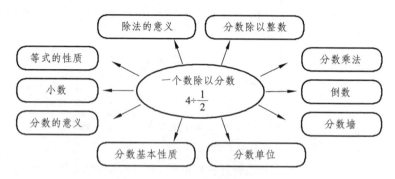

图1.1　教师知识概念图（A）

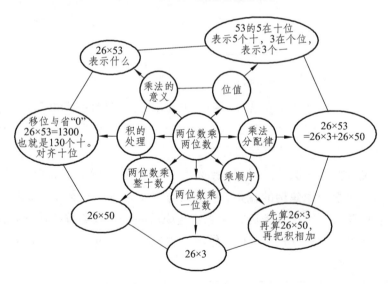

图1.2　教师知识概念图（B）

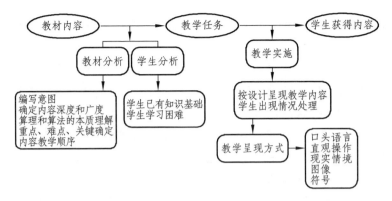

图 1.3 个案教师教学理解与实施

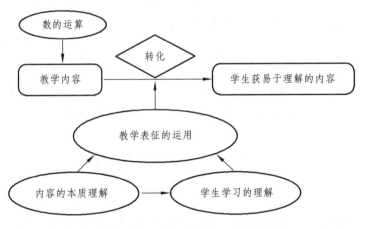

图 1.4 个案教师学科教学知识建构要素

有的教师一提到教师专业发展，就有畏难情绪。其实，影响教师专业发展的要素很多，教师专业发展的路径选择也很多。

强调"在实践中和向实践学习"是国际数学教育界关于教师专业发展的整体性趋势[①]。案例驱动，也可以促进小学数学教师专业发

① 郑毓信."问题意识"与数学教师的专业成长[J]. 数学教育学报，2017，26（5）：1-5，92.

展，如通过对"角的初步认识"这一数学史案例开发[①]来提升教师专业素质。

当下，对教师专业发展已经有了测评模型，通过对模型的应用，可以明晰我们如何进行有意识地专业发展。朱立明等认为，我国教师专业素养测评指标体系包含教师知识、教师能力、教师情感、教师信念 4 个维度、18 个一级指标和 59 个二级指标，以此构建的我国教师专业素养测评指标体系具有良好的信度和效度，能全面、科学、准确地评价教师专业素养，是新时代背景下进行教师专业素养测评的有效工具[②]。构建教师专业素养的测评指标体系不仅能为培养和发展学生核心素养奠定基础，还能促进教师专业发展，进而满足新时代人才培养规格的需要。也有学者提出 3 个维度的评价模型——知识、能力和情感态度[③]，并且认为这是评价专家型教师的模型标准，其中，知识维度包括数学知识、理论知识、学生知识和课程知识，能力维度包含理论研究能力和教学能力，情感态度涵盖喜欢学生和教学，具有一定反思意识和发展意愿。专家型数学教师能够挖掘教学内容背后的数学思想，有意识培养学生高层次思维，熟练掌握教材结构，具有较强的科研能力，并对教学工作拥有极大热情。

（三）提升自己深度学习的能力

"深度教学"不仅是数学教育的内在要求，也是时代对于数学教育的更高要求：我们必须超越具体知识和技能深入到思维的层面，由具体的方法与策略过渡到一般性思维策略的教学与思维品质的提升，还应帮助学生学会学习，真正成为学习的主人。这是小学数学

① 岳增成，汪晓勤. HPM 案例驱动下的小学数学教师专业发展——以"角的初步认识"为例[J]. 基础教育，2017，14（2）：96-103，112.
② 朱立明，马振，冯用军. 我国教师专业素养测评指标体系的构建[J]. 教育科学研究，2019（12）：80-87.
③ 周九诗，鲍建生. 中小学专家型数学教师素养实证研究[J]. 数学教育学报，2018，27（5）：83-87.

教师应该具备的基本素质。

国际数学教育大会（ICME-10）国际程序委员会委员郑毓信教授对深度学习进行了系统研究，提出了深入浅出的、可以实操的教学策略。他认为，从数学教育的角度看，"深度（层）学习"不能说是一个全新的概念，因为这是人们关于数学学习的一项共识，即是应当切实避免学习的肤浅化、浅层化。①但是，小学数学教学现状结果表明：学生数学学科能力表现的层次水平较低、差异较大和数学关键能力缺失。教师的教学观念没有必然地转化为教学行为，学生的数学学习处于浅表层面。②

郑毓信教授总结了"浅度学习"的一些具体表现：

（1）机械学习，即主要依靠死记硬背与简单模仿学习数学，这可被看成这样一种教学方式的直接后果：相关教师在教学中完全不讲道理，也不要求学生进行理解。

（2）"机械学习"在计算法则的学习中较为常见，但几何学习也不能幸免，即相关认识始终停留于所谓的"直观几何（概念和图形的直观感知）"，却没有认识到必须超越直观更深入地去研究各个图形的特征性质与相互联系。

（3）满足于数学知识与技能（经验）的简单积累，却没有认识到还应将它们联系起来加以考察，从而建立整体性的认识。应当强调的是，这种"知识碎片化"的现象是与数学的本质特点直接相违背的。

如果学生关于"搭配问题""握手问题""植树问题"的学习始终停留于相关的现实情境，就都是一种"浅度学习"，因为，数学学习必须"去情境"，也即由特殊上升到一般。

"浅度学习"在不同的社会文化背景和不同的时代可能具有不同

① 郑毓信."数学深度教学"的理论与实践[J]. 数学教育学报，2019，28（5）：24-32.

② 吴宏. 小学数学深度教学研究[D]. 武汉：华中师范大学，2018.

的表现形式①，除去立足数学教育进行分析以外，现今对于"深度学习"的提倡还有更加广泛和深刻的原因，这赋予了"深度学习"一些更重要的含义，形成"深度学习"的 2.0 版。

小学数学深度教学策略（见图 1.5），能够促进学生的深度学习②。

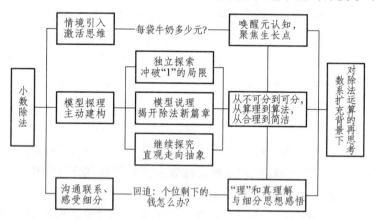

图 1.5　深度学习下"除数是整数的小数除法"教学流程案例（马云鹏）

第一，以能力培养为目标的教学设计；第二，为学生提供数学活动的机会，丰富学生的数学活动经验；第三，恰当地渗透数学思想方法；第四，有机地融入数学文化；第五，以小学生数学深度学习的成果为依据，确立深度学习的评价目标，选择表现性评价方式。在明确表现性评价含义的基础上，掌握确定评价目标、开发评价任务和制定评分规则的技术。学生数学学习表现性评价的内涵、目标、任务的选择与开发，以及结果的评定和合理解释，与教学、标准构成统整的评价体系。

怎么样训练教师的深度学习呢？教师怎么样进行深度教学呢？东北师范大学马云鹏教授给出了模型。他认为，深度学习作为一种

①　郑毓信."数学深度教学"的理论与实践[J].数学教育学报，2019，28（5）：24-32.
②　吴宏.小学数学深度教学研究[D].武汉：华中师范大学，2018.

教学理解和教学设计模式，旨在通过整体的教学内容分析，设计有助于学生深度思考的教学活动，使体现学科本质、关注学习过程和富有深度思考的学习活动真正发生。数学学科中深度学习的教学设计，可以围绕数学的核心内容展开。整体分析和理解一个核心内容，就是从一组核心内容的理解入手，分析这一内容所反映的数学内容特征和数学思想，了解学生学习这一内容的特征与困惑，提炼这一核心内容所反映的主题，进而提出有针对性的教学设计，使学生切实理解所学内容，逐步体验该内容反映的数学思想或核心素养（见图1.6）。①

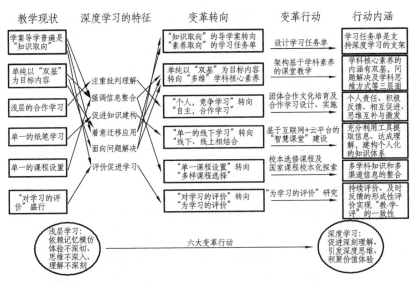

图1.6　深度学习结构图

笔者对深度学习或者深度教学有这样几点认识：

笔者作为一线教师，在多年参与课程改革，推动校本课堂教学模式构建的过程中，形成了好玩有趣的课堂教学风格，也深知关注

---

① 马云鹏. 深度学习的理解与实践模式——以小学数学学科为例[J]. 课程·教材·教法，2017，37（4）：60-67.

学生的核心素养培养，促进学生深度学习习惯和方法的养成，是新一轮课程改革的方向。但在课堂教学中如何实施，张迎老师所上的"解决分数问题"一课中的得失值得借鉴，自己在课堂深度教学实践中也颇多认识和反思。

第一，教学中应当围绕核心素养，处理好"知识和技能的教学"与"学生思维发展"之间的关系。既应由具体数学知识和技能深入到思维的层面，但又不应以后者完全取代知识与技能的教学，因为，知识与技能除去本身的价值以外，也为思维教学提供了必要的载体和途径，我们应当以思维的分析带动具体知识和技能的学习，从而真正做到"教懂、教活、教深"，即能够通过自己的教学向学生展现"活生生的"数学研究工作，而不是死的数学知识，并能帮助他们真正理解相关的内容，而不是囫囵吞枣、死记硬背，使学生不仅能够掌握具体的数学知识，也能领会内在的思想方法。

核心素养背景下的深度学习课堂是热闹的，还是安静的？这个问题必须呈现在每一堂课中。张迎老师的这节课有静有动，但以静为主，学生独立学习静到极致；同桌互动学习，邻桌细心听能听清他们交流的内容；小组合作学习，发言人的声音让每一位小组成员都入心入脑，不急不躁。直到今日，想起当时的课堂，静的印象总让人深刻。安静的环境、平静的心态留足了思考的空间，才能碰撞出思维的火花。

静的氛围，让学生自主思考：此时此刻自己面对着什么样的学习任务？自己需要什么样的学习条件？自己怎样去选择学习伙伴？怎样去创造性地开展学习活动？该班的学生已养成了深度学习的习惯，而这些良好学习习惯的养成，是张老师用"静"的组织教学来引导的。

第二，处理"学生独立思考"与"教师引导"之间的关系，让学生真正成为学习的主人。课堂学习要特别关注学生自身的深度学习需求。这点，张老师的课堂教学中做得非常到位。既应将帮助学生学会学习看成数学教学的重要目标，但又应当清楚地看到这一目标的实现离不开教师的指导，后者是由数学学习的性质直接决定的：这主要是后天的文化继承，必然地有一个较长的过程，教师在此所发挥的就是文化传承的作用。

刚开课，张老师从学生的知识原生点出发，让学生散谈自己学习过哪些数。焦点出现在分数时，师生一起复述分数的意义，强调"平均分"。当师生对 1/2、2/3 的意义完全熟透时，老师提出"为了帮助灾区人民，淘气拿出自己零花钱的 1/4。"并提问"他可能捐了多少钱？"

"他可能捐了多少钱？"——在一旁听课的我，当时有点蒙，还自言自语："我怎么知道。"因为没有足够的条件，所以我不知道是常态。而该班学生却平静地思考起来，当时的情境，确实叫我一惊！

而当"淘气可能捐了多少钱"的问题探讨告一段落时，第二个条件和问题又出现在师生面前，"笑笑捐了她的零花钱的 1/2，他们谁捐得多？"此时的我，不再迷惑。因为我也和该班学生一样，问题虽然是老师给的，但也是我所期待的，我必须得面对。至于解决问题的条件需要我自己去假设。

纵观整节课，从"他可能捐了多少钱？"到"他俩谁捐得多？"问题层层深入，而研究问题的方法也从"如果是 100 元"到"画线段图"去理解题意，以至于产生了去发现"淘气的 1/4"和"笑笑的 1/2"关系的勇气和冲动。虽然整节课最终没有完整地探讨出"究竟淘气捐了多少？"和"他俩谁捐得多？"问题的答案。但探究的过程和取得的认知，足可以达成老师预设本节课的期待，尤其是学生合理假设、自主命题、主动合作、系统规划、准确表达、互动评价等细节处，体现了学生是学习的真正主人。全节课所有达成的知识、技能、方法等维度的目标，完全出自学生自己的发现，老师不参与任何一个点的规定。这一点，赢得了所有听课老师的一致好评。

这就是深度学习的魅力：学生是学习的真正主人。如果做不到这一点，深度学习就无从谈起！

第三，不应将"数学思维的教学"与"一般思维的学习和思维品质的提升"直接对立起来，应该让学生在问题探究中、在互评互学中主动成长，使深度学习在可见中发展。相对于各种具体的解题方法或解题策略而言，应更加重视"变化的思想"与"联系的观点"等一般性思维策略，即应当从后一高度帮助学生由"数学思维"逐步走向"学会思维"，包括努力提升思维的品质。例如，既不应局限于所谓的"直观几何"，也不应因此而完全否定"直观"在几何乃至整个数学学习过程中的重要作用，而是应当努力实现"直观"在更高层次上的重构，帮助学生逐步学会用几何图形表现内在的思维活动，从而实现思维的"可视化"，后者是发展"形象思维"与"数学直觉"最重要的一个途径。

不管是探讨"淘气捐了多少钱？"，还是研究"淘气和笑笑谁捐得多？"课堂教学主线条仿佛就是"老师提出问题—学生尝试问题—学生独立研究—同伴互助探讨—全班成果交流—评价整合结论"。但细观整节课的各个环节的处理，老师始终坚持用"评价"的方法牵引课堂教学的生成和发展。当老师提出问题而学生一头雾水时，通过学生的初始理解，让学生的认知在相互的理解和交流中去粗取精；当学生尝试问题之后，让学生发表原始发现，通过相互评价，优选方法来整改自己的方案……在评价中，让学生找到问题的发展方向，也找到自己成长的闪光点，在肯定自己学习的有效性的同时，也比对出了自己学习中存在的差池，明确自己学习研究的方向。

"有一生质疑：……单位"1"的对应量和分数的对应量有什么样的变化规律，这个问题我想研究……"——这是全课结束前，一位学生对自己学习情况的自评。

"对比观察后，请你谈谈，你喜欢哪种方案？为什么？"——这是研究"谁捐得多"这一问题时的方法的优化互评。

"怎么又说半截话？"——这是学生发言中老师的校正性评价。

老师降低声调问这个学生："你想对他们说点什么？"——这是

学生学习处于低谷时，老师为激发学生而提的建议。

不管是自评，还是互评，无论是形成性评价，还是终结性评价；不管是正面性评价，还是负面性评价……课堂中所有的评价都是那么入情入理，中肯而豁达，客观而辩证，都能给有所得者以肯定，给参与者以启发，使学生的学习研究过程、成果、未来都很明晰。这样的评价，推动着深度学习在可见中生长和发展。

第四，"问题引领"不仅应当体现于课堂教学的开始部分，还应体现于其他各个环节。尽管不同环节应有不同的重点，但应当特别重视"核心问题"的提炼与"再加工"，从而真正聚焦于课程内容的重点与难点，更好地调动学生学习积极性。本课伊始，给学生一个"淘气捐出了零花钱的1/4，要回答"他捐了多少钱？"明显的条件不足的数学问题，让人无从下手。而正是条件的缺失，给学生学习提供了主动解决问题的空间：可以假设，可以命题……只有让学生有发挥想象的空间，将学习变成自己的事，主动性和积极性爆棚，才能使学习向着纵深发展。这就是深度学习的价值所在：深度学习要有可发挥自由想象空间的问题，才能使学习有深度——向着深度去发展。

客观看待张迎老师的"解决分数问题"这节课，从教学结构到教学方式，还有师生、生生之间的学习活动关系的变革，整节课堂教学高度关注数学教育意义的理解和数学教学尤其是学习发展性，使学生学习的深度和宽度都得到了开发和拓展，学生的问题意识、开放思维、数感能力等核心素养得到了发展。当然，本课也有不足之处，如课堂学习仿佛不完整，我个人看法是，这是深度学习课堂教学改革过程中应该面对的问题。当然，待学生核心素养背景下的数学课堂深度学习成熟的时候，我们有时间去探讨这些不妨碍大局的小问题。

附：【张迎执教"解决分数问题"课堂实录】

今年深秋时节，参加"国培计划（2018）——重庆市乡村学校校长培训项目北京师范大学培训班"培训的我，于 2018 年 11 月 8 日下午走进了北京翠微小学，观摩了由该校张迎老师所执教的小学五年级九班数学课，教学实施情况实录如下。

课题："解决分数问题"（北师大版）。

老师：张迎（北京翠微小学数学高级教师）。

学生：北京翠微小学五年级九班。

课时：一课时（2018 年 11 月 8 日下午第一节）。

教室：翠微小学学术报告厅。

教学过程：

1. 请学生回忆：学过哪些数？

指名陈述：……分数。

老师请学生举例说明：什么是分数？

一生：$\frac{1}{2}$ 就是分数，它表示把 1 个苹果平均分成两份，其中 1 份用……

师强调：平均分（板）。

继续请生举例说明。

二生：$\frac{2}{3}$ 就是分数……

2. 师：今天我们接着来研究"分数"（板课题）。

3. 提出：为了帮助灾区人民，淘气拿出自己零花钱的 $\frac{1}{4}$。

师：他可能捐了多少钱？

待学生思考了 10 秒钟逐渐有学生举起手要发言时，师又提出"活动要求"：

独立思考，写一写，画一画，算一算：淘气可能捐了多少钱？

审题后学生陆续开始独立活动起来。

【听课批注】捐了多少？哦，我也不知道。

学生独立活动到尾声，老师在巡查指导中收集学生在第一张纸片上的写写画画情况。

4. 师在展台上展出收取的学生完成情况，请学生谈自己对同学完成情况的理解：

（1）如果 100 元，$100 \times \frac{1}{4} = 25$（元），$100 \div 4 = 25$（元）。

（2）如果 20 元：

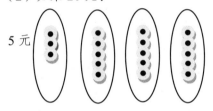

5. 请其他的学生问问题，再请展示的学生来现场解答问题。

6. 第一对学生问答，师再根据学生的展出及对话内容板写出：

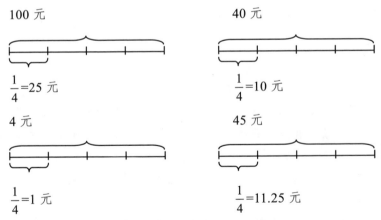

师追问：对这组同学的问答还有什么补充？一生补充道：如果淘气零花钱有 1、2、3、4……元钱，那他捐的零花钱的 $\frac{1}{4}$ 就分别是：

$1 \div 4 = 0.25$

$2 \div 4 = 0.5$

3÷4=0.75

4÷4=1

……

师又追问：为什么淘气捐的钱数不同呢？

生想了想回答：因为不确定淘气有多少零花钱，所以……

师降低声调问这个学生：想对他们说点什么？

这个学生毫不思索地对大家说：我想告诉大家，遇上这样的问题，由于没有告诉具体的总钱数，所以总钱数的几分之几是多少就无法确定。因此，我们只能用列举法，当然还有其他的方法可以表示出淘气捐的钱数。

师有点明白似地说：举这么多例子，是因为"不确定"。嗯，究竟"不确定"什么？

指名一生回答：钱呀！

师追问：板书中的省略号究竟省略了什么？

指名一生回答：省略号表示还有很多可能性，没有列举的还有很多。

师：列举不完也是？

学生异口同声说：猜不完。

师：猜不完怎么办？怎么才能准确而完整地表示出淘气捐出的钱数呢？请写在第二张纸片上。——全体学生开始独立思考后写出自己的方法。

7. 同桌互评写出的方案后，老师指名学生上台展示。

生一：

a元（淘气开始有的零花钱）

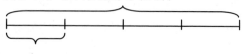

a 的 $\frac{1}{4}$ 元（淘气捐的钱数）

生二：（全部的钱数）÷4=捐的钱

生三：假设淘气捐了 X 元，所以他一共有 $4X$ 元零花钱。

生四：解：设有 X 元零花钱，捐了 B 元，则：

生五：$X÷4=B$

$4÷4=1$

$8÷4=2$

$12÷4=3$

……

8. 5 个学生展示后老师将他们的纸片都集中展示在展台上并编上方法①至⑤，便于投影给全体同学对比观察，然后请同学谈自己的想法：喜欢哪种方法？

生一：喜欢方法五。

有生评：麻烦，没有表示出完整的情况……

生二：第三种。

师生：明显地表达了总钱数和捐了的钱数的关系……

生三：第四种方法不好……

生四：第二种方法不好……

9. 师小结提问：它们之间是几倍关系呀？

生齐：4 倍关系……

师再追问：什么一直没变？生肯定：4 倍关系。

师提醒：又是半截话。学生一起修正：总零花钱数和淘气捐的钱数是 4 倍关系。

师再追问：反过来说，就是……

学生接着说：淘气捐的钱数是他零花钱的 $\frac{1}{4}$。

这 $\frac{1}{4}$ 固定了，为何写出这么多关系式呢？

指名学生发表自己的看法后,老师归纳出大家的意见:淘气的总钱数会有很多种可能性。

10. 老师提出问题的另一部分:笑笑捐了全部零花钱的 $\frac{1}{2}$。

老师反问:想知道什么?指名一生提出:想知道"淘气和笑笑谁捐得多?"老师将学生的问题在投影上显示出来。

同时提出研讨活动二要求:

请你先独立思考,再写一写,画一画,表示出你的想法。

再小组交流:有什么发现?

学生进入独立研究和小组活动。

11. 展台上集中展出学生研究结果,请同学们观察,并发表自己意见"同意谁的?"

方案一:

设笑笑和淘气原有的一样多:

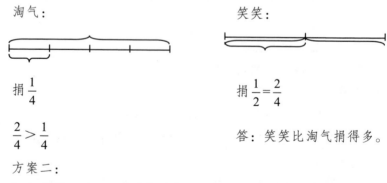

淘气:

笑笑:

捐 $\frac{1}{4}$

捐 $\frac{1}{2}=\frac{2}{4}$

$\frac{2}{4}>\frac{1}{4}$

答:笑笑比淘气捐得多。

方案二:

(1)笑笑:2÷2=1(元)淘气:2÷4=0.5(元)

1>0.5 答:笑笑比淘气捐得多。

(2)笑笑:2÷2=1(元)淘气:40÷4=10(元)

1<10 答:淘气比笑笑捐得多。

(3)笑笑:20÷2=10(元)淘气:40÷4=10(元)

10=10 答：淘气和笑笑一样多。

方案三：

（1）笑笑：24÷2=12（元）淘气：52÷4=13（元）

12＜13 答：淘气比笑笑捐得多。

（3）笑笑：50÷2=25（元）淘气：36÷4=9（元）

25＞9 答：笑笑比淘气捐得多。

师生开展自由评价活动……

12. 请学生自由发言：通过本节课学习，你明白了分数的什么？

指名发言。

生一：通过本节课的学习，我明白了分数的意义是……

生二：通过本节课的学习，我知道了分数大的，其对应量不一定大……

生三：……分数的对应量的大小，除了分数的大小之外，还涉及标准量大小。

生四：……当单位"1"的量一样时，分数大的量大；当单位"1"不一样时，就需要计算来决定了。

……

有一生质疑：……单位"1"的对应量和分数的对应量有什么样的变化规律，这个问题我想研究……

13. 师：看来大家收获很大，问题也有，下课后我们可以继续研究。下节课我们将继续学习分数问题的解决。下课。

总之，如果说人们在先前比较注重教学的"实""活""新"，那么，在当前就应加上一个"深"字，即应当通过"深度教学"落实努力提升学生核心素养这样一个目标。

四、小学数学课程标准视角

如前所述，名师工作室是教师的"教师"，必须深入研究课程标准，不但要对目前的标准有深刻的认识，还要对现行课程标准的"来龙去脉"有所了解，要知其然，也要知其所以然。

（一）小学数学课程目标的认识

数学是小学阶段最基础的课程之一，其课程目标到底是什么？不是简单强调"基础性"就能够概括的。

中华人民共和国成立 70 多年来，我国小学数学课程目标经历了从"目标"到"教学目的"，再到"课程目标"的演变过程①。数学课程目标从宏观描述上，并没有单独列出小学的，而是义务教育阶段的，国家标准是这样描述的：获得适应未来社会生活和进一步发展所必需的重要数学知识（包括数学事实、数学活动经验）以及基本的数学思想方法和必要的应用技能；初步学会运用数学的思维方式去观察、分析现实社会，去解决日常生活中和其他学科学习中的问题，增强应用数学的意识；体会数学与自然及人类社会的密切联系，了解数学的价值，增进对数学的理解和学好数学的信心；具有初步的创新精神和实践能力，在情感态度和一般能力方面都能得到充分发展。从这个描述可以看出，课程目标内容从偏重知识、技能类目标发展成为涵盖知识、技能、能力、情感态度等多维度的学生发展核心素养的全面育人目标；课程目标价值取向从社会本位、知识本位转向与学生本位相结合的多元追求。从小学的教学内容看课程目标，经历了四个阶段："以算术知识技能为中心"阶段（1949—1977年）、"重视双基，着眼数学思想与能力"阶段（1978—2000年）、"四基并重，强调四能"阶段（2001—2013年）、"素养统筹"阶段（2014年以来），呈现出"由专宠显性到关注隐性"的发展趋势。小学数学

① 小学数学课程目标 70 年的演进与展望[J]. 基础教育课程，2020（6）：50-56.

课程内容形成了兼顾显隐性的"两类四面七要素"的现实样态。显性课程内容（即"双基"）的课程教材建设已相对成熟，竭力完成素养统领的隐性课程内容的课程教材建设则成为课程发展的时代诉求。[1]他们在内容上给出了这样的体系图（见图 1.7）：

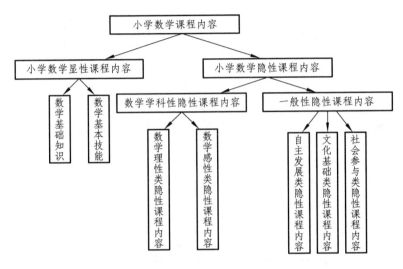

图 1.7　小学数学内容结构示意图

　　刘久成还把我国的课程标准与美国、澳大利亚、英国、日本的小学数学课程标准进行了比较[2]，比较结果见表 1.2。

　　陈婷、孙彬博对中华人民共和国成立前的小学数学课程目标进行了梳理，其结果[3]见表 1.3。

① 赵娜，孔凡哲. 新中国成立 70 年小学数学课程内容的发展历程、趋势与诉求[J]. 教育学报，2019，15（6）：34-39.
② 刘久成. 五国小学数学课程内容的比较及启示——基于现行中美澳英日小学数学课程标准[J]. 外国中小学教育，2016（10）：58-64.
③ 陈婷，孙彬博. 清末民国时期小学数学课程的嬗变及其评析[J]. 数学教育学报，2016，25（1）：21-24.

表 1.2　小学数学标准的国际比较

国家 \\ 学段	中国	美国	澳大利亚	英国	日本
第一学段（1~3年级）	数的认识；数的运算；常见的量；探索规律	运算与代数思维；数与十进制运算；（1~2年级）	数与位值；小数和分数；货币与金融数学；模式与代数	使用和运用数；数与数系；计算；解决数值问题；处理、描述和解释数据	数的理解；数的表示；数的运算
第二学段（4~6年级）	数的认识；数的运算；式与方程；正比例、反比例；探索规律	运算与代数思维；数与十进制运算；数与运算——分数；（3~5年级）		使用和运用数；数与数系；计算；解决数值问题	数的理解；数的表示；数的运算；数的运用

表 1.3　清末民国时期小学数学课程目标的变化

时间	知识目标	能力目标
1904 年	使习四民皆所需之算法，为将来自谋生计之基本	兼使精细其心思
1912 年	熟习日常之计算，增长生活必需之知识，兼使思虑精确	增长生活之知识兼使思虑精确
1923 年	在日常的游戏和作业里得到数量方面的经验	能解决自己生活状况里的问题，能自己寻求问题的解决方法，有计算正确而且敏速的习惯
1929 年	助长儿童生活中关于数的常识与经验	养成儿童解决日常生活里数量问题的实力，练成日常计算敏速和准确的习惯

时间	知识目标	能力目标
1932年	增进儿童生活中关于数的常识与经验	培养儿童解决日常生活问题的计算能力，练成儿童计算敏速和准确的习惯
1941年	增进儿童日常生活中关于数量的常识和观念	培养儿童日常生活中的计算能力，养成计算敏捷和准确的习惯

通过对小学数学课程目标历史与现实、国内与国外的分析比较看，当下的数学课程目标是最科学性的、最具有中国特色的目标，我们应该有这样的文化自信。

（二）把握课程标准的实质，提高教学能力

有了好的课程标准，还需要好的教师执教。教师的教学能力不提高，数学课程标准就不能完全"落地"。当下的小学数学教学，比过去任何时候都强调科学与规律。

1. 小学数学规则教学是小学生思维发展提升的重要路径

小学数学教材所呈现的知识具有本学科结构和特点，如抽象性、概括性、知识间转换的跳跃性和知识排列的复杂性等，教师应对这些结构和特点有充分的认识和把握。学生有其自身的认知水平和特点，也有其特殊的知识结构，这一结构具有不完整性。当小学数学教材知识的简洁性遭遇学生思维发展的不完整性时，势必会制约学生思维的发展。如何强调"规则"，用规则组织教学，通过规则教学渗透思维教学是小学数学的重点和难点。小学数学规则教学是小学生思维发展提升的重要路径，是以公式、定理、运算为主要教学内容展开的思维渗透，可以有效增强小学生数学思维的发展层次与复杂性，主要从整体渗透、个体渗透以及本体渗透三个方面系统推进教学①。整体渗透是指通过规则认知的纵横联系来实现规则教学体系的基础建构；个体思维渗透是指以理性的思维逻辑发展和严密的内容递进教学为路径强化规则脉络，增强认知指向性，优化个体生成性的规则网格结构；本体思维渗透是指利用本源思想实现对规则认知的再创造，强化教学末端规则体系的应用发展和多维审视。形成以思维渗透为目的的多维度规则教学体系，是小学数学合理性和逻辑性在教学实践中的全面实践，可以有效达成素质教育阶段对小学生综合能力发展的目标要求。

2. 把"有过程的归纳教学"作为一种教学理念和范式

"有过程的归纳教学"，旨在使学生经历合情合理的推测、探究、体验等操作活动，不断经历知识原初产生的过程、多种形式对话的过程、多种思维沉思的过程，从而归纳概括出一般结论②。"有过程的归纳教学"需要科学的追问，追问不仅是教学的一种手段，更是教学的一种艺术③。追问不是简单地提几个问题，也不是"打破砂锅问到底"，而是教师对学生的问题进行追根究底的发问，是在学生展示或回答问题的基础上的拓展和延伸，是要通过一定的"过程"进行科学的归纳，形成规律。

在数学教学中，提出好的问题能吸引学生的注意力，而追问更能激起学生思维的火花。那么，如何追问？教师需要把握时机，找准切入点，问在学生认知的"交汇处"，唤醒学生强烈的求知欲。追问需要教师把握适当的时机，也就是什么时候该对学生的回答追问，问出学生的想法与理由，做到知其然更知其所以然。课堂中学生的认知"盲点"往往是学生学习过程中的"障碍处"，也是教师引导与

① 杨琰. 基于规则教学的小学数学思维渗透分析[J]. 教育理论与实践，2020，40（8）：53-55.
② 石迎春，于伟."有过程的归纳教学"的行动与省思[J]. 教育科学研究，2021（4）：66-71.
③ 夏金. 小学数学教学中的追问须适宜[J]. 教学与管理，2018（5）：33-34.

追问的着力点。"障碍处"的点拨引导，总是课堂的精彩之处，又是激励学生主动生长的关键支点。在"障碍处"追问，往往可以妙手回春，点石成金。课堂教学中，由于学生年龄特征和知识水平导致课堂生成比较肤浅，缺乏深度，教师要不时追问，引导学生深入思考，使他们牢固掌握所学知识，促进学生思维能力的提高。

3. 培养小学生的应用意识

应用意识是学生学习数学时不可缺少的一项重要因素[①]，这对于学生综合能力的提升十分有帮助。在教学小学数学过程中，教师需要与新课改有机结合，通过生活情境的创设、生活化问题的提出、应用所学数学知识解决实际生活问题、挖掘数学知识点、数学作业形式创新等方面来培养学生的应用意识。

发展学生的空间观念是促进应用意识形成的重要手段。学生空间观念的形成是建立在观察、感知、操作、比较、思考和想象等心理活动的基础之上的，发展学生的空间观念是小学数学教学中的一个重要目标，实际观察和操作是发展学生空间观念的必备环节。除此之外，在教学活动中，教师还要优化操作活动，提升学生的形象思维能力；优化问题设计，提升学生的抽象思维能力；优化变式比较，提升学生的创新思维能力。特别是对于小学低年级的学生，实际观察和操作是发展空间观念的必备环节。但仅仅使用观察或操作等直观手段，只能使学生对空间观念的认识停留在印象层面上，不一定能进一步发展学生的空间思维能力，还需要巧用数学广角。"数学广角"不同于"综合与实践"，"综合与实践"的教学重在实践、重在综合，强调学生的动手能力，取得解决问题的数学活动经验；"数学广角"也不同于传统应用题，传统应用题教学注重讲清思路，拓展方法，由理解到应用，让学生掌握知识，但解题思维有局限性，

---

① 王介锁. 小学数学学科教学中应用意识的培养策略[J]. 中国教育学刊，2020（S1）：70-71.

缺乏开放性，教学中更注重解决问题的方法。"数学广角"的问题更灵活，具有开放性和挑战性，注重在讨论探究过程中，让学生形成自己的操作体验，形成自己的思维，在合作交流中拓展不同的方法策略，在对比、优化中思考解决问题的方法，逐步领悟到数学思想方法。然后从练习到应用，量变升华为质变。教材里面选取的一些生活实例是个别的、具体的、感性的个案，通过不断练习、积累和思考，最后要形成一般的、抽象的、理性的规律，并从关注思考结果转变为关注结果的思考，从而入窥数学思想门径。如沏茶问题，学生进一步思考为什么可以这样优化，从而找出此类问题优化的关键因素——在较长时间的操作项中，是否可以同时做其他短时间操作项。以此作为主导思想，可轻而易举解决其他此类问题。

（三）提升对学生评价的科学性

2011 版义务教育课程标准把评价作为一项非常重要的建议纳入标准中。评价的主要目的是全面地了解学生学习的过程和结果，激励学生学习和改进教师教学；评价不仅要关注学生的学习结果，更要关注学生在学习过程中的发展和变化，应采用多元化的评价方式。通过对《义务教育数学课程标准（2011 年版）》的研读和思考，发现要很好地理解《义务教育数学课程标准（2011 年版）》中"评价建议"部分，就要抓住数学评价多元化这一个主题词。在评价多元化中，评价主体、评价内容以及评价方式多元化的观点由来已久。在"多元主义"价值观的支配下，评价主体、评价内容以及评价方式势必要体现出数学评价多元化的特点。

关于评价主体的多元化，《义务教育数学课程标准（2011 年版）》指出，评价主体的多元化是指教师、家长、同学及学生本人都可以作为评价者，可以综合运用教师评价、学生自我评价、学生相互评价、家长评价等方式，对学生的学习情况和教师的教学情况进行全面的考查。可见，《义务教育数学课程标准（2011 年版）》强调评价主体的多元，不仅仅是教师的评价，更多的强调学生自我评价、学生与学生之间的评价以及家长对学生的评价。

　　关于小学数学教学评价，众多学者发表了很好的研究成果。叶育枢介绍了中国香港地区的小学数学评价问题①，他认为，课程评价是课程改革的一个重要方面，也是课程理念能否真正落地的保障，香港小学数学课程的评价是以学与教改善为目标，通过多种方式对数学课程教与学的内容进行全方位评估，如图 1.8 所示。

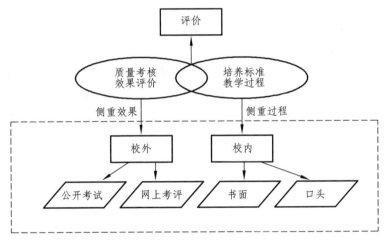

图 1.8　对学生评价比较图

　　王烨晖等把数学思想融入小学数学课程，他们认为抽象、推理和模型思想对应了数学的三大特征②，是众多数学思想中具有本质意义的基本思想，也是数学教育的内核。数学基本思想承载了独特、鲜明的学科育人价值，可教、可学，是名副其实的学科核心素养，是评价模型构建的理论基础。有的学者提出，要围绕说数学、读数

①　叶育枢. 香港小学数学课程评价："理念""方式"与"启示"[J]. 数学教育学报，2019，28（5）：19-23.

②　王烨晖，边玉芳. 课程评价模型的理论建构与实证分析[J]. 教育学报，2015，11（5）：80-86.

学、画数学、做数学、用数学[①]来进行评价，还有的学者提出，"计算思维"是近年来基础教育中评价学生高阶思维的重要指标[②]，他们认为，在数学学科中培养计算思维已成为国际上重要的发展趋势。基于此背景，他们构建小学数学 PBL+CT 教学促进学生计算思维培养的三层理论模型（见图 1.9）：内容层以 PISA 情境问题设计为导向，通过问题驱动教学；教学层为数学插电非编程的计算思维模式，采取 PBL 融合计算思维核心要素的教学，构建问题解决的教学流程；目标层是计算思维，以分解、抽象、算法思维、批判性思维、问题解决、协作学习六个核心能力为培养目标。研究以小学数学课"怎样围面积最大"为例，围绕理论模型进行具体的教学设计与实施，并对其应用效果进行验证。基于课堂观察、问卷和访谈等多种研究方法，多维度地验证理论模型促进小学生计算思维培养的有效性。研究发现，小学数学 PBL+CT 教学能显著地促进小学生计算思维的培养，尤其是在分解、算法思维、协作学习上具有显著的促进作用。

表现性评价运用于小学数学教学中，能更好地了解学生的数学理解水平并有效改进教学。[③]评价过程中一定要注意价值观的引领性评价。例如，姜立刚、罗丹在《小学数学课堂教学价值观培育路径探析》一文中指出[④]，为有效挖掘小学数学学科的育人价值，切实推进社会主义核心价值观"三进"工作，以小学数学"谁先走"教学为例，依据教师课堂教学的基本环节，小学数学学科课堂教学须以学生对价值观的具体理解为基础，以教学内容分析为载体，以教学

---

① 彭国庆. 小学数学学科基础素养分析与培养[J]. 教学与管理，2019（14）：30-33.

② 张屹，王珏，谢玲，王丹丹，等. 小学数学 PBL+CT 教学促进学生计算思维培养的研究——以"怎样围面积最大"为例[J]. 华东师范大学学报（教育科学版），2021，39（8）：70-82.

③ 章勤琼，阳海林，陈肖颖. 小学数学教学中的表现性评价及其应用[J]. 课程. 教材. 教法，2021，41（3）：83-89.

④ 姜立刚，罗丹. 小学数学课堂教学价值观培育路径探析[J]. 教学与管理，2020（20）：37-40.

目标设计为起点，以课堂教学活动为形式，以课后教学反思为契机，将价值观培育可操作化、显性化、明确化与有意化，从而实现学科育人的目标指向。

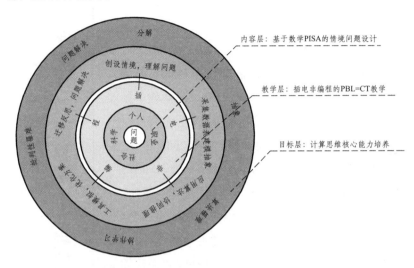

图 1.9 小学数学计算思维培养理论模型

总之，构建科学合理的评价方式，通过评价更好地了解学生的学习，并以评价改进教学，成为近来教育教学中非常值得关注的话题，教师必须提升自己的评价水平，通过科学评价实现科学育人，育有"科学素养之人"。

在课改背景下追求高效教学、卓越课堂是课程改革的必然要求。理性认识"136"课堂教学模式，即遵循"1个"教学理念，即"学而有异，合而不同"；突出"3个"教学重点，即"问题意识""开放思维""自主合作"；实施"6个"教学环节，即"明确目标"—"自学指导（指导自学）"—"合作探究"—"精讲点拨"—"测评达标"—"总结拓展"。作为一线教师的笔者近来主要对"136个性课堂"的"明确目标""自学指导""合作探究""精讲点拨""测评达标"和"总结拓展"等教学六环节分别的地位和作用进行了实践探索。

一、对"136"个性课堂教学模式的实践与认识

（一）六环节的地位和作用认识

"136"个性课堂教学模式的核心在六环节上。下面以"口算整十数乘整十数"为例，谈谈六环节的作用和地位。本课教学内容是人教版小学三年级下册第 58 页上例 1 及"做一做"、练习十四 1~4 题。教学重点是让孩子学会口算整十、整百数乘整十数及两位数乘整十、整百数（每位乘积不满十）。教学难点是让孩子们能应用口算方法解决生活中的实际问题。

1."明确目标"是个性化学习的前提

对本节课的活动的空间有多大，知识半径有多长，能力要求有多高……学生和老师都必须做到心中有数。因为知道学生究竟要学什么，老师才知道引导学生向什么方向发展；知道学生究竟想怎么学，老师才知道教给孩子什么样的学习方法；本节课孩子们究竟要达到什么样的水平，老师课前是预设了的，但那只是纸上谈兵，只有听到孩子们的想法后，老师才能确定预设目标。师生之间通过整合目标，达成统一，形成共识。

只有明确了目标，孩子们才能真正成为学习的主人。只有让孩子们明确目标，老师才能真正回归自己主导者、参与者、发言首席等角色。不然，孩子们始终有被牵引着走、搀扶着学的感觉，学习的主动性和积极性、兴趣性大打折扣。

在实践体验中笔者发现，学生在明确目标这一环节中能触及的主要是"知识与技能"，而"过程与方法""情感、态度和价值观"需要老师直接介绍。

大家都明白，只有学生明确了学习目标，才能让持续的"自学指导"（或者"指导自学"）有依据和价值。

而从本节课的实施情况来看，笔者展示了明确目标的方法是"读

题式"。在日常的课堂教学中还有"情景式""体验式""感悟式"等等，而本节课笔者请孩子读题明确目标之后，再让孩子根据课题自由出"整十数乘整十数的口算题目，然后老师根据孩子的题目选择板书"，这一过程实际上也是用感悟式的方法让孩子们明确目标。但不论哪种方法，笔者认为明确目标这一环节都应遵从"直接""直观""简洁""有效"等原则，绝不能忽悠孩子，必须让孩子明确目标。只有让孩子们感知到目标的实实在在，他们才能踏踏实实去探寻目标。这明确后的目标就好比本节课学习的圆心或"锚"，支撑和规范着孩子们本节课的一切学习活动，同时也引导着每一个孩子的自我发现，所以说"明确目标"是个性化学习的前提。

2. "自学指导"（或者"指导自学"）是个性化学习的基础

明确了目标，学生就应带着目标个性化地开展学习活动。而怎样的学习方式是个性化的？什么样的学习方法才能让自己的学习更有个性？……诸如此类问题，作为个性教育特色学校的老师和学生都必须回答，而且都必须面对，每时每刻都必须做到。笔者认为，"自学指导"（或者"指导自学"）是个性化学习的基础。因为我们的学习只有通过自学才能找到自己知识体系建构过程中的营养所需，也只有在老师先知先觉的指导下才能让我们的学习更有实效性、针对性，减少学习的过程中走弯路，提高学习效率。因此，"自学"和"指导"二者看似分别属于学生和老师两种不同类型的人的活动，但其在学习过程中是高度统一的整体。

单看"口算乘法"一课这一环节的教学实施过程，我们不难发现，老师出示了统一的情景主题图，指名交流了学生自己发现的数学信息，并让学生根据这些数学信息提出自己的数学问题，这一流程从"统一"到"个别"，从"自我"又到"统一"，这是这本课指导自学的第一部分。接下来，孩子自然会根据自己的口算经验产生对今天新学"整十数乘整十数"口算方法的好奇和猜测，于是老师先让孩子自由交流"我准备这样算",这既是对个性化学习的必然需求的满足,也是对学生学习的主体性地位的尊重。当孩子的个性化表达的愿望被满足之后,对他们所陈述的个性化的理解是否正确的好奇心,就会强烈地刺激着孩子去探寻答案。这时,老师请孩子们"自学课本第 58 页",同时要求"找到书中的口算方法,将自己的口算方法与书中的方法相比较,找到适合自己的方法,并将方法记录下来"。这是指导自学的第二部分,从中我们不难发现整个流程是从"自我"到"共同",从"个别"到"多样",从"一般"到"优化"。这样暗藏于要求的指导,让孩子的自学显得更有针对性,提高了孩子自学的效率。

浏览这个环节的整体流程,老师主导性更多的呈现为"隐蔽性",而学生学习的主体性显得更加强劲,尤其是孩子的学习个性得到了更加张扬。

3. "合作探究"是个性化学习的整合

通过"指导自学"或"自学指导",孩子们既有了自己的看法,也通过自学的内化,优化出了属于自己的新观点,但不论是"看法"还是"新观点",它们是否正确,是否可行等问题从上一环节开始,需要孩子自己来回答。这时,孩子们就特别需要与他人发生思维上的"碰撞",完成一次知识和技能、情感与态度及价值观的二次整合,才能形成自己认知新体系。因此,"合作探究"成为个性化课堂教学环节的必须。

在"合作探究"这一环节中,孩子们通过小组合作,展示自己对本节学习内容的理解和新认识,接受大家对自己学习结果的评价,同时也汲取组内同伴的思想,最后形成小组内的结论;然后在全班展示时,再次经历"展示"—"评价"—"重组"—"优化"的学习过程。通过合作探究组内和班上的两次整合,孩子在"自学指导"(或"指导自学")环节中形成的非常自我的认识体系,得到了充分的洗礼和优化，同时在分享学习伙伴的学习成果的过程中，孩子们的认知体系得到了一次自然的振荡，生成了新的既有共性又有个性的属于自己的认知新体系。

4."精讲点拨"是个性化学习的优化

之所以定位"精讲点拨"是个性化学习的优化，并不是要否认前面三个环节的有效性和正确性。在学生的学力水平上，尽力完成"明确目标""自学"和"合作探究"的学习任务，初步达成了目标，这样的学习效果是显著的，值得肯定。但学生在前面的学习状态如何？学习方法是否科学？学习路径是否合理？学习成果表述是否全面？……这些学生不能完全企及的问题，需要老师作为课堂的首席发言人出来陈述。因此，"精讲点拨"就应该是课堂的参与者——老师的首席发言，对孩子们达成的学习认知结果、学习过程中的方法、路径和情感投入、参与态度，还有形成的价值取向等方面都可以成为首席发言的内容。

回顾"口算乘法"一课的教学实施，笔者在这一环节重点"精讲"了孩子们优化出的"整十数乘整十数"口算方法，主要点拨了"口算方法"的存贮和运用。这既是对学生自我发现的再次肯定，又是对其自我发展方向的一次暗示。

5."测评达标"是个性化学习的保证

个性化动态生成的课堂教学是否有效，需要"测评达标"来巩固体验。本节课堂教学前大家明确的学习目标是否实现，需要"测评达标"来检测校验。反观笔者所上"口算乘法"一课的此环节，检测题目主要出现在"新知"的理解和"新法"的应用上。从简单的题目到复杂的题目，从简单的水平到发展的水平，从低速的节奏到快速的节奏，既有体验，又有测验，既有成功，又有教训，既有固定，也有发展……总之，测评达标的过程，既是回顾过去，评价学习达成水平的过程，也是学生自我提高的过程，更是学生明确发展方向的过程。

6."总结拓展"是个性化学习的延伸

"总结拓展"在"136"个性课堂教学中既是结束的环节，又是开始的环节。这是因为它既要对本节课的教学情况，包括师生的学习状况、达成目标等方面做出一个中肯的评价，对学习的重点和难点进行点评，同时也要对学习的发展、成果的运用、课堂内外的衔接等方面进行启发。尤其是在数学生活化的建设上有着其他环节不可替代的地位和作用。

"口算乘法"一课中，笔者以"今天你快乐吗？为什么？"为题，让学生就本节课的学习生态进行回顾和总结，显得轻松而不失明确性。在充分明晰了"整十数乘整十数的口算方法"之后，老师出示拓展题目"99×9"，并要求孩子能利用今天所学的口算方法口算这一题目，要说难度是相当大的，具有相当大的挑战性。但有一半的孩子能联系乘法的意义，将 9 看成 10-1，那么 99×9 就成了 10 个 99再少 1 个 99，这样将 99×9 变成了 10 个 99 减去 1 个 99，即 990-99等于 891。将复杂的乘法口算问题简单为 10 个 99 减 1 个 99，口算完成。细细观察分析孩子们在这一非生活题目中的实际表现，我们不难发现，孩子们在解决问题的过程中，真实地体验到将"复杂问题简单化"的数学学习思想的存在意义，同时也真切地发展出将复杂问题简单化、运用已有经验解决未知问题的生活数学思想。真正做到了将数学学习延伸到生活数学中。

从明确目标到指导自学（或自学指导），从合作探究到精讲点拨，从测评达标到总结拓展，六个环节有机有序，动态生成，一脉相承，是不可分割的整体。在课堂教学改革实践过程中，我们个性课堂教学不能轻言放弃哪一环节。

六个环节顺应个性化学习的要求。所谓个性，是区分了共性后的独特性。个性化的课堂学习亦如此。六个环节中，"明确目标""精讲点拨""测评达标"等三个环节具有较强的共性特征；而"自学指导（或指导自学）""合作探究""总结拓展"等三个环节具有明显的"个性"特征。但细查"口算乘法"一课的教学实录来看，笔者始终想展示"共性"处"个性"分明，"个性"时"共性"存在。"共性"与"个性"共存，既是个性课堂教学的根本要求，也是"个性化学习活动"的基本特征。

"明确目标"不能只明确知识和能力目标，还要明确过程和方法，情感、态度和价值观等方面的目标。明确目标的过程是孩子一次自我认识体验的过程。

"指导自学（或自学指导）"指导的不应是知识和能力的正确性，更主要的是指导孩子认识的方法、体验的过程、学习的兴趣等方面，老师能在孩子自学的过程中准确分析孩子的学习态度并予以肯定，发现孩子学习状态中存在的问题及时改正，让孩子始终保证正确、有效的学习状态，这就是指导的意义和关键。

"自学指导"是"合作探究"的基础，"合作探究"是"自学指导"的承接。

"自学指导"是否有收获，不能仅仅看自学是否掌握了知识和技能，而要看有什么样的不同发现体验，这才能为"合作探究"奠定基础。而"自学"不能完成的学习任务，或不能"共性"的体验认识，为"合作探究"提供了保证。

但"自学指导"产生的问题要相对集中，也就是说"合作探究"要有重点，不能满河是滩。"精讲"并非只是讲知识、讲方法，更不是全部由老师讲，更多的应该是老师引导着学生思考，然后由学生自己精讲；"点拨"并非只是点拨学法，更应该点拨孩子们学习动态中的自我情绪生成。

（二）个性化学习需要"放学生一把"

假如一个教师在一节课中一句话都没有说，这个教师是个好教师还是个不称职的教师？对于大多数人来说，答案是显然的，因为传统观念中，大家不可能承认一句话都不说的好老师。可笔者认为，这个一句话不说的教师未必不是一个好教师！

一些教师在课堂教学中，新课要讲"透"，不透不放心；复习课更要复习"透"，否则难见效果。他们总认为完成任务就得讲深知识和技能。他们把课堂教学仅仅看作教师讲解或讲授，在很多情况下其结果却是教师讲了学生仍然不懂不会，或者当时会过后就忘却了。知识既没到位，也没有落实。在这显而易见的结果后面还存在着"学生的学习能力在萎缩、学习情感在减弱"等隐性恶果，这不仅会给后续的教和学带来更大的困难，任其发展下去还会给学生一生的发展带来不可估量的影响。

其实，心理学家早已研究证明：学生如果只听教师讲解，只能记得所听内容的 15%。基于此，为了适应素质教育的需要，提高课堂教学效率，培养学生学习能力和主动学习的情感，我们教师在课堂教学过程中，是否可以少讲或者不讲，"放学生一把"，让学生的知识和能力生动活泼地发展起来。

在课堂教学中怎样"放学生一把"呢？我在自己的数学课堂教学中，做了一些尝试，有如下认识：

第一，给学生做好知识和能力的准备。这是"放学生一把"的前提。

要"放学生一把"，让学生学习状态"活"起来，就要让学生能说会道，有自己的观点和方法。而学生要对新教学的内容有自己的见解和方法，这应建立在自己对这部分新知识、新能力有一定基础（即旧知识与已有能力）的前提上。所以，这就要求教师在备课过程中，要找出新知识与旧知识、新能力与已有能力之间的联系，在"放学生一把"之前，让学生充分理解掌握旧知识和熟练掌握已有的能力。旧知识和已有能力是学生学习新知识和掌握新能力的再生点和支撑点。所以我们应在"放学生一把"之前，给学生做好知识和能力的准备，使学生灵活运用掌握的旧知识和已有能力去理解、掌握和探索新知识和新能力。

第二，学生先学，老师后讲。这是"放学生一把"的途径之一。

据专家研究证明，学生先学而老师后讲，这样能使学生掌握所教学内容的 65%，这是一种效率较高的教学方法。苏联著名的教育学家苏霍姆林斯基曾要求教师们在教学中去引导学生用"研究的态度"去进行"研究性学习"，因为在进行"研究性学习"的情况下，学生对知识就不是消极地掌握的，而是靠积极的努力去获得的。这时教师讲授时的言语哪怕再少，也能起到画龙点睛的作用。

第三，让学生接着教师讲下去。这是"放学生一把"的途径之二。

有时，教师可以有意识地设计，把教学内容讲到一定程度，让学生自己去学或接着教师的思路和方法讲下去，这样既能让学生接受教师的教学内容和思路，又能加深学生对知识的理解和掌握程度。

第四，让学生自己说。这是"放学生一把"的途径之三。

有自己的观点，是一个人对某种事物认识成熟的具体表现，而学生在先学的前提下，一定对新旧知识有了一些认识，形成了一些见解。这是学生学习状态良好的表现。教师在教学过程中，随时随地应充分想到自己学生的这种创造性的能力，让学生把自己的观点或想法说出来供参考，这既能激发学生自学的积极性，又能培养学生的表达能力，老师还能从学生发表的意见中发现他们在自学中存在的难点和问题，以便随时修改自己下一个教学重点，指导自己的教学方向。

让学生当小老师，让学生自己教自己。这是"让学生说"，它是发挥学生在教学活动中的主体作用的最高境界。

第五，让学生具有选择作业内容的权利。这是"放学生一把"的途径之四。

为了提高学生学习的主动参与性，教师在备课过程中，对作业的设计应留下让学生自由选择的空间。可以把作业分为"（能完成的）

必须完成的""（努力后能完成的）可以完成""（思考题：这题能难住你吗？尝试完成的）探讨完成"等几种类型。从小学数学九年制义务教材来看，它对作业的编排也具有这三层要求。作业内容具有选择的余地，学生作业时的积极性大大提高。

第六，改变作业的批改方法，让学生也来批改自己的作业。这是"放学生一把"的途径之五。

教师一支笔批改完学生的作业，这是一种普遍现象。当然，教师需要从学生作业反馈的信息中，对学生的学习情况进行了解，得到自己教学的基本情况，以便查漏补缺。但我认为，长时间由教师一个人独享批改作业的权利，会让学生形成被动学习的情绪，不利于学生对知识的掌握和能力的和谐发展。因为长时间面对自己作业本上由教师用红笔留下的"√"和"×"，大多数学生只知对与错，很少研究自己"为什么错""错在哪里""应怎样做才对"。如果让学生参与作业的批改，学生会在批改自己的或别人的作业过程中，发现自己或别人在作业中的对与错，见到自己作业时没有想到的更多的好方法、好思路。由此可见，让学生参与作业的批改，既能激发学生的作业的积极性，又能拓宽学生的思路，还能提高学生的能力。因此，我们应大胆尝试这种方法。

以上是我对教学中"放学生一把"的一些尝试。在实践中，我体会到，在"放学生一把时"，还应注意以下几个问题：

（1）要特别注意学生学习的基础。学生的知识和能力基础怎样、能力有多高，教师在"放"之前应有充分的了解。

（2）要特别把握"放"的度。适度地"放"，才是我们的目的，过分地"放"容易使我们的教学走入歧途。当然，"放"的度，应根据学生学习的基础和水平来确定。学生有什么样的基础、有多高的水平，在这个基础和水平上，学生能达到怎样的程度，就是我们"放"的度。切忌搞成"放"羊课，这样会让学生一无所获。

（3）在"放"的过程中，教师仍然是课堂教学的组织者。教师应不断发现问题，发布信息，引导学生向着学习目标努力。

（三）个性化学习让数学课堂学习"活"起来

多年来，我们教师总是捧着一本书进教室，学生面对的除了教材就是大量的试题和作业，可以说教材既害苦了学生，也害苦了教师。其实就教材本身而言，其知识、技能覆盖面是机械而有限的，但如果我们能用创新的观念和手段来对待教材，那教材的外延又是相当广泛。要用"活"教材，"活"用教材，这也是新课程标准赋予我们每个数学教育工作者的当务之急。重视对教材内容的取舍、整合与挖掘，提高驾驭教材的能力，拓宽与教材有关的知识和信息准备，提高自身的数学水平和数学素质，使教材为"我"所用，从而提高课堂教学的趣味性、逻辑性和实践性。围绕教材，教师可做数学史、数学信息、先进教学手段乃至其他学科的方面的知识准备，在课堂上做到信手拈来，旁征博引，使教材由"死"变"活"，提高课堂教学效率。总之，只有创造性地使用教材，把教材的每个章节当作一个系统，每道例题看作一个课题，每一个定理、原理看作蕴涵哲理的智慧结晶，才能使"减负"落到实处，才能使数学教学变成培养创新的天地。教材是知识与思维的载体，它蕴涵着大量可供培养学生思维能力和创新意识的素材。教育学家叶圣陶先生指出："教材只能作为教课的依据，要做得好，使学生受到实益，还要靠教师的善于运用。"也只有这样，才能将新课程标准下的小学数学课堂教学"活"起来。

在一次"多位数除以一位数的除法笔算"教学中，我遇到了这样的教学实例：

做完两位数除以一位数后加一位数的口算和笔算准备后，我先鼓励学生根据自己已有经验和方法尝试笔算"2488/8+8=？"学生独立给出了多种笔算方法，然后我请个别学生上黑板板书汇报。其中A 同学展示的是：除到百位后，直接将十位上的 8 和个位上的 8 掉下来，将 88 直接除以 8，商 11。面对 A 学生这种出乎意料的做法，我也显得有点手足无措，学习成绩优秀的同学哈哈大笑，汇报这种做法的 A 学生羞红了脸，头慢慢地低下去了。

　　A 同学的笔算方法是否正确，我认为得看用什么数学知识观和教学观去看待，特别是对数学中笔算的用途的理解。对此问题我私下认为，笔算也好，口算也罢，都是为计算出准确的结果服务的，所以 A 同学的这种笔算做法虽然不规范——不符合成年人的一贯做法，但也没有什么错误可言。而除这种笔算方法是否正确外，特别值得教师关注的是 A 同学此时的学习心理。

　　面对笑声不止的同学和低下头的 A 同学，我把黑板上的做法看了又看，沉思起来，笑的同学见老师在认真思考，也就渐渐停住了，许多同学也开始关注起 A 同学的做法。随后，也许是想为受窘的 A 同学鸣不平，有几位男同学也着急地站起来说："老师，我认为 A 同学的这种做法没什么错！""是吗？你怎么看的呢？"我转过身来平静地面对大家。"因为我做出的结果和他做出的结果是一样的！虽然做法不一样。"因为有点心虚，所以回答的这位同学显得语无伦次。"还有看法吗？"我待这位同学坐下后又亲切地问，同学们安静了。过了一会，有位同学慢吞吞地举起了手要求发言，得到我允许后，才怯生生地说："老师，你说说，A 同学的这种做法正确吗？"我顿了顿说，"我也觉得很难说它正确不，不过我们可以先来讨论一下，笔算中我们为什么要用竖式来计算？""是为了让计算更正确！"……教室里又热闹起来，同学们相互交流，发表各自的观点。待同学们逐渐恢复平静后，我请同学们谈自己的观点，有的说是为了更正确，有的说是为了更规范，有的说是为了更好看，有的说是为了让计算更简单……说法不一，但总体上认为是为了计算直观、简单、正确的占大数。我说："看来大家的意见一时也统一不起来，但大多数认为是为了使我们的计算更直观、正确，那么就请 A 同学上台来谈谈自己的想法吧！"这位同学满脸的不自信，但仍坚持把自己的想法和做法陈述了一遍。他说道："我除到 8 时，我一看十位上是 8，个位上是 8，88 除以 8 我早已知道等于 11，所以我就将个位上的 8 也掉下来，一起除，就商 11 了。"听完 A 同学的介绍，我叫同学们评价一下，一半以上的同学响起了掌声，我也跟着鼓起掌来，但还没有等满脸笑容春风得意的 A 同学回到座位坐下，有位同学又站起来说，"我有意见，你想，假如不是 88，而是 98，A 同学能够这么轻易地除到结果吗？"一石激起千层浪，早认为有结果的师生们又进入了一轮思考，我接过这位同学的话说："对呀，如果不是 88，而是 98，A 同学的这种做法又会怎么样呢？值得我们去研究。"……

我们可以预见，新一轮热烈主动的学习研究即将展开。

在这一案例中，我认为自己做到了以下几点：

第一，打破"禁锢"，用"活"教材，让数学知识和技能鲜活起来。长期以来，教师们以本为纲，特别是对于知识和技能的教学，不敢越"课本"这个雷池半步，甚至有时面对自己都认可的做法和观点，教师也不敢轻易表示出来。这使学生的学习积极性受到极大的挫伤，数学课堂教学弥漫着循规蹈矩、死气沉沉的学究式压抑氛围，使学生学习数学的兴趣全无，教师主动教学的情绪低落。因为课本上只有这样，因为课本上是这么说的……太多的"因为"，束缚了教师的手脚，更束缚了我们孩子学习数学、研究数学、应用数学的思维，埋没了孩子们数学学习的天赋。其实新课程标准所倡导的"生活数学、数学生活"，就是要求每一个教师要引导孩子学习有用的数学，每一个人对有用的东西都有自己的定义，那么只有全面、客观而正确地理解孩子们自己独特的数学观，打破"唯本为纲"的禁锢，用活用足教材，才能让数学知识和技能在孩子的心中鲜活起来，才能让孩子主动地建构自己的数学知识和技能体系。

第二，善待学生，营造平等对话的民主和谐的学习氛围，让数学课堂学习活起来。没有民主的课堂就不能交流，没有交流的课堂就不能研究，没有研究的课堂就没有生命的活力。新课程要求我们教师的角色是组织者、引导者、参与者，这就要求我们不能以数学知识体系的完整性和逻辑推理的严密性而拒绝数学知识和技能的发展性，这就要求每位教师在组织、引导和参与数学课堂学习中，要有大的"数学观"，要用"发展"的眼光看待数学教学活动，对学生在活动中的行为、观点等要予以平等的关注，同时要倡导民主，要让学生、老师用民主的态度和科学的方法共同去对待、认识、研究和验证，只有这样的数学课堂，才能让学生相信数学知识和技能学习的空间是广阔的，有着无穷的发展空间，才能使课堂学习更有深度和广度，才能有更多的东西可让自己去思索和探求，才能主动地去构建自己的数学空间。

第三，言之有理，言之有据，有理有据的数学研究活动让孩子们自信起来。我们现在的数学教学使学生总有"别人"说了算、我想到的都是别人做过了的感觉，严重地削弱了孩子们对自己"数感"的培养。只有让孩子们在看似简单的问题中畅所欲言，有理有据地抒发自己对数学知识和技能的理解，展示自己对数学学问的独特感受，才能逐渐培养起孩子们数学学习的兴趣和爱好，才能让他们真正感受到学习数学的快乐，才能使他们中有数学天赋的佼佼者脱颖而出，用他们独特的数学视角，为人类数学科学的发展开拓出一片崭新的天地，这也是我们数学新课程标准中所希望达到的目标之一。而只有言之有理、言之有据、有理有据的数学研究活动才能让我们的数学课堂教学充满生机和活力，才能使我们的数学教学真正走进"生活数学、数学生活"的新天地。

二、动态生成好玩有趣的数学课堂

（一）对好玩有趣学习课堂的建构认识

1. 好玩有趣的学习才能动态生成和谐个性的课堂

我们已经认识到，和谐个性是人的稳定心理特质，其源于先天遗传和后天教育因素，经历原始冲动萌发到逐渐发展成熟的过程。而学校教育对每一个学生的个性和谐发展的影响的主要场所在课堂，因此课堂教学的优劣决定着学生个性发展过程中的水平，也影响其个性和谐发展的可持续性。什么样的课堂才能彰显我校提出的"学而有异、和而不同"的办学理念？从小学数学学科特点而言，笔者认为"好玩的学习才能动态生成，有趣的学习才能愉悦身心，促进个性和谐发展"，换言之，"好玩有趣的学习才能动态生成和谐个性的课堂"。

基于对"小学数学新课标下'好玩有趣'的教学活动的实践认识"和"对动态生成课堂的实践认识"，学校提出了"有趣会玩学习活动可以顺利达成新课程标准下的小学数学教育目标，有趣会玩学习活动方式适应了社会发展的需要，会玩有趣的数学学习活动方式符合新课程标准对学习内容的要求，会玩有趣的数学学习活动方式是以人为本观念的重要体现"，"动态生成的课堂是主体的课堂、开放的课堂、和谐的课堂、生命的课堂"等观点，这些都是个性和谐发展之所需。尤其是"以人为本"的新课程教学观认为，人对不是自己亲身经历的事（物）不会感兴趣，纵然有也是暂时的，兴趣不会持久；人对没有兴趣的事（物或现象）不会主动去认知和探索。因此，"会玩有趣"的数学学习活动方式要求：数学教学活动必须适合学生的认知发展水平，必须建立在学生的主观愿望和认知经验基础上，应该向学生提供充分的从事数学活动和交流的机会，帮助他们在自主探索的过程中真正理解和掌握基本的数学知识与技能、数学思想和方法同时获得广泛的数学活动经验，学生是数学学习的主体，老师仅仅是数学学习的组织者、引导者与合作者。这些都是新课程标准对小学数学教学的要求，同时也是个性和谐发展的基础和要求。小学数学课堂在有趣好玩的学习过程中，更能够动态生成师生的教育机会、教学方法、知识经历、技能体验、发展倾向等快乐因素，构筑起每个学生个性和谐成长的环境。因此从理论上讲，在小学阶段好玩有趣的数学学习才能动态生成学生个体的"生命知觉"的课堂，才能促进学生个性和谐发展。

2. 动态生成的好玩有趣课堂才能让师生学而有异

笔者曾提出动态生成的课堂是开放、和谐的课堂，要求"学生对教师的开放——让教师走进学生的学习，教师对学生的开放让学生走进教师的教学，师生对话让课堂走出预设而回归自然，模块教学让课堂具有生命的弹性而凸现和谐……"只有师生互相开放，让对方走进自己的教与学，才能使教师的教学预设有效，学生的学习兴趣盎然，课堂的气氛和谐，才能使师生教学在愿望共同、好玩互动、目标共存、情感共享的基础上，从各自不同的生活经验、不尽相同的学习方法、千差万别的认知基础等出发，通过共同的有趣好玩的数学学习活动的整合，在达成共同的三维学习目标的同时，生长出对相同知识点的不同理解，对相同技能技法的不同掌握，对相同情感元的不同体会……这些看似混沌的相同和不同，在动态生成的好玩有趣的课堂中其实是一个由相同到不同，由低级到高级，由简单到复杂的一个螺旋上升的结构过程。而正是这样的一个无线性进度、直线趋势的动态生成的好玩有趣，才使师生的教学千姿百态，学习体验千差万别，即为我们个性教育办学理念提倡的"学而有异"所需要的状态。

3. 好玩有趣动态生成的课堂才能让师生和而不同

不论什么样的课堂，都有着相似的教学目标。绝不能因为课堂的形式不同，而使达成的目标相距甚远。这是本轮课程改革要统一出示"课程标准"的底线。同理，好玩有趣动态生成的课堂不会因好玩而乱玩——玩得无章无法，不会因动态而乱形——动得杂乱无章。因此，好玩有趣动态生成的小学数学课堂必须使每一位学习者达成本节课所属的课程标准的相应要求，这是符合个性教育理念"和"的一面要求。但在有趣好玩动态生成的课堂教学过程中，由于学生各自学习方式的多样性、学习情感的多面性、学习进度的多重性，这就要求教师教学设计的模块性和可交互性，从而导致课堂教学的实际与老师课前预设的不同，学生个体学习进度快慢不一、方法选择不同、情感体验各异、知识建模有别……这也是个性教育理念"不同"的体现。但在统一预设目标的引领下，通过有趣好玩的学习经历，动态生成不同的学习结果后，这一"不同"的学习结果又将引发新的教学目标预设，又将通过新一轮的有趣好玩的学习经历，动态生成不同的学习结果……这样一轮又一轮地从"和"到"不同"的课堂教学，最终完成本节课堂教学的整体目标体系。当然这"完成的整体"对学生个体而言，依然是"和而不同"的。

4. 好玩有趣动态生成的小学数学课堂教学模式初构

基于"好玩有趣动态生成的小学数学课堂教学能够充分体现个性教育'学而有异、和而不同'的办学理念"的理论认识，笔者在自己近几年的课堂教学中做了具体的实践研究，总结了一些相关的操作理论，构建了相近的操作模式。

（1）什么是好玩有趣动态生成的小学数学课堂？

好玩有趣动态生成的小学数学课堂就是以小学数学课程标准设定的三维目标为依据，以学生数学学习的可持续发展为要求，以兴趣激发为保证，以师生教学的最近发展区为基础，最大限度地通过实践体验活动，动态建构知识技能、情感态度、价值观体系，动态生成教学环节的一种小学数学课堂教学方式。它的核心教育理念是"以人为本"，它的外显元素是"师生学而有异、和而不同"。

（2）好玩有趣动态生成的小学数学课堂教学的评价。

小学数学新课程标准的评价要求是：评价的主要目的是全面了解学生的学习状况，激励学生的学习和改进老师的教学，应建立评价目标多元化、评价方法多样化的评价体系，对数学学习的评价既要关注学生学习的结果，也要关注他们在学习过程中的变化和发展；

既要关注学生数学学习的水平，也要关注他们在数学实践活动中所表现出来的情感与态度，帮助学生认识自我，建立信心。

结合我校个性教育"学而有异、和而不同"的办学理念，好玩有趣动态生成的小学数学课堂教学的评价的要求应是：评价的主要目的是全面了解学生的学习状况和个性倾向，激励学生的学习和改进老师的教学，遵循多元智能理论应建立评价目标多元化、评价方法多样化的评价体系，对数学学习的评价既要关注学生学习的目标达成，还要关注学生学习的过程体验，关注学生学习兴趣的激发，特别要关注学生数学学习的可持续发展以及他们在数学学习过程中的变化和发展；既要关注学生数学学习的水平，还要关注他们在数学实践活动中所表现出来的情感与态度，更要关注学生在学习实践过程中动态生成的教育机会，帮助学生认识自我，建立信心，发展和谐个性。

遵从以上理性要求，好玩有趣动态生成的小学数学课堂教学评价要注意如下几点：

（1）学生学习、研究兴趣的真实性和持久性。

好玩有趣动态生成的小学数学课堂教学要求学生的学习活动必须有真实而持久的学习兴趣。其兴趣的真实性必须建立在学生的亲身经历的基础上，因为只有这样的学习兴趣才能持久地支撑学生的学习动力。而靠分数的刺激，家长、老师及周围人群的意识强加而形成的兴趣虽然能够支撑学生学习取得较高的分数评价，但不利于学生数学认知体系的合理建构和自身的个性和谐发展。因此只有源于自我、源于生活实践的兴趣才是真实的兴趣，才是持久的兴趣。

（2）学生学习活动的生活性、实践性和可行性。

好玩有趣动态生成的数学课堂教学需要真实而持久兴趣的支撑，而真实持久的兴趣又必须源于生活、源于实践、源于自我，因此在数学课堂教学中，学习活动必须具有生活性、实践性和可行性。不生活化的学习活动学生不感兴趣，不是实践中的活动学生不愿学习，不切合学生个体差异的活动学生不能顺利完成学习。

（3）学生认知水平与年龄特征的合理性。

根据新课程标准对小学数学教学目标的层次性要求，在好玩有趣动态生成的小学数学课堂教学的目标设定上要符合小学生年龄特征和认知水平，即学习活动的兴趣性应随年龄的增大和认知水平的提高而逐渐由"无意"到"低级有意"发展，学习活动内容逐渐由"具体"到"初步抽象"转移。而根据小学生的心理特征，笔者认为：学生好玩有趣动态生成的小学数学课堂学习兴趣不能达到"有意"水平，因而活动内容不宜"非常抽象"。一切背离"有趣""好玩"标准的学习都不是新课程标准下倡导的好玩有趣动态生成的小学数学学习，都不是我校个性教育倡导的"学而有异、和而不同"的数学课堂学习。

（4）学生学习、研究问题产生和解决的动态生成性。

数学课堂教学的核心在于问题，数学问题的产生和解决有多种途径和方法，而要达成我校个性教育特色学校所倡导的"学而有异、和而不同"的办学理念，使在数学课堂学习过程中学习方法、学习基础、身心素质等方面不尽相同的学生，能达成共同的基本的学习三维目标和建构各自不同的知识结构、技能体系、情感态度，实现"人人学有价值的数学，人人都能获得必需的数学，不同的人在数学上得到不同的发展"，激发和保持每一位学生学习数学的兴趣，只有通过动态生成的课堂才能实现。

好玩有趣动态生成的小学数学课堂教学的动态生成性应关注课堂的开放性、和谐性和生命性。

课堂的开放性。如果认可了动态生成的课堂是主体的课堂，那么动态生成的课堂就应该是开放的课堂。课堂教学的"开放"既包括学生对教师的开放，又包括教师对学生的开放。

学生对教师的开放——走进学生的学习。

动态生成的课堂要求我们教师要更有效率地去帮助学生学会学

习，不能只是关注自己的教学技巧。"认识学生"与"认识学生的学习"是教师首先要完成的任务，这就要求我们要带着足够的爱心和理智走进学生的学习。真诚并真实地了解学生的生活与学习状态，通过体味"自己的学生时代"去感受"自己学生"的生活与学习，通过反思自己今天的"学习过程"去体会学习的本真意义。

教师对学生的开放——走进教师的教学。

在实施新课程的过程中，我们越来越清晰地认识到，要让课堂教学发挥真正的教育价值，不但要让学生的身体走进课堂，还必须让学生的心灵走进课堂。这就要求教师有开放的心态，包括平等的师生关系与"分享课堂"的思想。具体地讲，课前教师可以主动与学生交流自己的教学内容与教学过程，课后教师可以主动和学生一起反思课堂上的学习活动（包括作业）心得，课中师生平等互动、发表自己的"感觉"。只有给予学生适度而充分的机会参与到教师教学的备课、上课和作业批改等过程中来，学生才能真正地走进教师的教学，才能让他们对"参与教学过程"有足够的兴趣。

课堂的和谐性。笔者始终有一种冲动，总是将"动态生成"与"自然和谐"联系在一起，总是认为，"没有自然和谐作为原动力，动态生成就难以实现"。

师生对话让课堂走出预设，回归自然。

专家说："一个有效的课堂是不应该让任何一方因被对方'预设'而成为课堂教学中的被动参与者或旁观者的。"事实上，我们追求课堂的动态生成，是因为不管是教师还是学生，都不愿意自己在课堂教学中受到另外一方禁锢式的"预设"，所以"动态生成"并不是一件容易的事，它需要教师与学生之间充分地相互理解，需要教学过程中师生间的足够互动，更需要教师与学生对课堂教学目标有近乎一致的态度。因此教师与学生间的充分理解，是课堂教学得以动态生成的前提。从教师的工作性质上讲，备课就是对课堂教学进行"合理"的"预设"。而在课前、课中和课后，教师越接近学生，学生就越容易适应教师的"预设",而与之距离越远,则学生在课堂教学中适应起来就越困难。如果学生不理解教师,那么他就只能以观望者的态度参与课堂。由此看来,师生之间平等对话、加强沟通,师生间的理解越是到位,相互适应的时间越短,越容易进入"动态生成"课堂状态之中;关系越自然和谐,越能促使师生平等对话、互动生成,越容易走出相互"预设"围城(包括心理、生理及认知等),让课堂回归自然的、健康的本色。

模块教学让课堂具有弹性,凸现和谐。自然才能和谐,课堂的自然和谐要求教学要具有弹性。我们都认为,动态生成的课堂是一种开放、和谐、愉快的,使学生的主体意识得到真正凸现的新型的学习环境,为学生创造一个学习活动的平台,唤起学生学习的动机,激起学生学习的欲望,从而让学生能在课堂上不断生成促进课堂发展的教学资源,并在教师的巧妙引领下,使课堂教学中尽显师生的智慧。为此,动态生成的课堂必须从动态的角度出发,从生成的理念来认识课堂教学,让师生、生生在教学活动中多重组合,教学环境不断变动,加上教师即时处理多种反馈的方式来推进教学过程,这就需要在预设教学方案时留下一定的空间,给予一定的弹性;在教学实施过程中要创设情景,营造氛围,为师生学习资源生成创造一个空间;在教育时机到来时,教师要充分展现教育机智,引领课堂精彩。要达到这一境界,动态生成的课堂应该是具有弹性的"模块教学"模式。而传统的"线性教学"模式完全不能实现教学流程的翻转交互和空间伸缩。

课堂的生命性。动态生成课堂是新课程实施过程中对课堂教学方法的探讨。诠释新课程小学各学科标准的共性,我们不难发现,培养学生的"感觉"是大家共同的目标。音乐学科培养学生的"乐感",语文学科培养学生的"语感",数学学科培养学生的"数感"……正因如此,动态生成的课堂需要学生对学习内容有生活的体验,对探讨的问题有自己的看法,对形成的结果有自己的感受,对学习的过程有自己的经历,对"己化"的知识和技能有自己的运用。因此,我们可以假定,动态生成的课堂教学理念是从"为教"走向"为学",要求课堂中的每句话,每个环节都要为学生的学习服务,或激发需要,或指向学习;课堂教学的设计是从"线性"走向"板块"、从"刚性"走向"弹性",以此来增强课堂教学的简洁性和教学功能的厚度;教学策略是从"有痕"走向"无痕"、从"无招"走向"有招"再走向"无招";教学状态应呈现从"问答"走向"对话"、从"枯燥的思维状态"走向"丰富的精神状态",把问题当作对话的主题或读悟的引领要件;课堂调控是从"无机"走向"有机"。总之,体验让人对现实和抽象的知识及技能有感觉,才能产生出真实的情感态度和正确的价值观,才能在快乐的牵引和自主感觉的支配下,有效地完成去伪存真的学习过程,才能使动态生成的课堂教学成为师生生命的快乐旅程。

5. 好玩有趣动态生成的小学数学课堂教学的结构

根据"会玩""有趣"的要求,笔者构建了这样的"会玩有趣"小学数学课堂教学结构(见图2.1)。

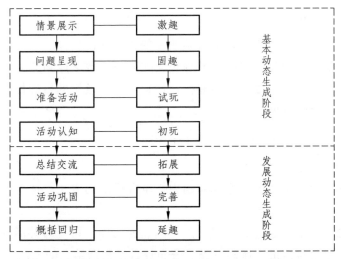

图2.1 "会玩有趣"小学数学课堂教学结构

6. 好玩有趣动态生成的小学数学课堂教学的要求

其一，在好玩有趣动态生成的小学数学课堂教学中，学生的生活经验和学习基础是有别的，但生活经验中和学习基础上所产生出的数学认识是有相同之处的。师生提出数学问题后，也许大家的经历点不一样，但各自的影像是共生的，所以能够快速达成共识。

其二，在好玩有趣动态生成的小学数学课堂教学中，数学课程编写意图、教学设计方案和老师的实施目标是统一的，但达成路径有时是出乎意料的。

其三，好玩有趣动态生成的小学数学课堂教学，需要学生有不同的学习生活阅历，但要有相同的研究重点和学习兴趣。

其四，好玩有趣动态生成的小学数学课堂教学，需要老师对学生学法的指导和一个相对统一的基本问题情境。

其五，好玩有趣动态生成的小学数学课堂教学，需要教师教法的灵活性、学生学法的多样性、活动组织的开放性。

（二）对数学广角中重构深度学习的思考

随着课程改革的深入，在核心素养背景下的课堂教学实践过程中，深度学习成为衡量师生教学效果的重要评价指标。但是，一些小学数学课堂教学的状况不甚理想，尤其是在数学广角单元的教学中，往往忽视了深度学习的建构，使数学广角教学的目标偏离了教材初衷，教学效果大打折扣。

1. "搭配中的学问" 的教学预设

教学目标：

（1）使学生在解决实际问题中，掌握搭配的方法，体会有序思考的价值。

（2）让学生通过摆一摆、画一画、连一连、写一写等活动探索搭配的方法与结果，体验分类、分布计数及数形结合的方法。

（3）让学生体会数学与生活的密切联系，经历数学化的过程，感受符号化思想。

其中，教师预设的教学重点是初步掌握搭配的方法，体会有序思考的价值。教学难点是能够有序地进行搭配，用适当方式表达出搭配的方法与结果。

【我们统一的标准：从目标的设定上我们不难发现，体会有序思考的价值和能够有序进行搭配是"搭配中的学问"的教学重难点。那么，"价值"如何让学生体会？"有序的搭配"是学生循序渐进摸索出来的，还是老师教授的？这些问题只有在课堂实施中见分晓。】

教学准备：课件、衣服和裤子的卡片道具、练习题卡。

2. 对"搭配中的学问"课堂实录及思考

片段一：创设情境。

师：孩子们喜欢看动画片吗？（喜欢）通过这个视频，猜一猜是哪部动画片？（出示动画片《大头儿子小头爸爸》）……围裙妈妈摘下围裙，精心打扮，她要去参加老同学聚会。但她不知道怎么穿衣服才好，你们愿意帮助她吗？

（点击）她想选一件上装和一件下装，可以怎么选？（生随意说）

师：孩子们的回答真有创意，（点击）那究竟一共有多少种搭配方法呢？今天我们就一起来学习"搭配中的学问"。（板书课题）

师：关于搭配，你想知道什么？这个小手举得高，请你回答！

师：搭配什么？怎么搭配才能不重复不遗漏呢？让我们带着这些问题走进搭配，一起探索"搭配中的学问"。

【我们看见的事实：老师在教学预设时是下足了情境创设功夫的，从学生最感兴趣的活动切入生活中我们常见但没有思考过的活动——穿衣，孩子们的学习兴趣跃然脸上，为探究搭配中的学问奠定了基础，值得肯定。】

片段二：实践探究。

师：我们知道上、下装搭配的每种穿法需要两步来确定，一步是上装的选择，一步是下装的选择。共有多少种搭配方法需要 4 人小组合作探究，请看合作要求。（点击）

活动一：衣服搭配（摆一摆）。

合作要求：请拿出信封里的学具摆一摆，看看一共有多少种搭配方法。

……

学生分组摆一摆后，以小组为单位展示：

师：有没有更好的方法，能不重复、不遗漏地找出所有搭配方法？（引导孩子说先确定上装，再搭配下装。）

师：我们用动画来回顾刚才的搭配过程。（点击）

师：哪个同学的摆法更好？（生：第二个）好在哪里（生：摆完了）……也就是没有重复、没有遗漏，那他是怎么摆的呢？观察，我们都是先确定了一件（上装），然后去分别（搭配下装），再确定（上装），又去分别搭配（下装）。这是我们搭配中的（学问），什么样的学问呢？就是先确定一类（上装），再搭配另一类（下装）（板书：先确定—，再搭配—，有序思考）

师：现在我们学会了用上装搭配下装，还可以怎么搭配？

生说：用下装搭配上装……

师：孩子们，不管是先确定上装，再去搭配所有的下装，还是先确定下装，再去搭配所有的上装，这样的搭配方法都能够让我们有序思考，不会（重复），也不会（遗漏）。

活动二：连线、计算搭配的种数（注意选有序的连法）。

师：你能用算式表示吗？

3+3 表示什么意思？……2+2+2 表示什么意思？……2×3 表示什么意思？……

【我们达成的共识：孩子们究竟会不会穿衣？这个问题实际上就是孩子们会不会搭配。从课堂教学实际来看，我们完全可以理解老师是不放心的。但作为三年级的学生，他们天天在穿衣搭配，顿顿在吃饭搭配……这些生活中的不断重复，早让他们经验丰富。但是，执教老师在预设时全然不觉，忽视了已有经验基础，执意让学生重新认识。如若让学生展示，或许精彩纷呈。而搭配连线和各类计算，全流程完全是一堂标准的新知教学课。】

片段三：拓展延伸。

师：现在大头儿子打算在她妈妈过生日那天送出一束鲜花、一个蛋糕，有多少种搭配方法？你是怎样思考的？能用算式表示出来吗？

……

师：买完鲜花和蛋糕，大头儿子才想起还要送妈妈一张贺卡。加上贺卡，一共有多少种搭配方法？

【我们思考的问题：除了从两类物体之间的搭配拓展到三类物体之间的搭配，我们是否应该回归生活中的搭配？毫无悬念的拓展效果有几何？】

3. 对"搭配中的学问"课堂教学的评价

现实中，这是一节"好课"，教学预设上按部就班，课堂实施行云流水，教学过程跌宕起伏……总之算得上精彩不断，一切都在老师的掌控中、牵引下形成。但是，这一老师主导的课堂，恰是"数学广角"课堂之大忌。

理由一："数学广角"的编排意义在于体验过程。

人教版教材利用"数学广角"系统而有步骤地渗透数学思想方法，尝试把重要的数学思想方法通过学生可以理解的简单形式，采用生动有趣的、以解决学生容易接受的生活问题的形式呈现出来，使学生通过观察、操作、实验、猜测、推理与交流等活动，初步感受数学思想方法的奇妙与作用，受到数学思维的训练，逐步形成有序地、严密地思考问题的意识，同时使他们逐步形成探索数学问题的兴趣与欲望，发现、欣赏数学美的意识。

从一至六年级十二册的教材中可以看出，"数学广角"的内容安排上体现了一个理念："重要的数学概念与数学思想宜逐级递进、螺旋上升。"综观整个教材中的"数学广角"，可以看到从简单的分类思想到较为抽象的运筹思想、对策论以及最后一册更为复杂的抽屉原理，思维层次是从低到高，从具体到抽象，逐级递进、螺旋上升的，其是在向学生逐步渗透这些数学思想方法。

数学广角的学习，是使学生通过参与活动，初步感受数学思想方法奇妙与作用，受到数学思维的训练，逐步形成有序、严密地思考问题的意识，同时使他们逐步形成探索数学问题的兴趣与欲望，发现、欣赏数学美的意识。因此，经历过程、体验美好、发现规律是"数学广角"教学的主要编排意图。而通观此课全景，学生的参与少，而老师的牵引重；学生主动参与少，被老师掌控参与多；学生对结果性认知和方法参与多，而对未知的探究过程参与少。

理由二："数学广角"课堂教学需要学生从生活出发，回归生活，在这一学习过程中，学生必须经历挑战，并且形成自己的数学思想。

在教学内容的选择上，"数学广角"力求通过解决学生容易接受的且熟悉的生活问题的形式，为学生提供感受数学思想方法的素材和空间。如在参加兴趣小组人数统计中渗透集合思想；在买水果中渗透等量代换思想；在烙饼中渗透优化思想；在邮政编码中感悟编码思想……这些学生熟悉的生活事例使原来比较抽象、深奥的数学思想方法有了丰富的现实背景。不仅例题这样编排，它们的课后习题也是如此。

这样编排体现了"数学广角"的学习内容是现实的、有意义的、富有挑战性的，使"数学广角"更贴近学生的生活实际，更有利于激发他们对数学的好奇心和求知欲。同时，也启示我们：我们的"教"应该基于学生的生活经验进行。

而反观该课全景，除从生活中的穿衣问题入课且以生日为线索之外，没有涉及思想的自我发现。

理由三：没有预设深度学习的问题。

每一册"数学广角"单元的安排，主要都是通过简单的事例渗透一些重要的数学思想方法，或者介绍一些比较著名的数学问题，让学生主动尝试从数学的角度运用所学知识和方法寻找解决问题的策略，培养学生解决实际问题的实践经验和能力。最重要的目的是通过让学生接触这些重要的数学思想方法，经历猜想、实验、推理等数学探索的过程，激发学生对数学的好奇心和求知欲，增强学生学习数学的兴趣。

要落实以上要求，我们必须在"数学广角"单元的教学中引入深度学习的教学方法，让学生在生活的现实中深入学习，在循序渐进的问题中深入思考，在合作参与的过程中体验思想。而反观此课，深度学习全然无存。

4. 基于深度学习重构"搭配中的学问"

主要教学流程：生活中的穿衣问题导入—请同学介绍自己的穿衣经验—请学生提出自己的穿衣搭配疑问—自由释疑，建议研究方法—自由选择学习伙伴，建设学习组织—选择方法，开展研究—汇报交流展示，形成共识—回归生活，解决问题—深度思考，自我发现。

几点建议：

（1）问题的呈现是学生自我发现的过程，学生的主体地位要得到充分尊重。不能由老师包办代替。

（2）从生活中来，回归生活，是深度学习的目的和要求。脱离生活实际，没有生活经历，都会让"搭配中的学问"的学习活动没有深度。

（3）只有完善学习型组织建设，才能在"数学广角"教学中真正做到：让学生通过接触这些重要的数学思想方法，经历猜想、实验、推理等数学探索的过程，激发学生对数学的好奇心和求知欲，增强学生学习数学的兴趣。

（三）让数学学习活动在可见中生长

对五年级"可能性"单元的教学实践反思。

"可能性"单元是人教版五年级上册第四单元的教学内容。本单元主要是教学事件发生的不确定性和可能性，使学生初步体验现实世界中存在着的不确定现象，并知道事件发生的可能性是有大小的。本单元教材在编排上有以下两个特征：其一是选取学生熟悉的生活情境及感兴趣的游戏活动作为教学素材，帮助学生理解数学知识。其二是设计丰富的活动，为学生提供探索与交流的时间和空间。

基于以上两个编排特征，根据学生的年龄特点和生活经验，教材中选取了学生非常熟悉的"新年联欢会上抽签表演节目"的现实情境，引入本单元的学习内容，还通过大量生活实例丰富学生对不确定现象的体验，目的是使学生积极地参与到数学学习活动中，并感受到数学就在自己的身边，体会数学学习与现实的联系。

不确定现象是这部分内容的一个重要研究对象，从不确定现象中去寻找规律，这对学生来说是一种全新的观念。如果缺乏对随机现象的丰富体验，学生较难建立起这一观念。因此，教材设计了多种不同层次的、有趣的活动和游戏，如找棋子试验、涂色活动、抽签游戏等。通过创设这些具有启发性的问题情境，使学生在大量观察、猜测、试验与交流的数学活动过程中，经历知识的形成过程，逐步丰富对不确定现象和可能性大小的体验。

当本单元教学内容完成之后，给自己和学生留下深刻印象的，还是第一课时"可能性的认识"。本课时活动由"导入新学""自主探索""综合运用""拓展延伸"四个部分构成。

在第一时段导入新学环节，采取游戏激趣导入：展示扑克牌红桃 A、黑桃 A、方块 A、梅花 A 各一张，然后洗牌，任意抽出一张，让学生猜这一张是什么 A。学生兴趣盎然，猜红桃、黑桃、方块、梅花的都有。这时，在一旁一直未发言的我待大家稍微安静一点后，突然提问："你们有不同的意见，但谁有充分的理由说明自己是对的吗？"四种不同意见的孩子都发表了自己的理由，我请大家评价"谁最充分？"大家都不敢肯定。"那既然谁都不敢肯定，大家就应该在自己猜的话前加个词。那加什么呢？""可能！""不可能！"两种回答随机而至时，我马上请学生安静下来，正正规规地在黑板上板书了"可能""不可能"两个词，然后启发式提问："到底应该是'可能'还是'不可能'？别忙着回答，请看……"我将四张扑克牌的正面展现在大屏幕上，让学生看着发表自己的意见，大多数学生看着投影中的四张扑克牌，都认为是"可能"。"因为四张扑克牌分别是红桃 A、黑桃 A、方块 A、梅花 A，所以任取其中一张，虽不能固定是哪一张，但肯定是这四张之一，所以这四张中的任意一张都'可能'抽到。"我指着投影中的四张扑克牌强调问道："那刚才有同学认为，'不可能是这四张中的一张'，这样的说法又对吗？如果说'不可能'，你认为是摸什么扑克牌'不可能'。"学生纷纷发表自己的看法："不可能是红桃 Q"……

　　学生对"可能""不可能"初步认识到位后，我将投影中的扑克牌进行了变化，先将方块 A 移出问学生，"现在任意取一张，可能取到的是什么？能取到方块 A 吗？"……待学生说清楚"可能取到红桃 A，也可能取到黑桃 A，还可能取到梅花 A""不可能取到方块 A""不确定的"和"确定的"之后，我再移出梅花 A，再问学生："现在任意取一张，可能取到的是什么？能取到方块 A 或者梅花 A 吗？"……最后，我移出黑桃 A，再问学生，"现在任意取一张，可能取到的是什么？"学生异口同声回答："可能取到红桃 A！"非常肯定。我停顿并表现出疑惑的神情，慢慢地轻轻地反问他们："可能是红桃 A，那还可能是什么呢？"看到投影中只有一张红桃 A，有的学生说："只有红桃 A。"有的说："只有可能是红桃 A。"有的说：

"只有红桃 A。"少数学生在说："就是红桃 A。"……我请了其中三个同学发言，他们的意思都是"现在只能是红桃 A。""那取到的只能是红桃 A 这一种可能，我们应该怎么说呢？"我问大家。"取到的就是红桃 A。"……经过激烈的争论，最后大家同意："取到的一定是红桃 A。"于是我在黑板上板书"一定"。至此，"可能""不可能""一定"三个可能性的概念在投影的四个 A 的变化中得到了理解和掌握。

在自主探索"可能性大小"的教学环节中，老师首先出示装有乒乓球的暗箱，摇响乒乓球，请学生思考："箱子里可能有什么？""一定有什么？""不可能有什么？"一石激起千层浪，教室里热闹非凡，同学们充分发挥自己的想象和推理能力，纷纷发表各自的意见，到达沸点后，我突然请大家安静下来，将暗箱的一面打开，透过塑料薄膜层，同学们可以清晰地看到里面有一个黄色的乒乓球和一个白色的乒乓球，纷纷露出惊异的目光。"你们现在可以纠正自己的观点。"我刚说完，就有学生着急地要求发言："可能有黄色的乒乓球和白色的乒乓球""不可能有红色的乒乓球，也不可能有绿色的乒乓球。""一定有黄色的乒乓球，也一定有白色的乒乓球。"……我请学生看着打开一面的暗箱，思考"究竟是可能有，还是一定有黄色的乒乓球和白色的乒乓球？"学生一下子就统一了意见——"是一定有！"我顺势一转，问同学们"假如我要从中取一个，你认为我会取出什么颜色的乒乓球？""有可能是黄色的乒乓球，也有可能是白色的乒乓球。"同学们都这样认为。我继续反问他们："为什么不是一定取到黄色的乒乓球了呢？"……看着暗箱里的两个乒乓球，孩子们的争论显得特别有底气。……

不知不觉一节课就在忽明忽暗、一看一想、一思一言的过程中结束了。孩子们学得兴趣盎然，自信满满。

叙述完这节课的梗概，我认为本节课的教学充分发挥了"眼见为识"的教学功能，让学生的学习活动在真实可信的环境中生机盎然地生长，既增强了数学学习的兴趣性，又提高了数学知识的可信度，在具体而真实的环境中认知数学知识的"可能性"，在生动而有趣的氛围中掌握"可能性"的知识，提高了学习效率。

基于此堂课的教学实践，我提出"应该让学生的数学学习尽可能在真实的环境中开展，一定要在直观的感受中构建"的小学数学教学观。当然，要让小学生的数学学习活动在可见中生长，我认为大家要注意以下几点。

（1）破除数学的高深性和神秘感。

许多老师一直有这样的观点，认为数学逻辑很严密，数学知识很系统，数学学习很连贯，所以，数学推理很高深，数学知识很神秘。他们在自己的教学过程中，不断地向自己的学生推销这种对数学学习的不正确认识，不断加深孩子对数学的敬畏感，以此来提升自己在学生心中的地位。这很不可取，也非常影响孩子对数学的亲近和学习的兴趣。

其实数学就在身边，数学知识就在生活中，数学学习非常轻松和愉快。只要我们处处留心生活，开动脑筋思考生活，数学就能为我们的生活和学习服务。

当然，要打破数学的高深性和神秘感，在学科课堂学习的过程中，老师要尽可能地为数学学习活动创设真实直观的教学情境。只要真实，再神秘的现象都是现实，再高深的问题都能被"我"解决。

（2）充分利用生活中真实的数学情境。

新课程标准倡导"身边的数学""生活中的数学""自己的数学"等数学学习理念，其目的是让我们的孩子学习有用的数学。而什么样的数学是"自己的数学"？什么样的数学是"有用的数学"？我认为生活中的数学就是自己的，也是有用的数学，因为它来源于自己的生活体验，也能回归到自己的生活应用中，这样的数学是自己的，也是有用的，更是真实的，学习的过程也是有效的。因此，我们必须充分预设孩子们生活中的数学情境，创设孩子们生活体验过的数学情境，让孩子发挥自己生活中已有认知，通过真实的情境再现，主动构建自己的数学认知体系；让孩子们在似曾相识的数学情境中，从自己已有的高度和知识视角，用自己富有个性化特色的学习方法，去探究和发现新的数学生活，"创造"属于自己的数学"新知识"。

只有这样的学习，才是数学学习无穷兴趣所在，才是数学生活真正的魅力所在。

（3）在联系生活的真实的数学学习活动中要充分尊重孩子学习的个性化需求。

在神秘现象中我们可以产生无穷无尽的遐想，但这些遐想无边无际，甚至是空想。相比较而言，在真实的生活情境中，也许数学的想象不如空想那么丰富神秘，但我们的认识结果是较统一的。从这点上讲，也许有的人认为，在真实的数学情境中学习会让孩子的数学想象力得到空前发展。但我却不完全认可这种看法。

我倒认为，真实的数学学习情境，除了能唤醒孩子已有的生活体验和认识，还能让孩子的数学思维有据可依，让孩子的数学语言有事可言。

正是在真实的数学学习情境中学习，孩子们已有的水平和视角被再现，孩子们很容易进入自己的个性化学习生态中，自然进入自己的个性化学习状态，动态生成自己的数学学习结果。基于此，我们在生活数学真实的数学学习活动中要充分尊重孩子学习的个性化需求。

尊重孩子的个性化学习需求，老师不但在教学情境的预设上要宽泛，在知识和技能体系中要宽容，而且在学习活动过程中要期待，在情感抚慰上要热情，在学习情绪的把控上要动态，在学习结束时要开放。

我们只有破除了数学学习的神秘感和高深性，尽可能让学生在真实的生活情境中成长，充分尊重孩子个性化学习的需求，学生才会在真实中有兴趣，在真实中有收获，在真实中有体验……

三、对新课程标准下的高效课堂的认识

（一）修订后的课程标准倡导的课堂教学亮点何在

修订后的课程标准倡导的课堂教学亮点究竟在哪儿？专家们综合起来有十个，它们分别是：真减负、双基变四基、重素质、重实践、重能力、品德第一、求"新"、"精而深"、重实效、求高效。

综观专家们归纳的这十个亮点，我们不难发现，新课程更加强调"实践"和"体验"。"真减负"，减了过重的课业负担，让学生有更多的时间和精力投身于实践体验中；"双基变四基"，增加了"基本数学思想"和"基本数学活动经验"，多出的这"两基"，显然要加强实践体验才能获得；至于"重素质""重实践""重能力""重实效""品德第一"等，只有通过实践体验才能有效达成；同理，只有通过课堂内外兴趣盎然的实践体验活动，才能实现师生"精而深"的教学活动求"新"、求"高效"的目标。

高效教学的核心就是教学的效益，是在规定的时间内达到尽可能好的教学效果，高效教学不是一个量上的概念，而是一种质上的追求。

所谓"高效"，主要是指通过教师在一段时间的教学后，学生获得的具体进步或发展的程度如何。教学是否高效，并不是指老师有没有教完内容或教得认不认真，而是指学生有没有学到什么或学生学得好不好。如果学生不想学或者学了没有收获，即使教师教得再辛苦，也是低效或无效教学。同样，如果学生学得很辛苦，但没有得到应有的发展，也是无效或低效教学。因此，学生有无进步或发展是教学有没有效益的唯一指标。

在具体的教学实践中，教师要想取得课堂的高效，主要可以在"优化学习目标""增强问题意识""直面错误""激发兴趣"等四个方面下工夫。

透过修订后的新课程标准的亮点，结合专家对高效课堂教学的

指导，针对自己"好玩有趣"的课堂教学活动的实践经验，笔者认为有效教学的高效课堂应该是"充满人文关怀，以生活体验为基础的、好玩有趣的成长体验活动"。

1. 新课程标准下的高效课堂是有趣的教学活动

兴趣是最好的老师，有趣的教学活动是新课程标准下的高效课堂的标志。

没有兴趣的学习是低效的，甚至是无用的。因此，在具体的课堂实践中，教师应该力求在以下几个方面实现教学的与时俱进，才能达成有趣的课堂教学要求。

课堂教学应"以学生为中心"。教师在自己的课堂教学中应该致力于建立充分体现尊重、民主和发展精神的新型师生关系，使学生学习的主动性和创造性得以充分发挥。尊重学生学习过程中的自主性、独立性，在学习内容上、时间上、进度上，更多地给予学生自主支配的机会，给学生自主判断、自主选择和自主承担的机会。

教学内容应来自"学生生活"。没有生活来源的学习内容，不论从认知的速度、深度和广度等方面来看，都是无本之木、无源之水，是没有可持续发展的生命力的。只有源于生活，或者源于生活而高于生活的学习内容，才能引发学生的学习兴趣。

教学方法应切合学生需求。尤其是学生的学法要适合学生的年龄特征，做到多样性与可操作性相结合。比如小学低年级段的学生喜欢游戏法、操作法、图画法等；中段的学生喜欢表演法、模拟法、运动法等；高段的学生喜欢角色法、换位法、想象法等。总之，孩子乐于运用的方法就是"好"方法。

教学过程要简练易行。实践证明，纷繁复杂、花样百出的教学过程，往往让我们的课堂教学事倍功半，只有简单易行的教学流程才能让学生兴趣盎然。

2. 新课程标准下的高效课堂是体验的教学活动

实践出真知，实践体验的教学活动是新课程标准下的高效课堂的前提。

我们对小学数学学科教学往往有这样一种偏见，认为数学知识是人类文化积存的精华部分，所以学生的学习只是传承的过程。其实如果不考虑孩子学习的情感，要达成"四基"中的基础知识和基本技能这两维目标，我们可以片面使用传授法，但是没有经过实践体验，只是传授而得到的东西，学生是不会理会其思想，也不会灵活运用其方法的。所以我们必须高度重视教学中学生的实践体验，应从以下几方面去做到。

民主地把课堂还给孩子。课堂是孩子的，这是新课程的理念之一。我们只有改变教学空间，如将教室的讲桌移走、让老师走下讲台、让学生上台发言、把教具学具放在教室的一角……，每个孩子才能展示自己，才能让孩子"随心所欲"地主动学习；我们只有缩短师生距离，老师成为名副其实的组织者、合作者、参与者，把学生当作学习的主人，用商量的口气，活泼甚至幽默的语言……才能让老师与学生、学生与学生之间畅通交流，才能让气氛更为融洽，学习更为轻松有趣；我们只有开放教学情境，才能让孩子们"浮想联翩"地学习。提供的信息有较大的选择性，答案也不是唯一的，可供探索的问题也相对丰富，在这种情境下，学生想象才能丰富，思路才能开阔，才能乐于表达自己的发现和见解，解决问题的创造性便能得到充分发挥。

把自主探索的权利还给孩子。课堂教学是学生生命活力焕发、生命价值不断体现的过程。学生在自主的学习、理解、感悟中获得独特的感受，可以极大地满足学生自身的需求。这就要求我们关注儿童已有体验和兴趣特点，从儿童的现实生活和情感世界出发，让学生学得自由和愉悦，这就要求老师要善于妙导巧引、激发兴趣，开展游戏、吸引参与，善于营造良好的教学情境，将所要学习的内容贯穿于学生喜爱的氛围中，引导学生自主地去学习，自由地表现，从而让教学更"好玩"，让学生的体验更丰富，更直接，更生动。

把发展个性的权利留给孩子。这要求老师要活用教材、开放空间并鼓励质疑等。

3. 新课程标准下的高效课堂是挑战的教学活动

问题是一切教学活动的核心，没有问题挑战的教学活动不是新课程标准倡导的高效课堂的有效教学活动。

"求学问，需学问；只学答，非学问。"这是诺贝尔奖获得者李政道教授曾说过的话。意思是学习内容不过是问题附着物，问题意识才是学习的核心环节。要培养学生"学贵有疑，小疑则小进，大疑则大进"的意识。要引导学生在问题中学习，创设出与学习内容相关的问题情境，引导学生在熟悉的背景下去发现和抽象，进而提出问题、寻找问题的渊源、研究解决问题的策略、拓展问题的适用范围。研究过程是在教师引导下由学生自己进行的，要符合他们的认知规律和身心特点，能够激发他们深层次研究问题热情。如数学教学可以用一幅引人入胜的画引入，将问题连成串。有的问题是教师特意提出的，有的是学生自己发现的，有的是研究问题过程中产生的，学生乐此不疲，完全沉浸在浓郁的学习氛围中，课堂检测中的争先恐后便是意料中的事了。强化问题意识，提问、求知在成为学生习惯的同时，他们也渐渐体会到学习的快乐，高效教学就有了得以成长的基础。

当然，在挑战问题的过程中难免面临失败。因为我们的教育对象是未成年的学生，虽然其思维不如成年人成熟，表现欲望却胜过成年人。不完善的思考或是片面的分析会造成形形色色的错误，乃至得到荒唐的结论。不可避免的是，教学随时随地都会遭遇学生的失误，教师自己也难免会出现这样那样的失误。在这样的时候关键要看教师的态度和处理方式，简单否定会让学生沮丧，匆忙回避会让学生茫然。最好的做法是以平等的姿态与学生共同面对，因势利导，也就是说和学生手拉手，沿着错误走走，经历艰辛的直面错误的过程，剖析错误存在的根源，调整研究的方向，不断获得迈向成功的满足感。

面对共性或有一定深度或难度的错误，教学目标不妨调整，教学节奏不妨放缓，教学焦点不妨留给"错误"。学生直面错误的过程曲折艰难，却能从中获得探索的勇气，体会到学习带来的快乐。允许学生出现错误，在直面错误的过程中成长起来，这是高效教学必需的环节。

4. 新课程标准下的高效课堂是人文的教学活动

没有人文关怀的课堂是死沉的课堂。因为只有鲜活的人文关怀能焕发生命的活力，所以充沛的人文气息是新课程标准下的高效课堂有效教学的保证。

人文的课堂教学要求我们做到：

课堂的话语权属于学生，我们只是课堂教学的客体，至多是平等的"首席"。

孩子发言时可以不面向老师。他们交流的主要对象是同学，而老师作为知识的占有者、能力的拥有者，应该成为旁观者或旁听者，和学生一起分享他们的收获。

学生有权评价老师的表现。不论是老师的方法、老师的观点、老师的思想……学生都有权质疑，也有权表扬。当然孩子们也有权选择适当的质疑或者表扬的方式。

学生有权要求改变教学的进程，包括作业量、作业完成方式等。

老师在课堂上应具有父亲的严谨，母亲的慈爱。对每一个孩子都充满着温柔期待，关注孩子的情绪变化、生理需求、心理抚慰等。

师生都有犯错的权利。但师生必须要有知道错、主动改正错的心态和自觉意识。宽容的等待，期待的目光，鼓励的表情，坚定的决心，相信犯错是一种美丽的教学机遇，是学生一生成长的宝贵财富。

（二）对数学方法多样性和最优化教学过程的认识

笔者曾以"再思方法的多样性和最优化"为题，反思过自己所执教的四年级数学广角"统筹"的"烙饼""煮茶"等问题。最后认为，学生数学方法的最优化有一个循环上升的前进过程，教学目标的达成不能一蹴而就，作为初次接触运筹思想和初学对策论方法的学生，我们没有理由一下子就对他们提出"最优化"的要求。那只能是我们教学的终极目标，知道了解决问题方法的多样性，初步具备了优化的意识，掌握了优化的基本方向，学生也就完成了本单元的学习任务。

时隔几年后，指导陈露君老师参加重庆市小学数学优质课竞赛，我们一道设计实施"因数和倍数"的课堂教学，关于"找一个数所有因数的方法"的教学，又涉及小学五年级的数学方法的多样性和最优化问题。以西师版"因数和倍数"课堂教学为例，笔者作"对数学方法的多样性和最优化"进行了再观察再思考再认识。

视角一：找一个数的所有因数方法的多样性和最优化在教学目标中的定位。

根据课标和教材以及教学背景的反复研判，我们将本课的教学定位如下：

教学目标：联系已有知识背景与学生实际，理解倍数、因数的意义；根据因数的意义和已有的乘除法知识，自主探索并总结找一个数的所有因数的方法，以及找一个数的倍数的方法；在自主探究、交流辨析中感受数学知识的内在联系，体会数学知识的有趣，养成有序思考、主动探究的良好习惯，培养学好数学的信心。

教学重点：因数倍数的意义，以及它们相互依存的关系；寻找一个数的因数和倍数的方法。

教学难点：找一个数所有因数的方法。

从教学难点的定位上大家不难发现，我们并没有对方法的多样性和最优化做过多和过高的要求，但从教学目标"根据因数的意义和已有的乘除法知识，自主探索并总结找一个数的所有因数的方法""在自主探究、交流辨析中感受数学知识的内在联系，体会数学知识的有趣，养成有序思考、主动探究的良好习惯，培养学好数学的信心"来看，找一个数的所有因数方法的多样性和最优化目标已经设定，并且还要在理解因数意义的基础上找到自己的方法。也就是说，每个学生有自己的寻找方法，全班互动交流后，形成方法的多样性；然后对比体验，找到自己的最优化方法；然后将适合自己的最优化方法应用于因数问题解决中。这就是对寻找一个数所有因数"方法的多样性和最优化"教学目标的预设。

视角二：找一个数的所有因数方法的多样性和最优化在教学环节中的实施。

正是基于这样的教学目标，我们实施找 36 的所有因数方法的多样性和最优化的教学环节如下。

【找 36 的所有因数】

师：刚才你们发现 4 和 9 都是 36 的因数，难道 36 的因数只有这些吗？你能找出 36 的所有因数吗？敢不敢接受挑战，请找出 36 的所有因数。

要求：

（1）想一想：你打算怎样找 36 的因数。

（2）找一找：请把找因数的过程写在记录单上。

（3）查一查：36 的因数找齐了吗？

如果遇到困难可以在组内讨论，也可以向书本求教。

展示、汇报：为了方便表述，用 A、B、C 表示 3 份作业。

A.遗漏的　B.重复的　C.有序的

师：关于这 3 份作业，你有什么话要说？

关于 A 提问：怎样做才能避免遗漏呢？

关于 B 提出：为了避免重复，我们只选择其中一种算式。

关于 C 提问：这种方法很有序，谁来具体说说他是怎样找到 36 的所有因数的？

生：用乘法找的，1 乘 36 等于 36，就找到了 1 和 36……

（评语：你的精彩发言让我们感受到了如何寻找到一个数的因数。）

我们可以用乘法算式找到一个数的因数，我还收集到一种不一样的方法。（除法）

（同时展示有序的乘法和有序的除法）这两种方法都有什么共同点？

生：有序，都从 1 开始找到 36 所有的因数。（板书：有序）

生：都是一对一对地找出的。

哪些同学是按照这样的方法找的？其余的同学做调整。

老师也找到了 36 的所有因数，我们一起看一看。

（课件演示找的过程，让学生体会有序）

板书：36 的所有因数：36、18、12、9、6、4、3、2、1。

36 一共有几个因数（　），最大是（　），最小是（　）。

小结：看来我们可以根据乘法算式或除法算式一对一地找 36 的因数，只要做到了有序，就容易做到不重、不漏地找出 36 的所有因数。

练习：找 12、17、30 的因数。

在以上的教学流程预设中，我们给学生提出了独立探究学习的要求。想一想：你打算怎样找 36 的因数；找一找：请把找因数的过程写在记录单上。查一查：36 的因数找齐了吗。同时也提供了寻求帮助的办法：如果遇到困难可以在组内讨论，也可以向书本求教。应该说，在孩子们独立学习的指导上，我们用心颇细。

在展示汇报的过程中，我们也有收获：老师展示学生自主学习和合作学习过程中形成的三份完成结果，一份是 36 的因数有遗漏的，一份是 36 的因数有重复的，再一份是用有序的方法找到了所有 36 的因数，并从这三份学生学习成果的展示中，对比发现优化的方法，并将此种优化思想应用到自己方法的优化中，形成自己的优化方法。这样一来呈现了实现方法的多样性和方法优化的思想伏线。

视角三：找一个数所有因数的课堂教学实施后的再认识。

在数的概念（意义）的全面正确认识和已有技能（乘除法方法）牢固掌握的基础上，自我探究新方法、形成新技能，是个性教育数学课堂教学中方法多样性和优化的前提条件，也是深度学习的必然要求。

如果没有对因数意义的正确理解与掌握作为前提，没有乘除法的技能为支撑，学生无法完成找一个数所有因数的任务，也就不能开展对"因数和倍数"的深度学习。

数学方法的多样性大多来自每个孩子思维的局限性所得出的唯一结果，再通过合作交流学习活动，使唯一性叠加，类化演绎出多种数学方法，再在多种数学方法内在逻辑关系明晰后，形成方法的多样性。

实际上，学生很少会专注于一个问题的多种方法解答，就是有，也不会所有方法都为他自己认同。基于此，尊重孩子们方法的唯一性，理解各自方法的正确性，能引领孩子认识该问题解决方法的多样性。

数学方法的多样性和最优化来自对方法的对比体验。正是孩子们认知的单一性，决定了孩子对方法的多样性具有天生的排异性，他们对别的孩子的方法可能持不屑一顾的态度。因此，在课堂教学过程中，陈露君老师按照我们的课前预设，选择了三种类型的完成结果，并引导学生分析评价每一种方法产生的原因、优劣程度、完善方向，使学生有了选择的标准，同时让孩子用这一标准去评判别人和自己的方法，选择优化的方法。

以理论和已有方法作为基础，尝试自己新的方法，然后通过合作探究形成新的方法，并经多种方法的交流展示、互评互助达成方法的优化，形成大家优化的方法，最后应用方法，巩固方法的掌握。这是在这节课中我们形成的方法多样性和最优化的有效途径。

（三）关于数学能力的培养

近年来数学能力备受关注。但知识与能力的关系如何处理？强调数学操作、体验的同时，我们也要反思数学思维到底有何特别之处。数学能力应该通过什么途径进行培养？我们是否不知不觉中忽略了高层次数学思维能力培养？

在西方工业革命之前，学校主要是由教会举办的，目的是为教会选择优秀人才担任高级神职人员，当时用于筛选人才的科目是拉丁文。工业革命之后，以培养科技人才为主的现代学校在西方各国逐渐兴起，这时候，拉丁文已不再适合作为一个筛选人才的筛子，取而代之的就是数学，也就是说，数学是作为考察能力的工具进入中小学的。直至今日，数学能力仍然是现代科技人才的一个基本素养，处于学校教育的核心地位。

在 21 世纪之前，我国数学教学大纲对数学能力的界定是比较清晰的，也即三大传统能力（计算能力、空间想象能力和逻辑思维能力）加上"运用数学知识分析和解决实际问题的能力。"实施新课程之后，关于数学能力的各种说法就多了起来，如《义务教育阶段数学标准（2011 年版）》提出了"四基"和"四能"；《普通高中数学课程标准（实验）》中涉及的能力包括"空间想象、直觉猜想、归纳抽象、符号表示、运算求解、演绎证明、体系构建"等诸多方面；美国也提出了五项数学素养。这虽然拓宽了人们的视野，但也容易造成认识上的混乱，给实际教学带来不利。

数学知识与数学能力之间是什么关系？

关于知识和能力，现在有些人把两者对立起来。有一些观点甚至认为，对学生来说，知识并不重要，重要的是培养能力。然而，有许多研究表明，在数学这样的学科中，知识和能力是不能割裂的。

首先，现代认知心理学从信息加工的角度将知识看作个体与其环境朴素作用后获得的信息及其组织。为此，安德森等人把知识划分为三类，即陈述性知识、程序性知识和策略性知识。其中，程序性知识是关于"如何做"的知识，主要由"如果……那么……"形式的产生式所组成，而策略性知识是关于如何学习、如何感知、如何记忆、如何思维等这方面的知识。因此，知识是人类认知活动的基础。显然，这类知识与学生的学习能力有密切联系。

其次，现代学习理论研究表明，知识在不同的学习领域中的作用是不同的。与动作技能性学习领域不同，数学属于知识丰富的认知领域，在数学中，大多数的知识（包括概念原理、法则、性质、定理、命题等）不仅仅是一些事实，而且是推出其他知识或者解决问题的工具，是整个逻辑体系的一个组成部分，每个数学知识都蕴含着数学思考的条件、方法与规则。正因为如此，一些数学家晚年都努力从数学中提取出人类思维的一般规律，如笛卡尔曾致力于研究"思考的规则"，波利亚把"教育年轻人思考"作为数学教学的重要目的。

再次，数学能力也就是顺利完成数学活动所必需且直接影响其活动效率的一种心理特征，它是在数学活动过程中形成和发展起来的。在几乎所有的数学活动中，数学知识不仅是活动的基础，也在很大程度上影响活动的效率。就拿基本的运算能力来说，要准确高效地完成数学运算，不仅要掌握正确的运算规则，合理地运用一些算法公式或程序，还要借助于已经完成的运算样例。而这些都是数学运算知识的组成部分。

此外，根据克鲁切茨基的观点，有两种基本的数学能力：一是学习数学（学科的）的能力；二是数学创造性（科学的）能力。对于中小学生而言，主要涉及的是学习数学的能力，其中包括数学知识与技能的获得、组织与迁移，当然也包括作为一种学习过程的"再创造"活动。

在 20 世纪的一百年中，西方的数学学习理论大致经历了四个阶段：前半个世纪主要是训练理论，以技能训练为教学上目的；20 世纪 50 年代开始提倡"为理解而教"，把对数学概念的理解放在最重要的地位；20 世纪 80 年代以后，课堂教学开始强调问题解决活动，但由于忽视了"双基"的掌握与积累，大多数所谓的问题解决沦落为低水平的、知识分管的、工匠式的损伤性活动；90 年代的回顾与反思才最终提出"保护概念理解、技能训练与问题解决之间的平衡"。我国的教学课程自然不应该忽视这百年的教训。

数学思维到底有哪些特别之处？

毋庸置疑，数学这门学科在中小学课程中是非常独特的。有人把它作为思维的体操，有人把它当作一种科学的语言，有人把它看作问题解决的工具，当然，更多的人把它看作现代公民的必备素养。

那么，数学思维到底有哪些特别之处呢？

从学习理论的角度看，数学是一种以形式符号为主要载体的思维活动。在苏联的数学教学理论中，数学教学被看作数学活动的教学，并把数学活动划分为三个环节：经验材料的数学组织、数学材料的逻辑组织和数学理论的应用。因此，数学思维有三类基本的思维活动：抽象与形式表示、符号变换与推理、数学建模。

上述三类数学思维活动中，抽象与形式表示是基础。没有抽象也就不可能形成后来的演绎体系。比如说，三个人站在不同的位置，我们要证明其中两个人的距离最短。如果对距离概念没有抽象，这件事情就没法做，因为我们不知道两个人之间的距离该如何判断，是按照头顶之间的来判断，还是按照鼻子之间的距离来判断，还是按照"心灵的距离"？所以首先要把人抽象为一个点，点是没有大小的，这样才能定义距离的概念。数学上这样的例子还很多，这也是数学思维的优势，形式化以后就可以在抽象的、一般的层面上思考问题，这样才能找到通性法，以不变应万变。数学抽象的另外一个特点是逐级抽象，也就是说，数学抽象是相对的，高级的抽象是在低级的抽象基础上进行的，因此，低级的抽象对于高级的抽象来说就是具体的，甚至是直观的。例如，数系的发展，整数概念是在自然数概念的基础上抽象出来的，有理数的概念是在整数的概念基础上抽象出来的。因此，在学习整数概念的时候，可以借助自然数的概念，因为这时候自然数概念对于学生来说已经是具体和直观的。在数学的初期，适当运用教具和情境帮助学生形成或理解抽象的数学概念是必需的，但到了一定的时候，还是应该尽可能地在抽象的形式化的层面上去处理问题，因为这是数学思维能力的本质之一。

　　有了抽象和形式化的数学对象之后，我们就可以在逻辑的基础上进行推理和符号变换。我国著名的数学史家李文林先生曾说过，如果要用两个字来概括数学思维的特征，那就是"算"和"证"。中国古代的数学比较强调"算"，西方的古代数学比较强调"证"。这里的"算"主要是符号演算，有两个标志性的特征：一个是准确，一个是效率。要做到准确，就需要掌握一些好的数学规则，按规则办事情不容易犯错。但光有规则还不够，还要注重效率，也就是要优化算法。从"证"的角度来看，最主要的是数学推理，其中包括演绎推理和归纳推理。数学推理是在一个演绎体系下进行的，最基本的推理方式是化归，也就是把求知问题化归为书籍的问题。因此，在数学学习中，相对完整的数学理论体系的掌握非常重要。近年来，为了减少学生学习数学证明的困难，一些国家的课程标准降低了数学推理的难度，提出了"直观推理""局部推理"等概念，这在数学证明的教学初期是合理的，但毕竟数学推理在本质上应该是严谨的，不能有任何含混的地方。

　　在掌握了一定的数学理论知识的基础上，学生应该有机会体验到数学的方法的应用性。在数学应用活动中，最典型的是数学建模。完整的数学建模活动通常包括七个环节：理解现实问题情境；简化或结构化现实情景、形成现实模型；将被结构化的现实模型翻译为数学问题，形成数学模型；用数学方法解决所提出的数学问题，获得数学解答；根据具体的现实情景解读并检验数学解答，获得现实结果；检验现实结果的有效性；反馈给现实情景。从中可以看到，数学应用阶段涉及的实际上是一种综合的数学能力，需要较高的数学素养。正因为这样，在 PISA（国际学生评估项目）2013 评价框架中，数学素养是按照几个环节来界定的。

数学活动的上述三个环节在传统的数学教学中比较强调中间环节，造成了一种"掐头去尾声烧中段"的现象。新课程以后开始重视头尾两个环节，这是好的趋势，但这并不等于说可以忽视中间环节，因为这毕竟是学生的数学活动的主要形式。

空间通过什么途径培养数学能力？

能力对于知识和技能来说，是一种形而上的心理特征。因此，能力的培养最重要的是找到合适的切入口。从已有的研究来看，至少有以下几条途径：

一是开发与能力专项发展相对应的数学任务。一些已有的研究表明，影响学生数学认知水平的因素主要有两个，一是学生所从事的数学任务，不同的认知活动需要不同的数学任务；二是数学任务的有效的教学策略。因此，任务设计成为当前数学能力研究中的一个核心问题。在专项任务这方面，克鲁切茨基做了长达 12 年的研究，他不仅给出了数学能力的结构成分，而且针对每种成分开发了一批专项测试/训练题。

二是构建数学能力的评价框架，其中包括能力模型和相应的行为指标体系。为了更有效地培养学生的数学能力，许多国家在数学课程标准中提出了系统的能力指标，如美国、德国、新加坡等。

三是把一些具体的数学能力作为技能来培养。虽然在心理学的界定上，能力与技能是有明确判别的，但在具体的学科学习中，两者的界限并不清晰。与能力相比，技能的优势是可以按部就班进行训练，甚至达到自动化，因此，许多国家课程标准的数学能力涉及的主要是技能。事实上，传统的三大数学能力也都是可以按照一定的程序去教学的，在这方面，我国的中小学教师有着十分有效的经验。但是，能力的"技能化"也可能会带来一些负面的影响，如把能力培养退化为一些低层次的、以记忆为主的模仿活动。针对这种情况，西方的一些研究者提出了高层次数学思维能力的概念。

前面我们说过，数学能力本质上是一种以抽象符号为载体的高层次的思维能力，但遗憾的是，一些研究表明，我国学生在高层次数学思维能力的表现上并不乐观。顾泠沅领导的一项横跨 17 年的大规模调查表明，课改以后，学生的数学高层次认知能力不仅没有提高，反而有所下降。因此，提高我国中小学生的高层次数学思维能力就是当务之急。

高层次数学思维能力的培养至少有以下几条途径：

第一是构建高层次数学思维能力的评价框架的指标体系。虽然国外对高层次数学思维能力的行为指标进行了一定的归纳，但总体而言，目前的工作还不够系统，有待进一步梳理与分析。

第二是开发高层次的数学思维任务。美国著名的 QUASAR 项目把数学认知划分为四个水平：记忆、无联系的程序、有联系的程序和做数学，其中"做数学"涉及的就是高层次的数学思维活动。

第三是林崇德先生的观点，他认为思维品质是思维训练一个有效的切入口。为此他提出了五个思维品质：敏捷性、灵活性、创造性、批判性与深刻性。已有的研究表明，可以通过五项思维品质来构建高层次数学思维能力的评价框架。

四、学科教学与德育

新课程背景下，在小学数学教学中引入德育教学的内容，能够促进学生健康全面成长，这是不争的事实。新课程教学改革的大背景注重学生学科教育的身心发展、能力提升和德育的相互融合，小学阶段的数学教师需要转变教学理念，重视彰显学生个性，提高教学质量和学习效率，充分发挥德育的引导性作用，全面提升学生的综合素质。数学是小学阶段最重要的学科，通过数学知识提升、逻辑思维培养和综合素质增强，发展小学生的核心素养，德育作为其中的关键环节，必须融入数学教学过程中，提升小学生的实际应用能力、创新能力和德育水平，影响小学生个体的终身发展，塑造品格发展综合能力。

那么，怎么开展课程德育呢？我在实际工作中，尝试把课程德育立体化、综合化。

（一）问题导向，家校共育

小学是学生成长和发展的关键时期，家长和教师作为重要的教学主体不能忽视学生的具体成长。为了更好地促进小学生健康发展，需要家校之间形成教育合力。以家校共育模式为主，有效地开展合作教育工作，为小学生健康成长保驾护航。小学家校共育合作工作开展具有重要意义，这符合课程教育改革要求，也满足学生的实际成长需要。所以，学校应该积极寻求家长的配合，形成良好教育合力，真正地为促进小学生发展提供指引。

但是，从现实情况看，家校共育开展得不尽如人意。原因就是学校教育和家庭教育在方法、手段、近期目标和远期目标上有一定的差异。随着素质教育的推进，社会多元文化背景下产生了多元的教育价值取向，催化了家校矛盾。

学校教育需要宁静，需要家庭教育、社会教育的亲密配合，这就要求我们教师和学校管理人员敢于直面纷繁复杂的家校矛盾，科学地认识家校矛盾的表现形式，合理地分析矛盾的形成根源，灵活地应对和化解矛盾冲突。只有这样，才能发挥教师在教育中的主导作用，赢得学校在教育中的主体地位。

1. 家校矛盾的概念与表现形式

家校矛盾，即家庭与学校之间的矛盾。它的表现形式包括学校与家庭之间的矛盾、老师与家长之间的矛盾、老师与学生之间的矛盾、学校教育制度与家庭教育要求之间的矛盾等。但不论哪种形式的家校矛盾，都是因学生的教育问题而起。随着社会的进步、时代的发展，特别是素质教育实施过程中多元文化的纷杂，家校矛盾越来越复杂，同时也越来越尖锐，甚至造成流血伤亡事故。这些家校矛盾引发的冲突和导致的事故，既败坏了学校、教师、家长和学生的声誉，又影响了家长、学生、老师及教育相关参与人员的心情和相互之间的感情，严重的甚至影响到整个家庭和班级的学习生活状态和学校的教育教学工作秩序，断送老师和学生的美好前程。因此，家校矛盾冲突中没有赢方，伤得最深的肯定是懵懂无知的学生。

　　学校教育的成败很大程度上取决于家庭教育配合得亲密与否，从这点上说，学校教育与家庭教育是一个高度的统一体，所以家校之间的矛盾冲突是教育统一体内部的矛盾。只有在统一的前提下双方相互理解，互相宽容，理性处理，妥善化解，才能形成教育的合力，提高教育的针对性和有效性，达到双赢的目的。

　　家校矛盾冲突现象多种多样，但据其表现形式我们可以将其分为直接冲突和间接冲突两大类。

　　直接冲突式家校矛盾是指家长与学校或老师，因教育过程中产生的矛盾发生面对面的正面冲突。这种家校矛盾一般具有表达直接、刺激激烈、挫伤身心、暴力倾向等特征。直接冲突式家校矛盾主要表现形式有：① 家长对孩子所在班的任课教师、学校相关领导以及与自己孩子教育相关的工作人员发生面对面的语言或肢体上的人身攻击；② 家长对与自己孩子发生矛盾的同学（甚至家长）发生面对面的语言或肢体上的人身攻击；③ 学校教师、领导或教育相关工作人员对学生家长实施面对面的语言或肢体上的人身攻击；④ 家校双方均对对方实施语言或肢体上的面对面的人身攻击；⑤ 家校双方通过法律手段对簿公堂的矛盾冲突；等等。

　　间接冲突式家校矛盾是指家长或学生与学校或教师，通过间接手段发表自己对教育中的意见、解决教育过程中产生的矛盾。间接冲突式家校矛盾一般具有渠道复杂、参与面广、影响面大、真实性差等特点。间接冲突式家校矛盾的主要表现形式有：① 家长或学生通过教育行政主管部门、政府职能机构、相关社会团体等反映的教育矛盾；②家长或学生通过网络、报纸、杂志等新闻媒体反映的教育矛盾；③家长或学生通过渲染社会舆论反映的教育矛盾等。

2. 家校矛盾的根源浅析

不管直接冲突矛盾，还是间接冲突矛盾，一旦矛盾形成，乃至演变成冲突，都会伤害教育体内的成员，也会损伤教育的社会形象，给教育带来无法估量的损失。矛盾不可能不发生，因此我们只能将矛盾及时地化解在萌芽状态，或者未雨绸缪防患于未然，这就需要我们认真探讨家校矛盾的根源何在。

笔者认为，有如下几个方面的原因：

（1）角色差异。

尽管教师与家长具有共同的教育目标，但是由于在各自的社会角色、对教育手段的理解、与学生的亲密程度等诸多方面存在的差异，导致教师与家长、学校与家庭之间会产生矛盾。

教师与家长的角色不同。一个是师生，理智胜于感情；一个是亲子，感情胜于理智。一个是普遍性，面对的是全体学生；一个是特殊性，面对的是一个孩子。这样两个不同角色的成人面对学生成长过程中的问题时，若各执己见，互不相让，矛盾就在所难免。

如果教师对学生及其学生家长采取的是"公事公办"的态度，就可能产生与家长对孩子富有人情味的态度之间的矛盾。家长对孩子的关心、期望，是骨肉之情、亲子之爱。他们为孩子的未来着想，理所当然对教师寄予厚望。家长对孩子常常情感重于理智，而教师对学生却常常是理智重于情感。教师应该理解并尊重家长对孩子的这种感情。否则，就可能轻率地责怪学生家长过于溺爱孩子。其结果，教师与家长之间的矛盾就产生了。

（2）交往障碍。

教师与学生家长各有不同的工作，而且都繁忙、紧张，双方客观上可能因工作时间的重叠、空间上的距离以及通信渠道的不畅等原因产生障碍；主观上也可能由于各自身体状况、性格等差异而产生交往上的障碍。这些障碍也往往成为矛盾产生的根源。

（3）缺乏对对方角色开展的工作情况的深入了解。

在学校教育中，经常发生的问题是家长不了解教师工作的复杂性与困难性，不知道影响教育的因素的复杂性，特别是不了解许多因素是教师难以控制的。因此，每当学生的成绩不能使他们满意，或学生表现不好时，学生家长就对教师产生不满，责怪教师。同样，教师可能因为过多重视自己的工作而忽视家庭教育的复杂性与困难性，从而责怪家长没管好孩子，没有主动配合教师工作。这样由于缺乏换位思考，也会造成教师与家长之间的矛盾。

（4）处理问题的功利性态度。

长期以来，某些教师与学生家长之间似乎形成了处理问题的功利性态度，即学生有了问题双方才联系，也就是说，只有当孩子出了问题，犯了错误，教师或家长才会主动与对方取得联系。这种功利性的冷冰冰的联系由于缺乏人与人之间应有的感情色彩（人情味）而使双方产生对对方的不满情绪。

（5）印象失真。由于学生的传播失误，而引起教师和学生家长对对方印象的失真，形成双方在直接交往前的消极定势，因而产生一定的心理距离，不能产生交往的正确动机，如由于孩子的诉苦，使学生家长误以为教师对自己孩子不喜爱，不负责；抑或由于学生表现出任性、散漫、满不在乎，使教师认为家长对孩子溺爱，疏于管教，从而形成了心理上先入为主的失真的印象。

（6）对学生评价的侧重点不同。

教师与学生家长对学生的了解不一样，对其评价的侧重点也不一样。教师主要看学生在校的表现，各科教师更多注重学生的成绩和课堂表现，对学生作出的评价也侧重这些方面。学生家长则更多地了解孩子在家的情况。学生在校与在家的表现存在着极不连续的现象，但教师与学生家长都只从自己的角度评价学生，当评价的结果又被学生传播时，双方就可能产生心理冲突。

（7）情感障碍。

教师与学生家长有时由于学生进步不够明显，或者后进生出现反复，或犯了错误，而情绪不冷静，甚至互相指责，口出不逊，伤了彼此的感情，教师与家长的矛盾由此产生。

总而言之，教育是"做"人的工作，对人的工作必须有足够的责任心，但同时人是需要感情的，缺乏热情的责任形成的只能是冷冰冰的"公事公办"式的教育，难以达到良好效果。教育又是教师和家长双方共同的责任，因此，双方在对教育学生的工作投入责任心和热情的同时，应该坦诚相见，彼此尊重，加强沟通，加深了解，达成共识，相互配合，才能取得比较理想的教育效果。否则，产生矛盾，甚至激化矛盾，无论对学生还是对教师或家长，都只能产生消极后果。

3. 家校矛盾中教师理性化解冲突的策略

据相关研究机构调查发现，75%的教师认为自己缺乏促进学生家长参与的策略；70%的教师认为自己缺乏与家长沟通的技能。在现实中，有些教师与家长见面内容就是告状，从而使家长产生逆反心理，甚至与教师对着干。据调查，一些小学生不愿意教师与家长见面，因为家长与老师见面后，他们往往会挨打受骂，或者遭爸妈啰唆说教一番，这说明教师与家长的联系，不但没有起到促进学生进步的作用，反而造成学生对教师的害怕与反感。有的教师对优秀生和后进生的家长区别对待：对自己喜欢的学生，家访多、报喜多，家长会上总是大力表扬，使得有些家长昏昏然，片面认为自己孩子什么都好；反之，对一些不称心的学生，则习惯于批评指责，使得家长垂头丧气，回家迁怒于孩子，将学生训斥、打骂一顿，导致学生产生与教师的敌对情绪，家长也怕见老师，于是教与学之间产生了恶性循环。古人言"亲其师而信其道"，学生对老师反感，又怎么会信任和接受老师的教育呢？因此，我们教师或相关的教育工作者首先应掌握化解家校矛盾的策略，理性而冷静地对待教育工作中的家校矛盾，做好与家长的沟通工作，这在学校教育中至关重要。

（1）利用恰当的教育机会，促进家校之间全面了解。

教师可以本着关心孩子成长的目的，向家长介绍孩子在学校的情况，与家长进行沟通，仔细聆听家长的想法和意见，设身处地地为家长着想，不要一味指责学生的不是，而应心平气和地与家长交流对孩子的看法，使家长感到教师是爱孩子的，这样才会使家长主动与教师配合，共同为孩子的进步而努力。一般来说，在与家长沟通前，一是要先了解学生的基本资料及其家庭状况，如父母职业、文化程度等，做到心中有数，以便采用对方能理解的方式进行沟通。二是依据教师自身的特点，选择恰当的沟通方式。

（2）尊重学生家长，摆正摆好自己与家长的位置。

家长与教师一样都是孩子健康成长的引路人，都肩负着教育好孩子的重任。学生在校接受教师的教育，在家接受家长的教育。教师与家长加强联系，目的是共同的，教师与家长其实是同盟军，家长和教师一样应该对孩子的成长起教育、引导和示范作用。家长与教师之间不存在身价、地位的高低之分，教师与家长若能够相互信任，相互激励，则会出现友好、愉悦和互相合作的气氛。所以教师要以真诚与平等的态度对待学生家长，取得他们的信任，争取他们的配合，共同探讨对孩子的最佳教育方法，以达到共同的教育目的。教师绝对不能因为自己是专业的教育工作者，就以为自己才懂教育，只有自己才对如何教育学生具有发言权，从而觉得高人一等，与家长谈话的时候居高临下、盛气凌人。尤其是不能在孩子出了差错时，轻率地对家长采取训斥的态度，把孩子的错都怪罪到家长的头上。举个明显的例子，孩子没完成作业或者打架了，有些教师会把家长请到学校大批一通，家长只能一味地赔不是。俗话说："良言一句三春暖，恶语伤人六月寒"，这样做的结果可想而知，就算家长勉强承认自己没管好孩子，面对这样的指责，心里也会觉得别扭，从此对老师敬而远之，尽量不与教师发生联系，这样，反而形成了教师与学生家长之间不应该有的隔阂甚至对立，于学生的教育工作有百害而无一利。

（3）帮助家长树立起对孩子教育的信心。

信心是成功的一个不可或缺的条件，尤其是对学习基础比较差、表现不够好的学生家长，这一点更加重要。有的学生家长，由于经常听到对自己孩子在学校表现的负面评价，对教育好自己的孩子已经失去了信心，觉得孩子一无是处，甚至无药可救，从而放弃对孩子的教育，那么教师在学校进行的教育，其效果即使不算是完全失败了，也必然大打折扣。所以，教师必须避免告状式的家校联系，不能在家长面前一味地数落孩子的不是。如果确实因为孩子犯了差错需要与家长联系，也应该与家长坐下来，共同分析孩子之所以会犯错误的根源，积极与家长达成共识，形成默契，互相配合，研究出最好的解决办法。尤其对后进生的家长，更要体谅他们的难处。孩子学习越差，家长与教师一样对他的教育付出的就越多，孩子显得不争气，做家长的比谁都痛苦。对于这些家长，教师更应该给予安慰，并肯定孩子的优点，哪怕这优点只是一刹那的极不明显的闪光，以重新激起他们对教育孩子的信心。金无足赤，人无完人，再优秀的学生都会有缺点，同样，学校里不可能存在一无是处的学生，再调皮捣蛋的孩子，他身上也会有闪光点，关键在于老师要善于发现其闪光点并及时对其进行必要的引导，强化其优点，逐步转化。

（4）做好家访工作。

家访，是教师了解学生在家庭中的表现，并将学生在学校、班级的情况反馈给家长，在与家庭互相了解、相互合作的基础上长期做好教育教学工作所不可缺少的一种手段。

由于有相当数量的家长文化素质较低，对教育教学工作不重视、不了解，往往会给学校、教师开展的各项教育工作带来不同程度的阻碍，因而，无论城市还是农村的学校，加强家访工作，都具有其必要性和重要性。因为加强家访工作，有利于学校各项教育工作的开展，同时有利于促进教学工作，特别有利于解决各种教育教学工作中引发的矛盾冲突，也有利于创造良好的教育环境。通过家访，教师对学生及其家庭情况的了解会更全面、更具体：而学生和家长对教师及学校教育工作也会有一个全面、深刻的认识，从而使学校、教师与家庭、学生之间相互更信任、情感更深厚，开展工作会更少遇到阻力，甚至会得到更多便利和协助。通过家访，学校、教师还能在社会上树立起良好的形象。这些，都能为教育教学工作创造一个良好的社会大环境。

（5）实施人性化管理。

学校对教师、教师对学生进行约束和控制是必要的，但是控制和约束的最终目的不在于把谁管住，而在于有利于学校的教育整体工作和学生的终身发展。因此，学校对教师、教师对学生的管理，不能像工业系统的管理那样，简单、僵硬地用各种制度的框框把一切工作统死，而应关注教师和学生的内在体验，并且也只有经过学生内心体验并认同的制度规范才对教师和学生有持久的约束力。对于学生管理而言，首先，修正不合理的规范制度。正如涂尔干所说，规范必须得有，但如果所有一切都需要规定，那就是件不幸的事情。学校纪律也无须涵盖整个学校生活。过多的规范制度，可能会被孩子看作一些约束与滋扰他的可恶而又荒诞的程序。在学校中，教师拥有制度赋予的权力，学生处于听从的地位，正如任何不受约束的权力有可能无限扩张一样，教师的权力也有着滥用的可能。其次，学生应参与规则的制定。在规则的制定过程中，以学生为主体，通过师生之间、生生之间平等对话交流，共同商谈形成自愿遵守的行为规范。学生通过参与规则的制定，能够清楚地明白什么行为属于违纪行为，会招致怎样的惩罚。另外，通过师生商讨，学校教师也能够了解到学生对于惩罚的态度。

（6）公正平等地对待学生。

首先，教师关注所有学生的需要。学生的需要只有在得到教师的认可时才能成为其发展的动力。学生所有的活动都是为了满足自身的某种需要，教师肯定并接纳学生合理的需要，甚至在学生合理需要满足的过程中向学生提供一些帮助，能使学生产生一种被充分重视和尊重的感觉，并因而产生一种被接纳感和安全感。罗杰斯认为，对积极关注的需求是有机体最重要的需求之一，个体生下来以后就有这种要求别人积极关注的需求，也正是这一需求使学生服从教师。其次，教师给予学生积极的期望。心理学家哈里斯等人研究发现，如果教师对学生抱有积极态度或较高期望，其与学生相处时的心理气氛也较融洽和谐。受到教师积极期望的学生，认为教师对自己是积极接纳并认可的，会对自己产生积极的情感体验，认为自己是有价值的，从而促进其积极自我观念的形成和发展，这些学生更加自尊、自信、自爱。再次，在教育教学过程中教师公正地对待每一个学生。在处理学生问题时，同样的事情同等待遇，不同的事情不同的待遇。教师要在尊重每一个学生的基础上，肯定他们都具有某种程度的成功愿望，给每一个学生恰如其分的评价。

（7）教会学生和家长建设性地处理与学校和老师的矛盾冲突。

对于冲突的处理不仅要求教师、家长具有一定的应对冲突的能力，而且有必要培养学生管理冲突的能力。第一，各学科内安排可供争论的议题。在各学科的教学过程中纳入可供学生讨论的议题，通过这些议题的讨论，潜移默化地教会学生如何透过沟通、协商的过程，学习管理他们日常生活中所面对的冲突。第二，设计冲突化解的课程。通过设计特别课程，教给学生化解冲突的步骤与技巧。如可以通过角色扮演、沟通技巧和问题解决等方式对学生进行培训。第三，在冲突处理中学习化解冲突的技巧。从社会建构的观点来看，"知识"不是人们在头脑中所储存的一些东西，而是人们一起互动出来的东西。因而，培养学生处理冲突的能力可以通过发生在他们实际生活中的真实冲突来进行。通过这些真实的案例，学生可以学会与人沟通的技巧，学会心理置换，学会宽容他人，等等。

（8）运用现代信息技术手段，加强与家长进行有效沟通。

短信、留言、视频在线、QQ 群等现代信息手段可能及时、迅速、全面、公开、透明地将学生在校的学习状态、行为举止、奖惩褒贬等情况详细而准确地传达给家长，同时也将学校的教育动向、要求等进行公示，便于家长掌握。同时家长也可通过参与信息群落或直接通过信息手段向学校或老师反映孩子在家学习和生活的表现，提出自己对学校教育的要求。既可单向交流，也可双向交互；既可群体交流，也可单独通报，具有其他手段不可比拟的优越性。但信息技术手段是一把双刃剑，如何合理运用是一个关键问题，值得我们教育工作者深入研究。

（二）让德育成为生活

什么样的德育才是有效的德育？这是我们教育改革进入深水区之后，必须面对的问题。我们的先贤早已回答了这个问题："德育无小事，事事皆德育。"事事在哪里？在生活中。翻阅古今中外教育家的教育专著，要想把他们的教学共性进行归纳，很难；但如你要把他们的德育共性进行总结，就很简单，因为你很容易归纳出两个字——"生活"，四个字——"生活育人"，六个字——"生活体验育人"……

首先，德育生活化，也就是生活德育，也可称德育生活。它是时代的呼唤，也是新课程倡导的德育境界。试想我们的德育育什么样的人？育人来干什么？前一问题很是昭然，我们不多言。而育人来干什么？这个问题你我都知道，育人来生活。也就是说，德育的终极目标是育人，育会生活的人的。所以检验德育成败的关键是看我们未来的公民是否会生活，是否会快乐地生活。而生活中处处用科学，事事凭规则，时时有要求……这些内容都是德育的活素材，既能养，又能用。也只有在生活中习得的德性，才能应用于我们的生活；只有紧密联系于生活的德育，才真实有趣，让学生兴趣盎然。

其次，德育是育人思想、养人德性的社会教育活动。基于此，人的成长心理学和多元智能理论也认定，生活德育是人的德行同行的需要。

肯定地说，只有让德育进入我们的生活，让德育成为我们生活的习惯，才能让德育成为那润物无声的春雨，进入孩子成长的心田；只有让生活进入我们的德育，让生活成为我们德育的习惯，才能让德育成为那温暖万物的太阳，照耀着孩子快乐成长！

（1）做生活中的那些小事——在生活中做实事。

生活德育，从字面上说，就是在生活中育德。只要我们留意，不难发现，生活就是在小事中度过、由小事组成的，就是油盐酱醋茶、鸡毛蒜皮的小事组成了我们的生活。我们可以这样讲，德育这件事，与生活中的小事有直接重要的关系。也就是说，小事中我们育德，所养所得之道德常人齐家，所养所得之道德大成者齐家治国，所养所得之道德超脱者齐家治国平天下。

因此德育是"小事"。我们中小学德育更是"小事"。这就要求我们，不能将德育神秘化，德育功能扩大化，德育形式复杂化。德育就是生活中那点小事，没有什么神秘的，只要我们留心生活，在生活中做德育那点"小事"只是举手之劳；德育就是生活中那点小事，没有什么好夸张的，今天我们没做到，我们可以马上改正后做到，明天我们还要遇到，也许我们还会错，错了不要紧，改正了就行；德育就是生活中那点小事，没有什么复杂的，生活中那点小事我们一听就明白，一看就能做，一做就能行。如此小事，贵在坚持，贵在把小事做实。

比如，"爱国主义"这一德育范畴，传统的做法就是让孩子们了解祖国的悠久历史、祖国的灿烂文明，讲述爱国名人的英雄故事……但除了这些，我们还可以从自己的角度思考如何联系生活，做细做实。前人是那样做的，我应该怎样做？这很重要。因为从现在起我知道这样做是爱国，今后我才会知道怎样做是祖国的一分子。根据这一理念，我们将重点放在落实我们的孩子怎么做就是爱国的"小事"的体验上。根据以上要求，我们可以将"爱国主义"德育具体落实在如下内容中：第一阶段，为自己做一件值得骄傲的事，你有什么体会；第二阶段，为家庭做一件值得骄傲的事，爸爸妈妈有什么体会；第三阶段，为班级做一件值得骄傲的事，同学们有什么体会；第四阶段，上街去为他人做一件小事，了解他们有什么体会。

也许有人会发问：那怎么没有祖国呀？祖国在我们心中。试想，爱了自己，爱了家庭，爱了集体，爱了社会，难道我们没有爱国吗？大家爱了自己，大家爱了家庭，大家爱了集体，大家爱了社会，难道这样的国家还不值得我们去爱吗？

（2）议生活中的那些问题——在生活中解困难。

"议生活中的那些问题"不是目的，只是途径。通过"议生活中的那些问题"这种方法或途径，找到我们面对的生活中的困难，解决生活中的困难，乐观享受生活中的困难，这样的人生才阳光青春，这样的少年才积极向上。

也许有许多的成年人认为，说社会的阴暗面、说他人的不足，不是君子之为。但我倒认为，如果是成年人，此举肯定是"非君子之为"，但作为孩子，正处于青春年少、长身体增见识的时期，"真理是越辩越明"。我们既要让孩子们看到社会光鲜的一面，知道生活的美好，积极向上；也要让孩子看到社会的阴暗一面，知道事物的两面性，辩证对待。当自己有能力改变社会和现实的时候，便投入变革之中，将丑陋革除、张扬正气。这既培养了自己对社会和他人负面影响的免疫能力，也从小树立改变社会不良现象的意愿和方法，真正做到在自己的生活中解决问题，克服我们理所当然要面对的困难。这样的人，是健康的；这样的孩子，是阳光的。

（3）纠生活中的那些错误——在生活中少犯错。

实事求是地讲，任何人（包括名人、伟人）一生中都曾犯过错。

任何人的一生都是在"犯错—纠错"这样循环往复的过程中生活着。孩子也不例外，也在"犯错—纠错"这样循环往复的过程中成长着。如果就这样的观点达成共识，那么我们须对孩子提出适合他们的德育目标，而且不同年龄、不同认知、不同地域、不同文化等不同的生活因素，决定着我们德育目标的不同要求。只有让孩子们纠生活中的那些自己和周围人犯的错误，孩子们才能感知自己错在什么地方，该如何改正才能让自己更适应生活，才能在生活中少犯同样的错误，才能让自己的成长更快乐，人生更幸福！

比如怎么才能让孩子们认识到遇到老弱病残不让座是不文明的行为——浅显一点，是一种对自己不好的行为？我们可以这样开展体验活动：模拟场景，公交车上，生病的"我"乘车，上车后发现没有座位，自己最想什么？突然有人将自己的座位让给生病的"我"，我的心里会有什么感觉？如果自己是旁人，我会怎么想？……模拟之后是实践体验，我们假设的是否是事实。当然这样先模拟后体验的方案，可变为"先实践体验，后模拟探讨"的形式来开展。

（4）悟生活中的那些感动——在生活中知感恩。

道理是在生活中的，道理是悟出来的，只有悟出生活中的那些道理，才能使自己正直。

笔者提倡的生活德育，必须从感悟生活中的那些感动过自己或正在感动自己的小事、平凡人做起，验正义人的好，鼓自己胸中的正气；换你我的位置，将心比心于身处险境时的渴望，树立给予他人正义就是给予自己保护的意识。这种换位体验的生活德育，便是扬生活正气的过程。

（三）在快乐学习活动中育"细"德

我推行了"在快乐的学习活动中育'细'德"的课程育人主张，并在自己的教学实施中进行了实践探索。

1. 策略一：德育必须"真"起来

说到数学学科育人问题，也许更多的人想到的是数学的知识、技能、方法、过程等学科本位知识的教学，仿佛与我们的育人根本对不上口、挂不上号。其实，"处处有德育，时时可育人！"就看你是不是"真心"对待学生，"真爱"关心学生。

分析我们的教育现实，我们不难发现：凡是教育基本功扎实、学科课堂教学水平高、教学效果好的老师（当然这样的老师一般是名师），他们的学生学习习惯良好，行为规范，志存高远，追求上进，发奋努力，看似没有多少用于德育的时间，也没有花太多的力气，但德育效率高、效果好。看其表面，是数学课程内容本身就蕴藏着丰富的德育资源，比如圆周率、勾股定律、鸡兔同笼、鸽巢问题等内含中国古代数学的辉煌历史，割补、转化、假设等推理方法，百分率、税率、阶梯电价等生活应用，都是爱祖国、爱人民、爱科学、爱劳动、爱生活、守规则、勤探究等的德育资源。但探源究理，那是因为名师们是用"真心""真爱"在学科课程教学中育人。

因为他们对教育是真心的，所以他们愿意花大力气去提升自己专业素养；因为他们对自己的职业是真爱，所以他们愿意孜孜不倦地向更高更远的目标奋进，不论是备课、上课、作业批改、成绩考核，还是培养优生，辅导差生，关心学生的喜怒哀乐、家庭变故，一切的行动都源自他们那颗充满父爱、母爱的心。身教重于言教，他们对待学习、生活和工作的态度、方法，对知识的渴望、对真理的追求等一言一行，均可称得上是学生的榜样，尤其是透过一堂堂精彩的课堂教学活动，名师们挖掘课程育人资源，充分利用教育契机，结合自己强大的人格魅力，润泽学生的心。用有形的学科课堂教学和无形的人格引领，帮助学生茁壮成长，这就是真心真爱的德育。

德育必须"真"起来，"真实""真爱"的数学学科课堂不仅能让学生从教师的言行中感知人生的方向、生命的价值，还能从学科知识本位中感知规律的美好、规则的重要、转化的思想、全面的观点……老师们，只要我们将数学学科知识本位融会贯通了，就会明白数学课程学习的过程本身就是一堂堂高效的德育经历。

所以，面对数学课程育人，老师们，你们将自己的真心、真爱准备好了吗？

2. 策略二：德育需要"动"起来

德育需要"动"起来，数学学科德育更要"动"起来。形式上，"小小数学家""口算大王""数学之星""数学小老师""数学故事大王"……这些头衔的获得和权利的施用，必须靠自己的行动来争取，靠自己的成绩来证明，这些都是需要孩子们去脚踏实地地付出才能实现的。

笔者在三十多年的教育生涯中，始终坚信一点，教育需要"动"起来，这不仅仅是德育的需要，也是我们课程教学的需要。如果我们的孩子没有朝气，课程资源没有活力，教师教学没有亲和力，这样的学究式德育是"动"不起来的教育，也是没有成效的教育，更是没有希望的教育。

当然，德育需要"动"起来，还要求我们数学课程育人的要求要从低到高，形式从易到难，内容从简到繁，也就是要顺应学生的生理和心理需求，符合他们的认知规律。根据学生身心发育的具体情况，不断提高，循环往复，螺旋上升，使数学学科德育本位成为一个"动态"的发展过程。比如，对孩子学习听课习惯的要求，低年级时只要求学生不随便讲话，听清楚老师和同学发言；中年级时就要要求学生认真倾听老师和同学的发言，能对他们的观点提出自己的看法；高年级时就要要求学生不但能听明白对方的意思，而且能批判性地评价对方的发言，创造性地发表自己的观点。

基于以上实践体验，我们还可以认同，德育需要"动"起来，就是在课程实施过程中，让孩子们的心、手、脚、脑、口等解放出来，参与到课程学习中，在学习活动中体验做人的规则，在实践认知中感悟人生的道理。动起来了，我们数学课程育人就"开始"啦！

3. 策略三：德育最好"细"起来

德育最好"细"起来的意思是，数学学科课程育人，必须从小处着眼，细处入手，微处突破。

一方面，数学课程育人在于"细"，细到一言一行，细到每一个资源准备，细到举手投足，都充满育人风采；另一面来说，我们非育德学科的育人，必须依赖小的环节、"细"的内容来实施，让师生在"细"中体验与品悟。

另外，数学课程育人的德育，"细"中必须有序列。比如，生活习惯序列、学习习惯序列、工作习惯序列、社交习惯序列；再如，数学家贡献序列、探求序列、猜想序列……，只有我们在数学课程中开发出属于我们教育理想的育人序列，数学课堂教学育人才能"细"到实处，"细"出效果。

比如，我们学校有一位年届退休的老教师，他在带班时，总是安排学生专门讲数学家的故事，也安排学生搜集数学家（或科学家）的发明创造故事……每到教学需要之时，他总是能发现这些故事的育人功能，并巧妙运用到自己的课堂教学中。这样既树立了孩子远大的数学理想，也培养了孩子坚忍不拔的数学探求精神，孩子们从中受益匪浅。

4. 策略四：德育依靠"趣"起来

没有趣味的学习不会持久。同理，没有趣味的德育不能弥新，更不会深入。因此，我们必须遵循学生的需求，将数学课程育人的活动设计得巧妙一点，让学生在一环一环的学习过程中，积累参与的热情，在一步一步的努力实践中，培养自己的能力，这样有趣的课程教育，会引领学生不断深入发展。

比如，低年级阶段老师为了让孩子学会倾听，会将自己的教学流程设计成一个发展的故事情节，用故事情节的发展来吸引孩子的注意力，激发他们遵守课堂纪律的动力。这样的课堂组织形式，会让课程实施更高效，孩子的自律能力得到不断的培养和巩固。这就是德育依靠"趣"的佐证。当然，没有动起来的德育，肯定趣味性大打折扣，所以，只有将课程尽可能地动起来，才能最大限度地增加课程育人的趣味性，激发孩子们的参与性。因此我们认为，孩子愿意参与的课程德育，才是最好的。

其实，课程育人的问题并不复杂，我们只要将真心用在教育工作之中，将真爱献给我们的学生，从细微处入手，在趣味中育人，我们的课程育人工作肯定就会落到实处，取得事半功倍的教育效果。

五、教学设计案例选

（一）"两步计算数学问题"教学设计

学科	数学		课题	两步计算应用	第 1 课	课型		探究型	
		内　　　容				学　习　水　平			
		小学数学第五册第 87 页内容，完成"做一做"及练习二十二第 1 至 3 题				认识	理解	掌握	运用
学　习目　标	认知	1. 初步认识含有两个已知条件的两步计算应用的结构。				√			
		2. 掌握该类应用题的分析方法，并会分步列式解答。						√	
	技能	通过观察、探究、研讨，培养主动探索，独立获取知识的能力。							√
	情感	渗透数学来源于生活实践的思想，培养初步的数学应用意识和实践能力。				√			
重　点	认识结构，掌握分析方法，并会分步列式解答。								
难　点	通过观察、探究、研讨等活动，独立主动地获取知识和方法。								
教　具	多媒体课件一套。								
学　具									

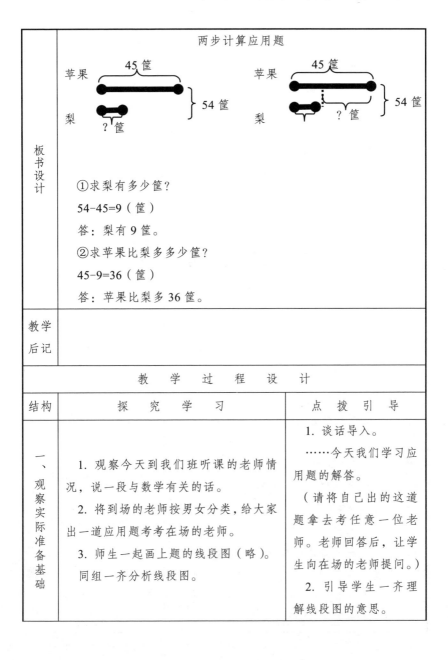

板书设计	两步计算应用题 ①求梨有多少筐？ 54-45=9（筐） 答：梨有 9 筐。 ②求苹果比梨多多少筐？ 45-9=36（筐） 答：苹果比梨多 36 筐。
教学后记	

	教　学　过　程　设　计	
结构	探　究　学　习	点　拨　引　导
一、观察实际准备基础	1. 观察今天到我们班听课的老师情况，说一段与数学有关的话。 2. 将到场的老师按男女分类，给大家出一道应用题考考在场的老师。 3. 师生一起画上题的线段图（略）。同组一齐分析线段图。	1. 谈话导入。 ……今天我们学习应用题的解答。 （请将自己出的这道题拿去考任意一位老师。老师回答后，让学生向在场的老师提问。） 2. 引导学生一齐理解线段图的意思。

二、呈现材料提出问题	1. 根据教师提供的信息画线段图。 2. 根据自己画的线段图说话。 3. 根据信息和线段图给出的条件提问题。 （可能情况： ①梨有多少筐？ ②苹果比梨多多少筐？ ③梨比苹果少多少筐？ ④苹果的筐数是梨的多少倍？ ……）	提供信息（例4）：水果店运来苹果和梨一共54筐，其中苹果45筐。 （巡视时对学生的线段图不作指导） 学生每提一问都要问他为什么想到提这个问题。
三、自主探索研究问题	1. 与同桌商讨，口头列式解答第1个问题。 2. 解答第2问题。 ①独立试算。 ②组内交流：我是怎么列式解答，我是怎么想的。 ③集体汇报。 3. 集体探讨：为什么想到要先求"梨有多少筐？"。 4. 分四人小组交流： 这两题题目中条件和问题有何相同点和不同点？ 这两题的解法有什么相同和不同？ 5. 师生共同归纳总结	根据生汇报板演 假借师生竞赛形式组织第2问题解答（老师做不出，请求帮助）。 根据汇报媒体演示。 媒体出示两题解答过程。

教 学 过 程 设 计		
结构	探 究 学 习	点 拨 引 导
四、运用知识解决问题	1. 根据线段图改编成应用题。 2. 找老师和同学商讨解答。 3. 指名板演汇报。 4. 总结:今天我学了什么? 学会了什么? 5. 作业:做"做一做"及练习二十二 第1题和3题。	

（二）平行四边形的认识

课题	长方形、正方形及平行四边形的认识		课型	新学	第 1 课时		
学习目标	内容				学习水平		
				认识	理解	掌握	运用
	教材 100 页~102 页上例 1 "做一做"和练习二十五第 1~4 题						
	认知:1.知道四边形的特征。				√		
	2.进一步掌握长方形和正方形的特征。					√	
	3.初步认识平行四边形。			√			
	技能:建立初步的空间观念,培养动手操作、实际测量及逻辑思维能力。						√
	德育:渗透辩证唯物主义思想。			√			
重点	知道什么样的图形叫作"四边形",初步认识平行四边形,掌握长方形、正方形的特征。	板书设计					

重点		四边形 正方形　　　　长方形　　　　平行四边形 四个角都是直角　　四个角不是直角 四条边都相等　　　相对的边相等
难点	长方形、正方形和平行四边形的共性和各自的特点，弄清它们之间的区别和联系，形成正确的表象，发展空间观念。	
教具	投影仪、钉子板、直尺、三角板、七巧板等。	
学具	直尺、三角板、七巧板、复习卡、钉子板、硬纸条、图钉（若干）。	
教法	学习探究	点拨引导

一、铺垫孕伏

复习：（每生一张复习卡，观察、操作后逐题汇报）

练习：

1. （　）个长方形（　）个正方形（　）个三角形。

2. 用三角板比一比，下面图形中，哪些角是直角？

3. 照图，在钉子板上做一个正方形和一个长方形。

这些题目在一、二年级我们就学过了，同学们能正确地辨认出长方形、正方形和三角形，并能用直角符号准确标出这三个图形的直角，亲自动手在钉子板上做了一个长方形和一个正方形，你们很不简单，老师佩服你们！

二、探究新知	1. 置疑： 2. 学习例 1。概括长方形和正方形的特征。 动手测量长方形和正方形的边和角，讨论异同点。 分组活动：操作交流，共同归纳总结。 3. 概括长方形和正方形的特征。 ①集体归纳：指定回答（要求：说明观察、测量的方法，发现了长方形、正方形的边和角有什么特点，指出这两种图形的相同点和不同点）。 相同点：都有四条边，都有四个角，四个角都是直角。 不同点：长方形的对边是相等的，正方形的四条边都相等。 ②给长方形和正方形取一个共同的名字。 得出：由四条边围成的图形就是"四边形"，长方形和正方形都是四边形。 4. 与同桌交流复述：长方形和正方形的异同点。 5. 做一做：（第 100 页上的）。 用小棒在钉子板上围一个长方形和一个正方形。 与同桌同学用三角板比一比、量一量是否符合要求，说说为什么？	设疑：图形之间有很多相同的和不同的地方，复习第二题的长方形和正方形，它们各有几条边，几个角？每个角是什么角？它们的边和角的特点都一样吗？这两种图形可不可以变成别的形状？这些就是我们这节课要研究的内容。你们还有什么问题要研究吗？ ① 根据例 1 的要求贴图于黑板上。 ② 指导提问：长方形和正方形，它们的几条边和几个角各有什么特点？这两种图形有什么相同的和不同的地方。请大家看复习题，用三角板比一比长方形和正方形的角，量一量它们的边，看看你能发现些什么？ ③ 提问：谁能根据长方形和正方形的共同特点，给它们取一个共同的名字？ ④ 板书：四边形。

6. 平行四边形的初步认识。

① 观察、思考、交流：这些图形有哪些相同点？

说出：它们都有四条边、四个角。

② 发表看法：你认为这些图形可以叫什么名字？（四边形）

③ 观察：这些四边形还有什么共同点？

总结：四个角不是直角，相对的边相等。

④ 再观察：相对的边除了相等之外，还有什么特征？

说出：平行。

⑤ 到现在为止，你可以根据这些四边形的共同点，给它们取一个更准确的名字吗？说说自己的想法。

说出：平行四边形。

⑥ 操作：用硬纸条制作长方形框，用双手拉它相对的角。（如图）

（左栏旁注）二、探究新知

1. 投影带有平行四边形的实物图形，并说明：我们还经常看到这样一些图形，它们是正方形吗？是长方形吗？

2. 我们把这些实物图的形状画在方格纸上。投影：画在方格纸上的平行四边形。

3. 验证演示（板书）。

4. 验证演示：相对边平行（板书）。

5. 板书：平行四边形。

二、探究新知	反复做几次后，与同桌讨论：平行四边形与长方形有哪些相同？有哪些不同？ 说出：平行四边形和长方形都有四条边，都是相对的边相等。长方形的四个角都是直角。捏住长方形相对的两个角的顶点一拉，它就不是长方形了，是一个平行四边形。当平行四边形的角有一个变成直角时，四个角就都变成了直角，这时平行四边形就又变成了长方形了。 ⑦运用反馈：观察下列图形，判断哪些图形是平行四边形。 ⑧做一做：（第101页上） 从七巧板中找出平行四边形来。 说出自己见到过的平行四边形的物体。	6. 投影出示图形。
三、巩固发展	1. 比较黑板上的三种图形： 说出长方形和正方形的特征及异同点，复述平行四边形的特点。 	

四、全课小结	结合板书，说说四边形有什么特征。	
五、布置作业		

（三）"千克的初步认识"学案式教学设计

学科	数学	课题	千克的初步认识	第1课时	课型	探究型

	内容		学习水平			
学习目标	小学数学第四册第41至43页上的内容，完成"做一做"及练习十一。		认识	理解	掌握	运用
	认知	1.初步认识质量单位千克。	√			
		2.初步建立1千克、1克的质量观念，知道1千克=1000克。			√	
		3.认识案秤等测量工具，了解称物品重量的方法。	√			
	技能	培养动手操作能力。				√
	情感	激发对知识的好奇心，体验数学知识来源于生活、服务于生活。	√			
重点	建立1千克、1克的质量观念，掌握千克和克之间的进率关系。					
难点	建立1千克、1克的质量观念。					
教具	天平、一些苹果、2袋精盐（500克）、一些鸡蛋、一些河沙、2捆挂面（500克）、CAI课件等。					
学具	一台案秤（或其他重量测量工具），1克、10克、100克、1000克的大米，分别装在塑料袋中（每种共10袋），10袋大米（每袋1千克）等。					

板书设计	测量物体的重量

1 千克＝1000 克

▼

又叫作 1 公斤

教学后记	

教学过程设计

结构	探究学习	点拨引导
一、课前准备	实践活动： 主题：寻找生活中的"千克""克" 要求： 1. 从自己的生活、学习用品及其包装盒、袋上去寻找。 2. 买一次菜、油、盐等生活用品。 3. 做好记录：什么物品？是多少千克（或克），将调查结果填入下表： | 物体名称	重量
---	---
	| 4. 用手掂一掂、提一提、举一举，再用测量工具称一称（记住我是用什么测量工具称的）。 5. 我有什么问题要请教大家？ 6. 上课时将自己的调查表、调查物品、测量工具及调查中发现的问题带到学校，介绍给同学和老师。	1. 指导调查要求。 2. 了解学生的调查进展情况。 3. 指导帮助学生解决调查中所遇到的困难。

二、导入设疑	1. 分组交流。 2. 指名一至二组汇报：我们组认为测量物体的质量用什么单位、什么工具，我们是怎么知道的。	1.（课件配合）提问：（随机指一名同学）同学们，我们常说长大了，主要是说我们身体的哪几个方面在发生变化？（让学生自由答：身高、体重等）我们可以用刻度尺，用千米、厘米、毫米等作单位测量我们的身高，那么，我们的身体质量该用什么来测量呢？——这就是我们今天要研究的问题，请大家交流一下各自的看法。（板书课题：测量物体的重量）。 （根据学生汇报板书工具和单位） 2. 从同学们的汇报中老师明白了测量物体的质量可以用弹簧秤、台秤、天平等工具，用千克和克、公斤等作单位。老师将刚才大家的意见写在了黑板上。看着黑板，同学们，你们有什么问题要问吗？

教学过程设计		
结构	探究学习	点拨引导
二、导入设疑	随机质疑:(出现:这些工具怎么测量法?单位之间有什么关系?)	1. 用这些工具怎样来测量物体的质量呢?千克和克之间有什么样的关系呢?这些都是我们今天这节课需要研究的问题。 2. 板书出现问题:"1千克究竟等于多少克?"
三、体验释疑	1. 同桌交流:1千克究竟等于多少克?你是从什么地方知道的? 2. 指名发表观点。 3. 分四人小组活动(给5分钟)。 指名(组长)代表发言。 汇报要求:① 我们组从什么物品中找到1克和1千克质量的?② 我们感觉1克、1千克的质量像什么?③ 我们是用什么测量工具测量出的?	1. 归纳导向:大家都认为1千克等于1000克,这正确吗?同学们也谈了许多理由,老师认为都有道理。为了探讨这个结论的正确性,我认为大家应该先掌握1克和1千克究竟有多重。1克和1千克究竟有多重呢?现在请同学们从桌上老师和同学们带来的各种物品中,采取掂一掂、提一提、举一举、称一称等方法来感知。分组活动时老师要求大家认真体会1千克、1克的质量像什么。

三、体验释疑	4. 导向问题探讨： 　①10 个 1 克是多少克？100 个 1 克是多少克？1000 个 1 克是多少克？ 　②你能找到 1000 克重的物体吗？找出来提提、掂掂、看看。	（根据学生的汇报，适时配合课件演示：各种工具测量物体重量的方法） （课件出示问题） 　得出：10 个 1 克是 10 克，100 个 1 克是 100 克，1000 个 1 克是 1000 克。

教学过程设计

结构	探究学习	点拨引导
三、体验释疑	1. 分组活动： 　要求：①先组内商量设计出我们的实验方案；②分配每个同学干什么？③实验做完后大家一道总结：通过这个实验我们组证明了什么？ 　2. 集体汇报。	导向谈话：同学们，我们现在感知了 1 千克、1 克的具体质量，也找到了 1000 克的物体质量，我认为，现在我们有能力来探讨前面所留下的问题"1 千克等于 1000 克吗？" （根据汇报板书：1 千克=1000 克）

四、巩固体验	1. 分组自由实践操作。 　用自己带来的测量工具，称出 1 千克的沙子，装在塑料袋里，用手掂一掂有多重。 　2. 完成"做一做"。 　（1）第 1 题：拿出我们学习小组课前买的 1 千克苹果，数数看有多少个？（汇报） 　（引导学生认识：重量相同的物体的个数不一定一样多；数量相同，物体的重量不一定相等。） 　（2）自由发言：举例说明哪些物品大约重 1 千克。 　（3）集体解答。 　3. 看书质疑。 　看完发言：看完书后，我还了解到什么知识？（1 千克也可以叫 1 公斤） 　4. 自我小结：通过今天的学习你知道了什么？（学习了几个质量单位？分别是什么？克与千克之间有怎样的关系？）	根据汇报，提问："这个小组买的 1 千克苹果有？个，另一小组买的 1 千克苹果有？个，这说明了什么呢？" 　课件展示：做一做第 3 题。 　课件演示：1 千克鸡蛋有多少个。
五、发展练习	1. 称比较轻的物品的重量时，常用作（　）单位；称一般物品的重量时常用（　）作单位，1 千克也叫（　）。 　2. 1 千克=1000 克。 　3. 在括号里填上克或者千克。（见课本第 44 页第 5 题） 　4. 手势判断对错： 　2 千克＜2000 克　　5 千克＞4900 克 　800 克＞1 千克　　2500 千克＞3 千克	课题出示题目 　题中两边单位不同，判断前提醒学生注意。

教学过程设计		
结构	探究学习	点拨引导
五、发展练习	1. 填空： （1）小明体重 25 千克，小青体重 21 千克，小明比小青重（　）千克，列式为（　）。 （2）一筐水果重 30 千克，6 个人合买一筐后平均分（　）千克？ 2. 布置作业： 课堂作业：练习十一第 3 题。 课外作业：第 1 题。	口述要求：先提问题，再口头列式，注意问题的单位。
六、实践活动安排	1. 活动主题：寻找生活中的"千克""克"。 2. 活动时间：本周星期六、星期日和爸爸妈妈一道开展活动。 3. 活动地点：超市、菜市场。 4. 活动内容：调查各种物品的重量。 5. 活动要求： （1）从自己的生活、学习用品及其包装盒、袋上去寻找； （2）买一次菜、油、盐等生活用品； （3）做好记录：什么物品？是多少千克（或克），将调查结果填入下表（此表可增加格数）：	

物体名称	包装袋上标明的重量	自己测量得出的实际重量	说明

六、实践活动安排

（4）用手掂一掂、提一提、举一举，再用测量工具测量称一称（记住我是用什么测量工具称的）。

（5）我有什么问题要请教大家？

（6）上课时将自己的调查表、调查物品、测量工具及调查中发现的问题带到学校，介绍给同学和老师。

　　　　　　　学生姓名：

　　　　　　　家长意见：

（四）植树问题教学设计

一、教学目标：

（一）知识与技能性：

1. 利用学生熟悉的生活情境，通过动手操作的实践活动，让学生发现间隔数与植树棵数之间的关系。

2. 通过小组合作、交流，使学生能理解间隔数与植树棵数之间的规律。

3. 能够借助图形、利用规律来解决简单植树的问题。

（二）过程与方法：

1. 进一步培养学生从实际问题中发现规律，应用规律解决问题的能力。

2. 渗透数形结合的思想，培养学生借助图形解决问题的意识。

3. 培养学生的合作意识，养成良好的交流习惯。

（三）情感态度与价值观：

通过实践活动激发热爱数学的情感，感受日常生活中处处有数学，体验学习成功的喜悦。

（四）教学重、难点：

引导学生在观察、操作和交流中探索并发现间隔数与棵数的规律，并能运用规律解决实际问题。

二、教学准备：课件。

三、教学过程：

（一）导入：

1. 师：双手创造了幸福的生活，在我们的手上也隐藏了数学奥秘，同学们想知道吗？看着老师的手，你从中得到了什么数字？（5，5个手指）

师：老师从中也得到了一个数字——4，你们知道它指的是什么吗？（缝隙、空格等）

师：对了，指的是手指间的空格，在数学上我们把这样的空格叫作间隔。我们手上每两个手指之间有一个间隔，大家仔细观察老师的手，5个手指，有几个间隔，4个手指的时候有几个间隔呢？3个手指，2个手指呢？

师：你们发现手指数与间隔数的关系了吗？谁能说一说？

2. 师：连手上都有这么多数学奥秘，看来数学真是无处不在！现在我们可以开始上课了吗？

（二）新授：

1. 创设情景出示公告。招聘启事：学校为进一步进行校园环境美化，特诚聘环境设计师数名，要求设计植树方案一份，择优录取。

师：我们学校为了进一步美化校园环境，准备从同学们当中招聘几名校园环境设计师。

师：你们想不想成为我们校园的设计师？我们一起来看看设计的具体要求吧！

2. 理解题意（出示要求）：在操场边上，有一条 20 米长的小路，学校计划在小路的一边种树，请按照每隔 5 米种一棵的要求，设计一份植树方案，并说明你的设计理由。

师：从这份要求上，你能获得哪些信息？（20 米长的小路，一边，每隔 5 米种一棵）

师：每隔 5 米是什么意思？（两棵树之间的距离是 5 米，每两棵树的距离都相等，两棵树之间的间隔是 5 米）

3. 设计方案，动手种树：了解了已知条件，请同学们以同桌为一个小组，设计一份植树方案。可以用这条线段代表 20 米的小路。用你们喜欢的图案表示树，把你们设计的方案画一画。（小组活动）

4.（反馈交流）师：很多小组都已经完成了，先请同学们来说一说，根据你们的方案，需要种几棵树？（5 棵，4 棵，3 棵）

（1）（两端都栽）师：为什么同样的一段路，同样的要求，种的棵数却不一样呢？你们的方案分别是怎样的？我们先从棵数最多的说起吧！哪个小组设计的是需要 5 棵的？来展示一下你们的设计方案。（小组展示设计方案：交流设计思路）师：你们小组的设计方案是怎样的？

师：他们小组的设计符合要求吗？这里他们是用什么来表示树的？根据他们的设计，一共需要 5 棵。

（2）（只栽一端）师：哪个小组设计的是需要 4 棵的？小组展示设计方案：交流设计思路）师：他们的设计符合要求吗？

（3）（两端都不栽）师：有的小组只要 3 棵就能完成要求，他们是怎样设计的呢？我们一起来看一看。小组展示设计方案；交流设计思路）师：他们小组的设计同样符合要求。

（4）（介绍线段图）师：刚才同学们用一条线段表示小路，用不同的图案来表示树，这些图案可以表示树，也可以表示什么？这就是线段图，在学习数学时，我们常常借助它，帮助我们从简单的问题入手，解决实际复杂问题，它对我们学习数学很有帮助。

师：就一个要求，同学们就能设计出这么多不同的方案，真有创造力！看来你们都有成为环境设计师的资格。

（三）合作探究，总结方法：

1. 总结规律师：我们一起来回顾一下同学们设计的方案（出示三种方案线段图），三种方案都符合设计的要求，谁能说说他们相同的地方在哪里？（生说：两棵树间的间隔都一样，他们的间隔个数都相同）

师：不同的地方又在哪里呢？（根据学生的回答师出示板书：两端都栽、只栽一端、两端都不栽）

师：我们具体来看这三种方案，首先，在两端都栽的情况下，每隔 5 米栽一棵，也就是每 5 米为一个间隔，20 米里有几个这样的间隔？你是怎么计算的？[生说，师板书：20 除以 5=4（个）]师：4 表示什么？（4 个间隔）[结合图观察]4 个间隔需要几棵树？（5棵树）（师边讲解，边完成表格）

总长（米）	间隔长度（米）	间隔数（个）	棵数（棵）
20	5	4	5

师：为什么 4 个间隔有 5 棵树？一个间隔跟着一棵树，每个间隔都跟着一棵树，有 4 个间隔就有 4 棵树，最后剩哪棵树前面没有间隔？因为它两端都栽，所以还要加上前面的一棵。[列式 4+1=5（棵）]师：刚才我们是用列式和画图的方法探究出了间隔数和棵数。师：如果现在让同学们来种树，除了可以每隔 5 米种一棵，你们还想每隔几米种一棵呢？（根据学生的回答师填表格）师：请同学们任意选择其中的一种情况，用列式或画图的方法来探究它的间隔数和所需棵数。(学生活动后反馈交流，共同完成表格）条件：两端都栽。

总长（米）	间隔长度（米）	间隔数（个）	所需的棵数（棵）
20	5	4	5
	4	5	6
	2	10	11
	1	20	21
	10	2	3

师：从表格中，你能发现间隔数与棵数有什么关系吗？能用一个式子表示它们之间的关系吗？（生说，师板书：间隔数+1=棵数）

2. 运用规律。师：老师有问题要考你们了，知道的同学马上起立回答我，比比谁的反应快？在两端都栽的情况下，8个间隔要有几棵树？10个间隔有几棵树？6棵树有几个间隔？10棵有几个间隔？

3. 探索规律。师：同学们已经发现了当"两端都栽"的时候间隔数与棵数的关系，接下来我们就一起来探究"只栽一端"和"两端都不栽"的情况。（师出示只栽一端线段图）在只栽一端的情况下，图上有几个间隔？几棵树？（4个间隔4棵树）我们一起来看一看，（结合线段图讲解）一个间隔跟着一棵树，刚好有几个间隔就有几棵树。如果现在有6个间隔有几棵树？7个间隔有几棵树？谁能发现间隔数和棵数的关系？（学生说完后师总结规律并板书：间隔数=棵数）

师：（出示只栽一端线段图）现在还是一个间隔跟着一棵树吗？图上是几个间隔？几棵树？谁能说说在两端都不栽时间隔数与棵数的关系？（生说，师板书：间隔数-1=棵数）

师：刚才我们探究了三种不同的栽法，它们有什么关系呢？

（四）开放练习，应用方法：

1. 师：其实植树问题并不只是与植树有关，生活中还有许多现象和植树问题很相似，我们一起来看一看。（幻灯片出示有间隔的图片）师：这些图片中的事物都存在着间隔，在数学上，我们把这类的问题统称为"植树问题"。（板书课题）

师：在生活中，常常要解决这样的植树问题，我们必须要先确定它是属于三种情况中的哪一种，我们一起来判断一下。出示练习一，选择下列问题所属类型：

类似植树问题：① 两端都栽；② 两端都不栽；③ 只栽一端。

（1）在一条全长 2 千米的街道两旁安装路灯，头尾都要安，每隔 50 米安一座。共需多少盏灯？

（2）5 路公共汽车从起点开出，行驶路线全长 12 千米，相邻两站的距离是 1 千米。一共有几个车站？

（3）希望小学两栋教学楼之间有一条 100 米长的小路，为了迎接六一节，学校计划在小路的一边插上彩旗，每隔 5 米插一面，一共需要几面彩旗？

2. 师：你们掌握了今天的知识了吗？能不能独立完成第三道题？希望小学两栋教学楼之间有一条 100 米长的小路，为了迎接六一节，学校计划在小路的一边插上彩旗，每隔 5 米插一面，一共需要几面彩旗？如果两边都要插，一共需要几面彩旗？

（五）课堂小结，课外延伸：

师：通过这节课的学习你有什么收获？

这节课我们学习了植树问题，发现了植树的规律，并能运用规律解决生活中的实际问题。其实植树问题里还有许多有趣的知识，需要同学们在以后的学习中去探索和发现。

第三编

小学数学教师队伍——我的努力

百年大计，教育为本；教育大计，教师为本。教师队伍建设党中央国务院高度重视，2018 年《中共中央　国务院关于全面深化新时代教师队伍建设改革的意见》下发后，各级党委和政府要将教师队伍建设列入督查督导工作重点内容，并将结果作为考核党政领导班子和有关领导干部综合考核评价、奖惩任免的重要参考，教师队伍建设效果明显，教师队伍素质得到了极大提升。

但是，小学教师队伍建设并不同高校教师，其不是通过人才引进、科研促教学等就能够建设起来的。校本培训，特别是名师引领是教师队伍建设的重要途径。笔者作为名师工作室主持人，有义务有责任担当起教师队伍建设的重任。

本篇探讨了如何打造金牌工作室，如何培养"问题导向"的、"好玩有趣"的、"有效教学"的、"善于数学实验"的小学数学教师，怎样提高小学数学教师的"信息化意识，小学数学教师怎样开展"有效开展课程德育"和名师工作室可持续发展等问题。

一、塑造工作室独特精神气质，打造金牌工作室

涪陵区黄红涛小学数学名师工作室自 2015 年 5 月 8 日成立，工作室的成立意味着什么？是荣誉？是待遇？还是标签？我认为，这些都不是设立名师工作室的初衷。

我把名师工作室看成团队合作的场所，是合力攻关、取长补短、建设教师队伍的新举措。对于培养对象来说，工作室是学习的课堂、展示的舞台，是跟高手过招的地方，也是攻坚克难的阵地。人常说"近朱者赤"，你比别人进步更快，是因为你有参加名师团队的优势。有名师的引领，手把手地指点，你虽不一定会走一些成长的捷径，但绝对可以少走很多弯路。因为你的工作有时会放在聚光灯下，所以你会更加检点自己；有时还会被放在显微镜下，这样更容易发现问题，对症下药，帮助你在实践中学会分析问题和解决问题。当你接受一项任务的时候，如果你驾轻就熟，正好是才能展示的机会；如果你稍感为难，正好可以得到锻炼，也利于自己向人求教。每当你完成一项任务的时候，你便会享受到成功的喜悦。因此，我提出了全体学员必须具有十二气：闲时多读书，博览凝才气；众前慎言行，低调养清气；交友重情义，慷慨有人气；困中善负重，忍辱蓄志气；处事宜平易，争添和气；对己讲原则，坚持守底气；淡泊且致远，修身立正气；居低少卑怯，坦然见骨气；卓而能合群，品高养浩气。舍我而其谁，争先显霸气；齐心共努力，协作振士气；勇上公开课，天高比勇气。

工作室成立后的两年中，工作室教师以广泛开展活动为载体，以拓宽视野为手段，以充实教师的学习生活为基础，开展了几十项有意义的活动。

（一）名师引领，理论提升，增加"教育家"底色

为了增加学员们"教育家"的底色，工作室先后开展了 12 次理

论提升讲座：

（1）2015 年 6 月 16 日，导师专题讲座"好玩有趣的数学"。

（2）2015 年 6 月 19 日，长江师范学院专家讲座"小学数学教师课堂礼仪"和重庆二十九中信息中心主任主讲的"匆匆那年，我们相遇'互联网+'"。

（3）2015 年 12 月 11 日，导师专题讲座"让小学数学好吃又有营养"。

（4）2016 年 2 月 26 日，导师专题讲座"孩子们需要什么样的数学课堂"。

（5）2016 年 4 月 12 日，涪陵区教科所专家专题讲座"关于计算教学的认识与思考"。

（6）2016 年 6 月 12 日，导师专题讲座"对小学数学'136 个性化学习课堂'的教学实践认识"。

（7）2016 年 9 月 6 日，导师专题讲座"'好玩有趣'的数学课堂的关键在读懂学生"。

（8）2016 年 9 月 7 日，导师专题讲座"'好玩有趣'的数学课堂的十五条评价标准"。

（9）2016 年 12 月 16 日，涪陵区教科所专家专题讲座"低效课堂的形成原因及改变对策"。

（10）2016 年 9 月 6 日，涪陵实验小学老师经验分享讲座"把握好玩有趣的数学课堂的四种表现美"。

（11）2016 年 9 月 7 日，涪陵区焦石中心校老师经验分享讲座"我的好玩有趣的数学课堂"。

（12）2016 年 9 月 8 日，涪陵城区第七小学老师经验分享讲座"计算是基础，运算是能力"。

（二）合作探索，送教下乡，展示团队成员独特的教学风格

（1）2015 年 12 月 11 日，工作室开展第二次研修活动，观看由

工作室学员陈红西执教的"三角形内角和"教学录像。

（2）2015年9月6日至9月8日，工作室组织全体成员开展了送教下乡活动。6日在马武中心校，由雷兆勇主讲"追寻快乐的生活数学课堂"专题讲座，陈红西上示范课"整数乘法"；导师黄红涛分享了"136"课堂教学模式的精要所在。7日在青羊中心校，由文娟主讲"小学生数学学习习惯的培养"专题讲座，童璞上示范课"四边形"，导师黄红涛就小组合作的有关问题与与会教师进行了深入的探讨。8日到新妙，由严波主讲"好玩有趣的数学"，彭丽上示范课"确定位置"，导师黄红涛就差生转化、幼小衔接等问题与大家分享了他的观点。

（3）2015年9月18日，工作室室委会在涪陵城七校兴涪校区召开教研活动筹备会，总结送教下乡工作，同时就9月底到十四小、10月份进行"同课同构"、11月开展微课制作、12月做好迎检准备进行工作部署。

（4）2015年10月10日，工作室室委会召开"同课同构"研修活动筹备会。会上确定了研修课题为"角的认识"，主要采取先分别备课再集中同构的形式，集中全体学员的智慧，完成一篇共性教案，然后由四名学员分别前往凉塘小学、焦石中心小学送教。

（5）2015年10月15日，工作室召集全体学员举行"同课同构"磨课活动。在导师黄红涛的带领下，就"角的认识"一课进行深入研讨，形成了一篇共性教案。

（6）2015年12月11日，工作室全体成员前往凉塘小学开展送课活动。由王靖、严波以"角的认识"为题上了两堂示范课，江东教管中心的部分数学老师出席了本次活动。

（7）2016年6月12日，涪陵区黄红涛名师工作室全体成员在导师黄红涛的带领下，赶赴清溪镇土地坡九年制学校，与清溪教管中心部分数学老师一道开展教学研讨活动。

上午，工作室严波、冉艳、陈红西三位学员分别执教了二年级下册"推理"，五年级下册"图形的旋转"，四年级下册"平均数"。三位学员展示了自己独特的教学风格，充分体现了工作室"好玩有趣的数学课堂"的教育理念，在城七校"136"课堂教学模式的指引下，让学生学得快乐，学得有趣、学有所得、意犹未尽。

导师黄红涛进行了具体指导，强调每一名学员要力争形成自己的教学风格，要沉下心来，依循"136个性化课堂模式"进行深入研究。他鼓励学员们要大胆参与各级组织的教学比赛，在比赛中磨砺自己，形成自己的"格"。他对"136个性化学习课堂教学实践"进行了全面的剖析与阐释，使学员们茅塞顿开，大受裨益。

（8）2016年9月6日，工作室前往武陵山九年制学校开展了送教下乡活动。

九月的武陵山山清水秀，丹桂飘香，在孩子们的笑脸中，城七校张方兰老师上了展示课"可能性"。与会的老师们表示，张方兰老师是从武陵山走出去的，如今回哺大山，给师生们带来了精神的食粮，为大山的孩子走向都市搭建起了知识的桥梁。

（9）2016年9月7日，工作室前往大木九年制学校开展了送教下乡活动。

在五彩斑斓的大木九年制学校，工作室学员——来自涪陵区兴隆小学的李琳娜老师上了一堂优质示范课"数学广角——数字的搭配"，得到与会师生的好评。大木九年制学校邓红校长对工作室的工作给予了高度肯定，他希望工作室今后与大木小学加强联系，深化合作，推进学校教育教学工作健康发展。

（10）2016年9月8日，工作室前往龙潭中心校开展了送教下乡活动。

龙潭教管中心付主任、龙潭中心校曾校长高度重视本次教育周送教下乡活动，他们都亲临现场，聆听了涪陵区城七校瞿晶晶老师上的优质示范课"几分之一"。

教科所刘小英老师用"温暖、喜欢、陪伴"对本次活动进行了生动的总结。她说，我们要做一个能给予学生温暖的老师，学生喜欢的老师，陪伴学生一生的老师，要让学生随时能记起你的好。

（11）2016年12月16日，工作室在涪陵区第十四小学，与该校部分教师一道开展数学教学研修活动。

在涪陵区第十四小学修葺一新的多功能教室里，工作室学员和十四小的教师们共同经历了一次数学教学新理念的洗礼。城七校教师张方兰的研修示范课"植树问题"构思巧妙，朴实稳健，彰显实效，使与会学员感受了"好玩有趣"的操作法则和独特魅力。

（三）名师工作室效果凸显，促进了教师专业发展

（1）来自城七校的优秀学员陈红西执教的"解决问题（生活中的近似数）"荣获涪陵区2016年小学数学优质课竞赛（决赛）一等奖；在涪陵区小学数学课堂教学比赛城区片复赛中荣获一等奖，荣获城七校2015—2016年度"先进教师"称号。

（2）来自城七校的优秀学员严波荣获涪陵区教学模式改革数学赛课一等奖。

（3）来自天台中心校的优秀学员曹肖兵，2016年获得了涪陵区科技节三等奖、二等奖各一次；现场赛课江东教管中心一等奖、江东片区一等奖、荔枝片区二等奖、涪陵区二等奖各一次；被评为街道级"优秀班主任"；所上优课被评为省级优课。

（4）来自涪陵区特殊教育学校的优秀学员雷兆勇，2016年继续保持涪陵区"教学能手"称号，同时获得各级各类教学奖、演讲比赛、书法比赛奖项等共计十多项；所写论文荣获重庆市级评比二等奖两篇，三等奖一篇，在《涪陵教研》上发表一篇。

（5）来自兴隆中心校的优秀学员李琳娜执教的"平均数"荣获涪陵区2016年小学数学优质课竞赛马武赛区复赛一等奖；在"重庆好老师"演讲比赛中荣获马武片区一等奖；其论文获市级三等奖。

（6）来自焦石中心校的优秀学员陈以强荣获区级师德师风先进

个人；论文《如何培养学生的数学思维》荣获重庆市级基础教育论文比赛三等奖，指导的老师获 2016 年"办学模式改革"课堂教学竞赛活动白涛赛区一等奖。

（四）构建工作室活动研修模式，产生一批研究成果

涪陵区黄红涛小学数学名师工作室以"同课同构"为核心构建工作室活动研修模式，取得了丰硕的成果，学员们在研讨活动中看到了自己的不足，找到了自身的缺陷，明确了努力的方向。学员们通过研讨、集体备课、上课实验验证、再修改教案、再上课实践。把上课实践进行理论升华，形成理论成果，团队成员完成 36 篇小论文（见表 3.1）。

表 3.1　工作室教师论文基本信息

序号	单位	姓名	论文题目
1	涪陵城三校	张雪	《关于好玩有趣的小学数学教学的研究》
2	涪陵区百胜河场小学校	石权	《在有趣玩耍中培养学生的数学核心素养》
3	涪陵区城八校	张润	《浅谈如何让小学数学课堂变得好玩有趣》
4	涪陵区蔺市中心校	胡雪梅	《小学数学"好玩有趣"课堂教学的研究探讨》
5	涪陵区特殊教育学校	雷兆勇	《浅谈如何开展"好玩有趣"的培智数学线上教学》
6	涪陵区龙潭教管中心	袁鑫	《小学数学好玩有趣活动化课堂教学研究》
7	涪陵区凉塘小学	何韵	《浅谈如何开展"好玩有趣"的线上数学教学》
8	涪陵区白涛街道中心小学校	闫晓芬	《探讨小学数学有趣有效课堂》

续表

序号	单位	姓名	论文题目
9	涪陵区李渡小学	刘吉灵	《小学数学课堂教学的研究探讨"数学好玩"》
10	涪陵区城七校	代义偲	《如何好玩有趣地学习小学教育中的估算》
11	涪陵区马武镇兴隆小学校	李琳娜	《赏识教育伴孩子自信成长》
12	涪陵区焦石中心校	陈以强	《如何培养学生的数学思维能力》
13	涪陵区实验小学	彭丽	《激活思维构建数学卓越课堂》
14	涪陵城区第七小学校	钟健	《计算是基础、运算是能力》
15	涪陵区新妙镇中心小学校	杨杰	《谈谈数学实验在小学数学课堂中的必要性》
16	涪陵区焦石中心校	陈以强	《我的好玩有趣的数学课堂》
17	涪陵区实验小学	彭丽	《信息技术与数学课堂教学整合的策略取向》
18	涪陵区特殊教育学校	雷兆勇	《待到山花烂漫时他在丛中笑》
19	涪陵城区第七小学校	雷玉威	《激情飞扬的"排列组合"》
20	涪陵区特殊教育学校	雷兆勇	《有教无类 因材施教 家校合作 共育桃李》
21	涪陵城区第七小学校	雷玉威	《美丽的轴对称图形》
22	涪陵区白涛街道山窝小学	刘静	《浅析小学数学课堂生活化教学》
23	涪陵城区第七小学校	冉艳	《刍议小学生数学思维能力的培养》
24	涪陵区大顺乡中心小学校	罗余静	《让孩子在快乐中学习数学》
25	涪陵城区第七小学校	钟健	《如何利用计算机多媒体帮助教学》
26	涪陵区凉塘小学	汤和平	《努力让学生感动》
27	涪陵区清溪土地坡九年制学校	王靖	《浅议如何提高小学数学课堂教学效率》
28	涪陵城区第七小学校	雷玉威	《小学二年级数学高效课堂中的德育》

序号	单位	姓名	论文题目
29	涪陵区特殊教育学校	雷兆勇	《浅谈特殊教育学校的家校共育问题》
30	涪陵区武陵山乡九年制学校	龙梅	《浅谈新课改下小学一年级学生计算能力的培养》
31	涪陵城区第七小学校	屈晶晶	《用好教材情景图，提升学生数学素养》
32	涪陵区蔺市中心校	胡雪梅	《如何在小学数学教学中加强培养学生的审题能力》
33	涪陵区蔺市中心校	胡雪梅	《微信互动实践视角下的家校共育探讨》
34	涪陵区蔺市中心校	胡雪梅	《小学数学学困生解决应用题的障碍及对策探究》
35	涪陵区实验小学	彭丽	《课堂在"好玩有趣"中尽显卓越之美》
36	涪陵区实验小学	彭丽	《把握策略让课堂教学更高效》

在工作室里，笔者用说课来引导，坚持用"说"来表现成果。首先笔者向大家认真介绍什么是说课。

"说课"是一种新兴的教研形式，它是指教师在特定的场合，在精心备课的基础上，面对评委、同行或教研人员系统地口头表述自己对某节课（或某单元）的教学设计及其理论依据，然后由听者评议，说者答辩，达到相互交流、相互切磋，从而使教学设计不断趋于完善的一种教学研究形式。狭义的说课是指教师以口头表达的方式，以教育科学理论和教材为依据，针对某节课的具体特点，以教师为对象，在备课和上课之间进行的教学研究活动。

说课，是当今教学改革的新课题，是教学研究工作的新形式，说课活动的开展，引起了广大领导和教师的广泛重视与关注，为教学研究工作注入了新的生机与活力。近几年各校的年轻教师越来越多，学校领导非常重视新教师的培养工作。刚刚走上工作岗位的新教师，常常摸不透"说课"时应该"说"什么，怎么"说"。而由于说课是有一定的时间要求的，所以只见讲者心急如焚"超速行驶"，听者云里雾里都跟不上趟。这样的说课，是难以达到预期的效果和目的。

从培养教师、加强教师专业化发展的训练角度，我对说课做了如下分析。

1. 走出误区，从本质上理解"说课"

误区之一：说课就是复述教案。

说课稿与教案有一定的联系，但又有明显的区别，不应混为一谈。说课稿是在个人钻研教材的基础上写成的，说课稿不宜过长，时间应控制在 10～20 分钟之内；教案只说"怎样教"，而说课稿重点说清"为什么要这样教"。教案是教师备课这个复杂思维过程的总结，多是教学具体过程的罗列，是教师备课结果的记录，是教师进行课堂教学的操作性方案。它重在设定教师在教学中的具体内容和行为，即体现了"教什么""怎么教"。说课稿侧重于有针对性的理论指导的阐述，它虽也包括教案中的精华部分（说课稿的编写多以教案为蓝本，作为参考的第一手材料），但更重要的是要体现出执教者的教学思想、教学意图和理论依据，即思维内核。简单地说，说课稿不仅要精确地说出"教"与"学"的内容，而且更重要的是要从理论和实践的结合上具体阐述"我为什么要这样教"。教案是平面的、单向的，而说课是立体的、多维的。说课稿是教案的深化、扩展与完善。

误区之二：说课就是再现上课过程。

有些教师在说课过程中口若悬河、激动万分地给听者"上课"：讲解知识难点、分析教材、演示教具、介绍板书等，把讲给学生的东西照搬不误地拿来讲给下面就座的各位评委、同行们听。其实，如果他们准备的内容和课程安排面对的是学生，可能会是一节很成功的示范课。但说课绝不是上课，二者在对象、要求、评价标准以及场合上具有实质性的区别，不能等同对待。

说课是"说"教师的教学思路轨迹，"说"教学方案是如何设计出来的，设计的优胜之处在哪里，设计的依据是什么，预定要达到怎样的教学目标，这好比一项工程的可行性报告，而不是施工工程的本身。由此可见，说课是介于备课和上课之间的一种教学研究活动，对于备课是一种深化和检验，能使备课理性化，对于上课是一种更为严密的科学准备。

误区之三：说教学方法太过笼统，说学习方法有失规范。

"教学设计和学法指导"是说课过程中不可缺少的一个环节，有些教师在这环节中多一言以蔽之：我运用了启发式、直观式等教学法，学生运用自主探究法、合作讨论法等。至于教师如何启发学生，怎样操作，却不见了下文。甚至有的教师把"学法指导"误解为：解答学生疑问、学生习惯养成、简单的技能训练。

误区之四："一穷二白"，说课过程没有任何的辅助材料和手段。

有的教师在说课过程中，既无说课文字稿，也没有运用任何的辅助手段。有的教师明明说自己动手设计了多媒体课件来辅助教学，但在说课过程中，始终不见"庐山真面目"，让听者不禁怀疑其真实性。所以，说课教师在说课过程中可以运用一定的辅助手段：如多媒体课件的制作、实物投影仪、说课文字稿等，在有限的时间里向同行及评委们说清楚课，说好课。

2."说课"的基本内容

数学说课是数学教师间的业务交流，其根本宗旨是追求数学课的优化。备好课是说课的前提，而说课必须站在理论的高度对备课做出科学的分析和理解，从而证明自己的备课是有序的而不是盲目的，是理性的而不是感性的。数学说课，要向同行说什么？我认为数学说课内容，主要有以下四个方面：

（1）说教材。

说课，首先教者要说明自己对教材的理解，因为对教材理解透彻，才能制定出较完满的教学方案。说教材包括三个方面内容：

第一，教材简析。任何一门课程的教材，从其知识内容到编排形式，都会构成一个系统。要说出对教材的整体把握，就需要明确本课题或章节内容在整个学段、一个学年的教材系统中所处的位置及其作用。只有明确了这一点，才能在教学中重视前后知识的内在联系，准确地认定教材的重点和难点，从而提高课堂教学效率。

第二，提出本课时的具体明确的教学目标。教学目标是课时备课中所规划的课时结束时要实现的教学结果。课时目标越明确、越具体，反映教者的备课认识越充分，教法的设计安排越合理。说课中要注意避免千篇一律地提出"通过教学，使学生能正确计算××习题"一类的套话，要从识记、理解、掌握、应用四个层次上分析教学目标。课时目标制定中还要提出思维能力和非智力因素方面的培养目标，包括思想品德教育渗透和兴趣、习惯培养目标。确立教学目标的依据，一是教学大纲的规定，二是单元章节的要求，三是课时教学的任务，四是教学对象的实际。要把这四点结合在一起通盘考虑，再来确定教学的起点和终点，从而明确提出本课时的具体教学目标。

第三，分析教材的编写思路、结构特点以及重点、难点、关键。说清楚本课教学内容包含哪些知识点，教例是如何展示教学内容的，教材叙述语言与例题怎么搭配，按什么顺序展开的例题与习题的分布类型，其中的重点、难点内容是什么。

此外，在以上"说教材"的常规内容基础上，我们可以增添教师的个人思维亮点。例如对教材内容的重新组合、调整以及对教材另类处理的设计思路。

（2）说教法。

主要说明"教什么"的问题和"为什么要教这些"的道理，即在个人钻研教材的基础上，说清本节课的教学内容的主要特点、它在整个教材中的位置、作用和前后联系，并说出教者是如何根据大纲和教材内容的要求确定本节课的教学目的、目标、重点、难点和关键的。例如，为完成教学任务所采用的课堂教学模式及其理论依据；为突出重点和突破难点采用的手段和理由；为处理某个习题所采取的策略和措施；等等。选择何种教学方法，关键在于教师对教材特点和学生认知规律的把握，但无论采用什么样的方法，都要始终贯彻"具有启发性""突出主体性""注重思维性别"的原则。因此，说课者要从实际出发，选择恰当的教学方法。而且，随着教学改革的不断深入，还要创造性地运用新的教学方法。

（3）说学法。

说学法不能停留在介绍学习方法这一层面上，要把主要精力放在解说如何实施学法指导上。主要说明学生要"怎样学"和"为什么这样学"的道理。要讲清教者是如何激发学生学习兴趣、调动学生积极思维、强化学生主动意识的；还要讲出教者是怎样根据年级特点和学生的年龄、心理特征，运用哪些学习规律指导学生进行学习的。特别在当今的新课程改革中，倡导以"主动参与，乐于探究，交流与合作"为主要特征的学习方式，是本次新课程改革的重中之重，这也将成为我们所有教师教学中的"指挥棒"。要说好学法，首先必须深入研究学生，处理好课堂教学中的师生关系，重新摆正师生的位置。要改变陈旧的师者在讲台上滔滔不绝、面部表情呆板、"我讲你听"，学者在下面正襟危坐、目不斜视的"你问我答"的教学模式。其次，要注意对某方法指导过程的阐述，如教师是通过怎样的情景设计，学生在怎样的活动中，养成哪些良好的学习习惯，领悟出何种科学的学习方法，即不但让学生"学会"，还要让学生"会学""乐学"。

（4）说教学程序。

教学程序的基本内涵是课堂结构，从教师的整个说课过程来说，应该是精华、高潮所在。说教学过程是说课的重点部分，因为通过对这一过程的分析才能看到说课者独具匠心的教学安排，它反映着教师的教学思想、教学个性与风格，也只有通过对教学过程设计的阐述，才能看到其教学安排是否合理、科学，是否具有艺术性。通常，教学过程要说清楚下面几个问题。

教学思路与教学环节安排。说课者要把自己对教材的理解和处理，针对学生实际，借助哪些教学手段来组织教学的基本教学思想说明白。说教学程序要把教学过程所设计的基本环节说清楚。但具体内容只需概括介绍，只要听讲人能听清楚"教的是什么""怎样教的"就行了，不能按教案像给学生上课那样讲。另外注意一点是，在介绍教学过程时不仅要讲教学内容的安排，还要讲清"为什么这样教"的理论依据（包括大纲依据、课程标准依据、教学法依据、教育学和心理学依据等）。

说明教与学的双边活动安排。这里说明怎样运用现代教学思想指导教学，怎样体现教师的主导作用和学生的主体活动和谐统一，教法与学法和谐统一，知识传授与智能开发的和谐统一，德育与智育的和谐统一。

说明重点与难点的处理。要说明在教学过程中，怎样突出重点和解决难点，解决难点运用什么方法。

说明采用哪些教学手段辅助教学。什么时候、什么地方用，这样做的道理是什么？

说清楚课题的板书设计和设计意图。

说教学程序，还要注意运用概括和转述的语言，不必直接照搬教案，要尽可能少用课堂内师生的原话，以便压缩实录篇幅。

3. 说课的方法和技巧

说"准"教材；说"明"教法；说"会"学法；说"清"教学意图；说"清"练习层次。

4. 说课的基本原则

（1）说理精辟，突出理论性。

说课不是宣讲教案，不是浓缩课堂教学过程。说课的核心在于说理，在于说清"为什么这样教"。因为没有在理论指导下的教学实践，只知道做什么，不了解为什么这样做，永远是经验型的教学，只能是高耗低效的。因此，执教者必须认真学习教育教学理论，主动接受教育教学改革的新信息、新成果，并应用到课堂教学之中。

（2）客观再现，具有可操作性。

说课的内容必须客观真实，科学合理，不能故弄玄虚，故作艰深，生搬硬套一些教育教学理论的专业术语。要真实地反映自己是怎样做的，为什么这样做。哪怕是并非科学、完整的做法和想法，也要如实地说出来。引起听者的思考，通过相互切磋，形成共识，进而完善说者的教学设计。

说课是为课堂教学实践服务的，说课中的一招一式、每一环节都应具有可操作性，如果说课仅仅是为说而说，不能在实际的教学中落实，那就是纸上谈兵、夸夸其谈的"花架子"，使说课流于形式。

（3）不拘形式，富有灵活性。

说课可以针对某一节课的内容进行，也可以围绕某一单元、某一章节展开；可以同时说出目标的确定、教法的选择、学法的指导、进行程序的全部内容，也可只说其中的一项内容，还可只说某一概念是如何引出的，或某一规律是如何得出的，或某个演示实验是如何设计的，等等。要做到说主不说次，说大不说小，说精不说粗，说难不说易；要坚持以后有话则长、无话则短、不拘形式的原则，防止囿于成规的教条式的倾向。同时，在说课中要体现教学设计的特色，展示自己的教学特长。

二、培养"问题导向"的小学数学教师

在工作室里，我坚持问题导向，开展教学研讨，有意识培养"问

题导向"的小学数学教师。

小学阶段是学生数学启蒙的关键时期，教师除了要让学生有效解答问题之外，还要有意识地培养小学生主动发现问题的意识。小学阶段学生的思维带有一定的发散性，依托问题意识的培养，需要教师有效干预，培养小学生敢想、敢问、善思、乐问的良好问题意识，推动学生数学思维不断发展。[①]在小学数学教学中培养学生的问题意识对提高学生的学习主动性与有效性有积极意义，与素质教育及新课改提出的培养学生良好学习习惯，提高学生主体地位等要求相契合。但受教师滞后教学理念与固化教学方式等因素影响，学生数学问题意识培养的效果不尽理想。需要加强实践经验总结，在教学思想与手段等方面加强创新，以尽快实现三维教学目标，推动小学数学教学改革。[②]问题意识是带动学生主动探索、认真思考的一种动力。教师教学的过程就是师生互动的过程，在此过程中教师应注重引导学生不断发现问题，并学会分析问题和解决问题，逐步理解和掌握所学知识。在进行小学数学教学时，为了使学生的主体地位得到充分的体现，使学生能够积极主动地参与到数学学习活动中，教师要注重培养学生的问题意识。[③]

因此，我们开展了问题意识的教学改革与研究，学员们纷纷发表自己的观点。

张雪： 在学校里我们常常会见到这样的现象：课下学生生龙活虎、谈笑自如，课上鸦雀无声，任凭教师唾沫横飞地激情演说，下面学生仍旧无精打采昏昏欲睡，提问时更是垂头丧脑一片尴尬的死寂，即使教师使出浑身解数依旧无力解决。线下教学亦是如此，现

---

① 程兰萍. 小学生数学问题意识培养研究[J]. 数学学习与研究，2021（25）：91-92.
② 周昕予. 小学数学问题意识的培养研究[J]. 新课程，2021（34）：64.
③ 高娜. 小学数学教学重在培养学生问题意识[J]. 河南教育（教师教育），2021（8）：88-89.

在由于新冠肺炎疫情影响，有时线下教学改为线上教学，师生不再面对面而是各自面对"冰冷"的电脑，家长频频反映电脑前的孩子无精打采，那么这样的教学有"温度"吗？是什么原因让学习变得枯燥无味，又如何使线上、线下的教学变得好玩有趣呢？

作为促进学生全面发展教育的重要组成部分，数学教育既要使学生掌握现代生活和学习中所需要的数学知识与技能，又要发挥数学在培养人的理性思维和创新能力方面的不可替代的作用。就数学知识而言，它的特点是：高度的抽象性、严密的逻辑性、应用的广泛性。

这些数学知识内部的联系和规律就形成了数学知识的结构。小学生学习数学知识的特点是通过观察、感知、操作、思维等心理活动形成认知结构。要使学生在学习抽象的数学知识时有兴趣，就应该把抽象的数学知识形象化，把抽象的数学概念动态化，以激发学生的求知欲和学习兴趣，体会数学学科知识背后所隐藏的学科精神和文化底蕴，启发学生体验学科知识的魅力，在深入学习知识的同时感受数学的好玩有趣。

我认为，针对目前的教育情况，有以下几点值得注意：

（1）学生对教师的依赖性。

这就是指教师怎么说，学生就怎么做，即使在课堂中出现知识上的错误，学生不会发现，更不会对教师的话进行质疑，反而不论对错地人云亦云。此时的学生思维固化，缺乏独立思考能力，不会进行大胆的猜想质疑，去发现问题，提出对于问题的独特看法，并尝试独立地解决问题，整个思维呈现出封闭状态。线下教学中便存在这些问题，而线上教学由于师生之间无法面对面且学生的自控力低，学生很难集中精力，更别说有自己的思考。

（2）学生思维的单一性。

课堂上如果教师只讲解一种解题思路，那么学生便只会运用这一种方法，不能全面地从整体出发全方位、多角度地看待问题，使得思维片面、狭隘单一，缺乏辩证思维和立体思维。

（3）学生思维的无序性。

只要两个或者多个相关联的知识点没有放在同一时间进行学习，学生就无法将新旧知识联系在一起建立自己的系统知识结构。

（4）学生思维的表浅性。

学生对于知识的认识停留在知识本身，没有深度地学习。如果将知识稍加变化，学生就无法理解，更不能对知识进行举一反三。

因为玩是每个孩子的天性，只有兴趣才是最好的老师。所以我们需要根据学生爱玩的天性，打破固有的教学模式，将有趣的教学活动加入知识教学，营造轻松快乐的教学氛围，让学生爱上学习，才能使教学变得高效。

作为工作仅五年的年轻教师，在教学数学学科知识时我常常深感困惑：明明已经按照教材上的内容去认真讲解，可是学生的各方面反应却不尽如人意。时常出现我在上课时已经反复强调的重点知识而课后学生却不断地向我提问，且作业反馈的效果极差。比如在教学亿以内数的近似数时，课堂上我反复强调求近似数的方法叫作"四舍五入"法，我们是用"四舍五入"法来求近似数："精确到哪一位就把它的后一位进行四舍五入"。如此讲解我认为学生人人都应该轻松掌握。可是课后习题的反馈却是效果极差。我就认为可能是四舍五入法的方法学生没有烂熟于心，于是我让学生在规定时间内必须熟记，熟记后的作业反馈效果稍有好转，但还有部分学生仍处于完全不明白的状态，起初我认为是他们偷懒，于是找来学生让学生说出什么是"四舍五入"法，学生却背得非常准确，而我却更加迷惑，明明学生已经将知识点记下可是为什么不能正确解题？无奈我只能个别辅导，终于大部分学生能够正确解题，但个别学生从头到尾都不明白老师在讲什么。造成如此情况是我们常常忽略教学过程是理智与情感相交互的过程，学习不仅是教师的教授和学生的经验、思维参与的学习，同时也是学生情感参与的学习，其中最重要的是学生的真实情感。要尊重学生的真实情感，只有表现真实情感才能实现真实的学习。当然，学生真实情感的实现需要教师做到以下几点：

（1）了解学生。

学生是教学的主体，教师只是教学的引导者。然而学生的自控力低，很容易分神，对新鲜事物好奇心强，所以教师可以利用学生的这些特点在教学时加入"新奇的元素"，比如有趣的教学游戏、好玩的教学情景和丰富幽默的教学语言，既拉近师生之间的距离，又能使学生在学习的同时感受快乐，从而爱上学习。

（2）深研教材。

关于教师对学科知识理解的不足，李松林教授从专业的角度对此做了归纳和分析："一是教师常常将知识的教学简单化地理解为符号形式的教学，而很少深入知识的逻辑根据、思维方法和深层意义的教学中去；二是教师常常将被狭义理解的'双基'作为教学内容的核心，而对蕴含于'双基'背后的基本经验、基本方法、基本思想和基本价值等更富有教育内涵的学科内容要么排除在外，要么一带而过；三是教师常常将教材中的概念性知识（主要是概念、原理等）作为教材知识的全部，而很少意识到知识不但包括事实性知识、概念性知识、方法性知识和价值性知识四种类型，还涉及经验、概念、方法和价值四个水平；四是教师常常对教材中所谓的重点、难点和要点加以特别的关注，而对学科基本结构的把握明显不够。正是教师在学科理解上的这些不足和教学内容的粗浅、零散状况，直接降低了课堂教学的品质和深度，导致了粗浅、零散、繁杂和空洞四大突出的课堂教学问题。"也就是说在进行教材的教学时，我们往往停留在知识的表面，甚至自己都没有理解到知识的深层含义就已经将知识教授给学生，造成师生都困惑、教师不能让学生信服的"尴尬"局面。使得教师教得累，学生学得更累。从而使学习成为与快乐无关的枯燥乏味的任务，学生则困于任务之中。以至于无论教多少遍对于教材的教学依旧枯燥死板，这种教学怎么可能有深度，学生怎么会对学习提起兴趣，觉得学习是好玩有趣的事情？对此，教师必须深研教材，让学生理解深刻，感悟透彻，体会学习的快乐。

胡雪梅：我围绕问题导向化教学汇报一下学习体会。

新版课程标准的颁发，为小学教学点亮了一盏明灯，教师们更加清楚以后教育的发展方向和教育的培育方向。问题化导向的小学数学教学模式，在枯燥的数学教学的过程中，加入了好玩有趣的课堂的教学方式，使教授知识的课堂变得越发贴近生活，贴近实际，培养学习者的应用意识。以实际问题引入课堂，采取问题串的方式，步步引导学习者思考实际问题，并引出课堂内容，最终以解决简单的实际问题为落脚点，检验课堂的学习成果，结束课堂内容。这种方式能够在学习课堂内容的同时，培养学习者解决实际生活中简单问题的能力。应用此种模式，有助于培养学习者的应用意识和探究意识。

在问题导向的课程教学之前，教师在设计教学过程时，需要充分考虑学习者的学习情况、学习者的身边认知常识，将这两者与课堂内容相结合，找到三者的结合点设置问题情景。使得设置的课堂问题既符合学习者的认知水平，又符合课堂内容的要求，帮助学习者更好地理解课堂内容，培养学习者的关联实际生活的能力，加深学习者对于课堂数学问题的理解与应用。

在教学模式步骤设置和实施过程中，要记住"以学习者为中心"的原则，"为了学习者的一切，一切为了学习者，为了一切学习者"，开展教学活动，培养学习者的各项能力。首先，要进行教学内容和学习者认知能力的分析，认真、系统地分析学生学习情况，进而调节课堂课程内容的设计和实施。其次，设计教学问题。采用问题串的方式，问题串中的问题不要太多，四到五个即可，问题太多容易使学习者产生疲倦心理，厌恶学习。问题串中的问题太少，问题跳跃，学习者不容易接受，会导致问题串的设计失败。这种教学模式，最重要的是设计好问题串，问题串不仅要符合学习者的认知发展水平，还应该联系生活实际，并与课堂内容建构联系。例如，在教授孩子们"数字 1、2、3"的时候，可以采用人类发展史对于简单的"数字认识"历史的讲述，提出"为什么人们需要数字""遇到数字问题怎么办""人和人之间如何交流数字"等问题串进行课堂教学，从而达到"好玩有趣"的小学数学课堂教学。

自主探究式教学模式分为"创造情境、引导参与""合作探究、组内交流""分步训练、消化知识""深化训练、拓展应用"四个步骤。这个模式能够培养学习者的自主学习能力，提高师者的教学水平，能够让学习者在活动中学习主动地发现问题，并且能够自主地解决。但是此模式弊端较大，不太适合小学一、二年级的学习者，需要教师在实施的过程中，注意问题情景的设计，联系小学学习者学习情况和思维发展的实际情况，并且因地制宜，给予合适、适当的引导和辅助，帮助学习者更好地达成以"核心素养"为导向的教学目标，形成"好玩有趣"的活动化课程模式。

在课程的实施过程中，要看重数感、符号意识、空间观念等的培养，培养学习者的探究意识，进行创新、推理等能力的锻炼，打下良好的知识基础，并为以后的学习奠定能力基础，帮助小学学习者快速地、健康地成长。首先，我们可以采取将数实体化的方式。用实物将数字体现出来，并且用实体之间的加减过程体现数和数之间的加减。通过这样的措施，可以帮助学习者培养数感，打下学习者学习数学的知识基础。其次，我们也可以采用联系身边事物的方式，带领学习者在生活中培养数感，并将数感应用于生活，培养学习者的应用意识。再次，我们也可以采用问题引导的方式，激发学习者的数感兴趣，进而促进学习者"好玩有趣"地学习小学数学。应用此种模式，在培养数感的同时，也可以进行符号意识、创新能力等的训练。

袁鑫：活动化课堂教学是小学数学教学活动中一种高效的教育

方式，其在一定程度上让学生起到了主体功能，充分发掘孩子们的数学思维能力，促进孩子们在课堂活动中有效地参与。为了提高小学数学课堂的乐趣，数学老师应该把数学理论融入游戏活动里，让抽象的数学知识生动、具体起来，让学生容易理解。结合学生的具体心理需求，选取恰当的游戏方式，有效地提高数学课堂游戏活动的趣味性与孩子们的接受能力。当数学理论贯穿到游戏过程中，它可以在提升孩子们学习主动性的前提下，逐步激发孩子们的学习热情，进而有效地提高小学数学课堂教育效果。数学老师在设计游戏时，需要注重知识之间的逻辑性，继而给小孩子构建比较清晰的逻辑体系。

举例来说，"认识立体图形"一节，它是学习几何图形的前提，对于孩子们以后学习立体几何理论有很大的影响，并直接影响到孩子的平面想象能力。所以，教授这节课前，数学老师要充分发挥孩子们的动手操作能力，不但让孩子们认识平面图形，还让孩子们使用教学道具，比如小木棒、塑料管等，来摆出许许多多的图形。一般来说，小孩子摆出的图形大部分是平面图形，然后，老师使用多个木棒或塑料管创建一些立体图形，并且让孩子们认真观察，再让孩子们通过他们的想象，设计出不一样的几何形状。这种教育方式，不但可以提高数学课堂的乐趣，而且培养了小孩子的发散性思维能力。另外，在小学阶段数学课堂教学过程中，引入游戏教育方式的目的是激发孩子们学习数学知识的兴趣，让孩子们一心投入到数学学习中。就是对学习的数学理论感觉比较难时，孩子们也会满怀激情地探讨如何解决问题，想尽办法完成任务。老师需逐步加深游戏难度，使孩子们不可以直接找到答案，需要他们开展逐步思考和动手实践，才可以找到解决的办法。在这些游戏活动中，应逐步扩大孩子们的思维，提升孩子们的思维能力。

老师要用生动有趣的语言，构建融洽的课堂气氛。

数学老师应用趣味性的语言来吸引学生的注意力。据调研显示，老师在小学数学课堂教学过程中，应用风趣幽默的语言进行教学，更能提高学生对老师的好感与喜爱，在提升数学教学效率的前提下，提高学生对学习数学知识的积极性。当数学老师用趣味性的话语来进行教学时，老师一定要根据学生的实际情况，避开学生不好理解的词语。

比如，在学习个位数的加法和减法时，老师能够利用计算小兔子的个数来开展教学活动，通过讲故事来提高语言的趣味性：兔妈妈领四只兔宝宝到外边玩，过一会儿，猛然发现有两个兔宝宝不见了，兔妈妈很着急，停一会儿，其中一个兔宝宝回到了妈妈身边，你知道兔妈妈身边现在有多少只兔宝宝吗？老师用幽默的语言来叙述，学生更能够参与教学活动中，并激发强烈的学习兴趣。

刘吉灵：我由"数学好玩"想到了学生为什么会喜欢"科学"这门学科，其实学科在某些方面的教学理念及方法是相通的。"数学好玩"不要停留在"玩"上，而是以"玩"来发酵。"数学好玩"之路看起来简单，做起来难，我真心地希望我们老师能玩在点子上，玩出点名堂。真正让"数学好玩"之路越走越远。我就以五年级长方体、正方体、圆柱、圆锥等几何教学为例，学生大多喜欢，教师讲课也爱选择，为什么？直观、形象、有趣，学生在学完基本知识后，可以创造性地利用教材、利用课堂，真正在课堂上亲自糊一个纸盒、做个圆柱等。不要总是把精彩留在课后，课后能真正面向全体吗？多年的教学经验得出，只有少数学生能自觉完成，大多忙于写书面作业，真正留给学生探索的时间太少。当我根据农村特色，让学生用南瓜、方瓜、黄瓜、土豆和牙签等常用的材料带到课堂中，搭成长方体或正方体框架后，他们的棱长、特点自现，根本不要教师讲解，学生自然能识记。总之，我想到了陶行知先生的教学思想，解放孩子们的手和脚，解放孩子们的头脑。要把学具操作纳入课堂，让学生在操作中观察，在操作中思考，在操作中内化所学知识。瑞士心理学家皮亚杰认为，智慧自动作发端，活动是连接主、客体的桥梁。所以在教学过程中应让学生去动手、动脑探索外物。在课堂中，教师应当有计划地组织学生进行实验方案、操作、实验和练习等活动，使他们用不同的感官接收信息，再经过智力活动的整理加工，达到掌握知识的目的。

李琳娜：赏识教育是什么？

赏识教育，是世界著名的六种教育方法之一。赏识教育，源于父母教孩子"学说话、学走路"成功率百分之百的教育现象，是这个教育过程中的"承认差异、允许失败、无限热爱"等奥秘的总结，是周弘老师首倡并全身心倡导、推广的一种全新的教育理念，它与人民教育家陶行知教育思想是一脉相通的。周弘老师曾用这种教育方法将双耳全聋的女儿周婷婷培养成了留美博士生，并用这种理念培养了一大批"周婷婷"，被新闻媒体称为"周婷婷现象"。记得第一次接任班主任，我很激动也很紧张。总觉得一年级的孩子小，管理应该不成问题。走进教室之前，我想好了要给孩子们一个下马威，要树立自己的威信，随便找个理由在教室里大发雷霆，让孩子们怕我，只要怕我就不敢调皮。走进教室，里面坐着55位可爱又天真的孩子，他们一点也不乖巧，虽然才第一天上小学，可是他们像跳出圈的小鹿，在教室里打闹，兴奋不已。我突然语塞，一时之间忘记了课前准备的话语。我大声地制止他们，让他们归位，费了好大劲孩子们才乖巧地坐到了自己的位置。也许是出于对老师的好奇，他们很乖巧。我点名，做自我介绍，然后一一讲出我的班级规章制度，第一天很轻松地过去了。第二天，第三天，我发现孩子们根本没有上小学的意识，他们上课坐不住，老师提出一个问题后也不会举手，大家就东一句西一句地回答着我的问题。我进行常规教育，我大声地制止着他们"不听话"的行为。一周过去了，我的嗓子哑了，几乎不能大声说话，我的课堂上孩子们就像赶集一样，批评他们根本不管用。我一度质疑自己不能胜任班主任工作。回到家后，我反思自己的所作所为，更向有经验的老师请教。两周后，我转变了自己的管理方式。课堂上，我不再大声吼。我对全班孩子说："今天，李老师发现一个小秘密，那就是我们一年级一班的孩子比别班的孩子都听话，坐姿坐得更漂亮。小竹子，你的坐姿最漂亮，老师真喜欢。"其他孩子听到我的表扬，不由自主地把腰挺得直直的。课堂上，我一提问，还是有很多孩子不举手便开始回答。我说："李老师要请小手举得最直的孩子回答问题。"突然我便发现课桌上多了好多小小手，我暗自高兴。这一节课我上得很愉快，孩子们学得也很愉快。之后，我便发现孩子们喜欢听我的表扬，喜欢听赞许和赏识的话。接着，我上网学习剪纸，剪出漂亮的图案。只要表现好的孩子我就奖励剪的小礼物，发现调皮的孩子我便表扬其他的孩子刺激他。我说："我发现×××表现得真好。"而别的孩子想得到我的表扬和小礼物就会在老师面前表现自己。我又在班上设立评比栏，给表现好的孩子贴上星，让孩子们产生竞争意识。就这样，半个学期过去了，我们班的孩子上课不再像赶集，排队不讲小话，学习风气也好了。

人人都渴望得到赞赏，赞赏不仅能增强人的自信和勇气，而且还能够获得追求自我完美的力量和追求人格升华的激情。学生从教师的赏识中，可以体味到爱的力量，可以感受到集体对他的评价和对他的期望，认识到自身存在的价值，进而产生一种自豪感和自强不息的精神，这是学生成长的动力。

彭丽："疑是思之始，学之端。于不疑处有疑，方是进矣。"数学课堂首先就是为解决一个个疑问而创建。在充满疑惑的情境中，学生思维更主动，探索更积极。

首先，根据疑问和思维方向设计提问，是老师首先应关注的技巧。把握课堂教学中探索的目标和方向。老师希望学生的思维是向什么方向发展？设计提问时便做到准确有效。例如教学"用字母表示数"一课时，对教材例 1 的教学中，学生共同分析出小红年龄增长，爸爸的年龄随着增长，但他们年龄的相差数始终不变，师："你能用一个的式子简明表示出小红和爸爸任意一年的年龄关系吗？"

这一提问告诉了孩子思维的方向——一个式子，而且简明地表示小红和爸爸任意一年的年龄。

其次，留白与充足的思考。问题的提出直接点燃了孩子思维的火花，开启学生的思维活动，促使学生积极探索。但理解与探索解决问题之法都是一个过程，需要充足的时间；孩子们的思维存在个体差异，快慢不同，灵敏度各异，也需老师给予充足的时间，而在孩子说出的想法欠妥时，老师不急着否定，根据情况适当留白，会引导孩子进一步地据疑思考。在"用字母表示数"教学中，老师提出了"你能用一个的式子简明表示出小红和爸爸任意一年的年龄关系吗？"给予学生充分的思考后，有学生举手展示了自己的答案："小红的年龄+30=爸爸的年龄"。老师一听，并非心中期待的答案，但老师没有急着说出这位学生所写式子的不足，而是保持沉默和期待的眼神，给课堂适当留白，这时，另有学生举手说话了："我认为他这个式子能表示爸爸与小红的年龄关系，但是却不简明，因为文字太长。"老师的期待得到了回馈，"孩子，你明白他提出的建议了吗？"学生点了点头，老师接着问："谁有更简明的式子吗？"又有学生举手了……可见充足的思考、适当的留白是很有必要的。

最后，关注学生对问题的表征，适时提高表征能力。

表征是个体对问题解决的中心环节。老师提出的问题有长度，可能造成学生思维时对问题表征的困难。因此，老师可通过问题的具体化，或换一种问法，来帮助学生对问题的表征。接上面的第一部分，师："你能用一个的式子简明表示出小红和爸爸任意一年的年龄关系吗？"尽管思维方向明确，但是实际课堂中，一部分学生还是没有尽快地明确所要写的是什么，怎么写。所以老师及时地换了一种问法，"请设计一个式子表示爸爸的年龄，同时也能看出小红年龄和爸爸年龄之间的关系。"这样就更贴近学生的最近理解区了。在平时的课堂中，教师应向学生展示如何表征问题，让学生学会如何从问题情境中准确理解问题的本质特征，进而确定问题的算法。包括：问题需要解决什么？有哪些信息是可利用的？可能还缺哪些信息？所缺问题是否可能通过问题情境中的其他条件来获得？有哪些开放性的条件可以利用？等等。

设疑开启了学生的思维，而时间与留白让学生思维进一步深化，在数学课堂中，这都意味着学生投入了积极思维和探索的过程。数学课堂就是一个思维场，个体思维在竞合中得到进一步的训练和发展，个体思维的知识与方法也在竞合中得到辨析与明确。"思维竞合"就是一个激活思维的过程。

首先，在认知冲突中实现个体思维的竞合。教师有意设置活动情境中的认知冲突，让个体在矛盾冲突中进行思维的竞合，拓展个体思维广阔性和开放性。在"用字母表示数"教学中，老师设计了这样的环节：师："小红 10 岁时，爸爸多少岁？"

生："（10+30）岁"。

师："小红 12 岁时，爸爸多少岁？"

"（12+30）岁"

师："小红 18 岁时，爸爸多少岁？"

"（18+30）岁"

"这样写下去，你受得了吗？受不了就想办法，受得了就继续写。"

此过程中，学生个体在写与不写时内心产生了矛盾冲突，原来顺向的思维发展受阻，得用新的思维活动来解决问题，两种思维产生了竞争，但是，用于解决矛盾的新的思维又是以原来的思维作为前提和基础去延续，两种思维又只有"合作"，一起为解决问题服务。

其次，在交流与表达中实现竞合辨思。学生在课堂活动中，交流与表达更自由，思维的活跃度更高。在"用字母表示数"教学中，教师让孩子们四人为小组交流自己所写的能表示爸爸与小红的年龄关系的式子，然后在全班汇报交流，孩子们先后主要展示了四种表示的式子："小红的年龄+30=爸爸的年龄"，"A 小红，B 爸爸"，"a+30=b"，"（x+30）"。孩子们再次交流，针对四种答案进行比对，表达自己的看法，结合问题进行辨析，最后得出最理想的答案"（x+30）岁"。孩子的思维是独特的，在交流中，孩子的思维不断选择、辨析、整合，并用语言表达思维的过程，发展的不仅仅思维是敏捷性，还有孩子的语言能力。

"竞合辨思"，通过竞争与合作，多种思维碰撞，多种思维结果得到取舍，这又形成了新的思维过程。这正是数学课堂坚实的思维力量所在，而课堂本身也在交流中不断超越，诠释着追求高效课堂的卓越之美。

刘静：学起源于问，问题是创新的基础。从学生已有的知识经验和生活实际出发，创设生活化的问题情境，引导学生在学习活动过程中发现问题、提出问题，有利于激活思维，培养学生的问题意识。

例如：教学"20以内退位减法时"，我从小朋友参加游园活动碰到的各种计算问题引入，根据学生的生活经验和已有的进位加法的知识，引导他们去探索，理解退位减法的计算方法。为了让学生客观地了解现实生活中的数学，感受数学与日常生活的密切联系，在认识人民币后，我组织学生进行买玩具的活动，学生在活动中思维特别活跃。这样教学既激发了学生的学习兴趣，使学生获得愉悦的学习体验，又符合儿童的认知特点，同时教师的参与又拉近了与学生的距离。

数学学习过程充满着观察、实践、模拟等探索性与挑战性活动。为避免学生产生为难心里，必须做好数学教学科学性和生活性的有机结合，把探索过程生活化。例如在进行圆的周长教学时是这样设计的：首先，复习迁移，激疑导入。出示正方形、长方形、圆形三种图形卡片，让学生说一说它们的周长计算方法并思考：圆周长指什么怎么测量。其次，小组合作动手操作，各小组拿出预先准备好的铁环，用不同的方法测量出铁环的周长。方法一：用线绕铁环一周，再拉直量出它的长度。得到铁环的周长。方法二：把铁环沿着展开的卷尺滚动一周，直接测出它的周长。方法三：沿直线滚动铁环，测出它走过的长度，除以它滚动的圈数。计算出它的周长。通过这几种测量结果对比，得出一个比较准确的周长数据，猜想圆的周长与什么有关，最后讨论总结出圆的周长计算公式，并进行试验检验，巩固提高。这样，通过亲身经历数学知识的形成过程，使学生感受到数学知识并不是深不可测的，不仅培养了他们对数学的兴趣，而且增强了他们学好数学的信心。

数学教学如能在集体的生活情境中加以演练，会有利于实实在在提高学生的能力，使学生发现数学就在身边，让学生认识生活中充满了数学，生活真有趣，数学真有趣。现实中遇到的实际问题常常是混杂着各类信息而综合显现的，我们可以将其引入课堂，让学生在接近实际情景的实践活动中去解决数学问题。如：在教学认识人民币时，可以模拟超市购物这一生活实践活动，让学生在活动中学习买卖东西，通过识别商品、看标价、付钱找钱等活动，使学生初步学会识别假币，懂得要爱护人民币和节约用钱的道理，从而也掌握一定的生活技能。又如在教学相遇问题时，教师可以带领学生在操场上模拟相向，同时同地反向、相遇、同地同向、追上等实践活动。让学生对相遇问题中常见的专用术语有了清晰的认识，理解和掌握算理，解法也就水到渠成了。这种模拟生活的实践活动，能使学生感到数学的优越性，体会到数学与社会的关系，懂得数学的真正价值，提高他们真正参与社会生活的能力。

通过解决生活问题使学生体验数学的价值。人们在日常生活中的行走、上下楼和拐弯实际是在进行平移、旋转的活动，从家到学校在经历位置的变化。当学生发现书本上所叙述的数学问题就是我们每天都在经历的事情，引导学生用数学思想、方法，去理解、分析、解决生活问题，会让学生感觉数学原来是那么简单而有趣，数学的作用这么大，人们的生活原来离不开数学。

冉艳：要培养学生的问题意识，教师就必须先有问题意识。每一位教师都有自己的特点和特长，同时自身也要发现一系列的问题。

教师要注意捕捉这些问题、发现这些问题、分析这些问题、解决这些问题，并逐渐积累、增强自己的问题意识，在此基础上培养学生的问题意识。

（1）营造气氛，让学生"敢问"。

教学中，营造一个民主、和谐、宽松的教学环境，消除学生的紧张感、压抑感和焦虑感，鼓励学生大胆提问。当学生提出了问题，无论问题是对是错，都应赢得老师的微笑与赞许。在平时的作业训练中，尤其是主观题，教师不要给学生现成的答案，应是师生共同讨论，多角度理解题意，这对培养学生的"善疑""敢问"意识起很大的帮助。

（2）激发兴趣，让学生"想问"。

"不激发学生的学习热情而想要硬塞的教师，不过是在锤打冰冷的铁。"美国学者贺拉斯曼的这句名言向我们昭示：必须改进教学方法，让学生产生兴趣、充满热情、积极主动地学习。

首先，设置问题情境。在课堂教学中，教师要根据教材特点和学生认知特点，恰到好处地运用各种手段，并不断创设既贴近教学内容，又贴近学生生活的常见情境，激发学习动机，诱发提问兴趣，调动学习积极性，发挥主体能动性。

其次，多给学生一些信任、鼓励和赞赏。教学中，教师应尊重学生的提问，正确对待学生的提问，鼓励学生标新立异。无论学生提得正确与否、简单与否、问题质量高低与否，教师都应给予热情的鼓励和真诚的表扬，让学生带着成功的愉悦更主动地参与学习和思考。

（3）启发引导，让学生"会问"。

学生不会提问，是因为他们不知从哪入手，不知提什么样的问题。起始阶段，教师应注意通过示范提问，向学生展示发现问题的思维过程，使学生受到启示。教师要教给学生质疑的方法，让学生学会质疑，发现、寻求数学问题。如：

一位老师教学"数字编码"时，设计了这样一个场景启发引导学生：

师：学校为了便于对全校学生进行学籍管理，要给全校每个同学都编上号码，大家讨论一下，怎样编呢？

生1：每个班的学生都从1号开始依次排。

生2：这样我就是16号了。

生1：每个班都有16号怎么办？

生3：在号码前加上两个数字，分别表示这个同学所在的年级和班级。如：56表示五年级（6）班。

生4：怎样能区分男生、女生呢？

生3：在号码前添加一个数字：1表示男生，2表示女生。

师：就按我们刚才讨论的方案，请大家给全班同学都编上号。

学生自己提出问题，通过质疑、讨论、争辩，最后成功解决问题，这样使学生不但对问题有清楚的认识，而且保护了学生的积极性，还增强了学生的问题意识。

在学生较好地掌握了一般方法后，要注意引导学生离开原有思维轨道，从多方面思考问题，进行思维变通。当学生思维闭塞时，教师要善于帮助学生联系已有的知识和经验，做出转换、假设、化归、逆反等变通，产生多种解决问题的设想。

例如：一工程队修路，10天修了这条路的2/5，这样，这样剩下的路还需几天修完？学生一般都能根据题意作出（1-2/5）÷（2/5÷10）的习惯解答。此时，教师可作如下引导：

① 修完这路还需要多少天？算式：10÷2/5-10 或 10÷2/5×（1-2/5）。

② 已修的路程是剩下路程的几分之几？算式：2/5÷（1-2/5）。

③ 剩下路程是已修路程的几倍？算式：（1-2/5）÷2/5。

④ 能根据题中数量关系列出方程吗？

⑤ 能根据数量关系列出比例吗？

通过这些引导，能使学生自觉地从一个思维过程转换到另一个思维过程，逐步形成自由变通的能力，这对培养学生的发散思维是有极大帮助的。

在分析和解决问题的过程中，学生能提出新颖的想法和解法，这是思维创新的表现。我们应积极热情地鼓励学生别出心裁地思考问题，与众不同地质疑问题，独具匠心地解决问题，这样才能使学生思维从求异、变通向创新推进。

例：某化肥厂生产一批化肥，原计划每天生产 90 吨，10 天完成，实际只用了 9 天就全部完成了。实际每天比原计划多生产多少吨化肥？

常规列式：90×10÷9-90=10（吨）。即先求出总吨数，再求实际每天生产多少吨，最后求出实际每天比原计划多生产多少吨。

而有一个学生说："只需 90÷9 就行了"。他理由是："这一天的任务要在 9 天内完成所以要多做 10 吨。"从他的回答中，可以看出他的思路是跳跃的，省略了许多分析的步骤。他是这样想的：10 天任务 9 天完成，时间提前了 1 天，自然这一天的任务（90 吨）也必须分配在 9 天内完成，所以，同样 90÷9=10，就是实际每天比计划多做的吨数了。

龙梅：在从事一年级数学教学中，深刻体会到一个孩子计算能力不强，对这个孩子整体数学成绩会有非常大的影响，所以我在平时的教学中非常重视对学生计算能力的培养。那么如何培养孩子的计算能力呢？我认为应重点从以下几个方面进行训练：

（1）创设情境，理解算理。

低年级学生尤其是一年级学生以具体形象思维为主要形式，因此，教学时要特别注意创设情境，让学生通过对事物的感知来理解算理。

恰当地组织学生动手操作，通过摆一摆、想一想、算一算，从中揭示算理。为了让学生理解 20 以内不进位加法和不退位减法的算理，我让学生用小棒摆一摆。例如：算"15-3"，学生先摆 1 捆零 5

根，然后从 5 根里拿走 3 根，这样，就还剩下 1 捆零 2 根。为学生理解记忆算理建立了清晰的表象，也为学生正确计算打下了坚实的基础。

教学中尽可能地通过直观演示等手段化抽象为具体，明确算理，恰当地组织学生动手操作，通过摆一摆、想一想、算一算，从中揭示算理。例如：在教"9 加 3"的教学过程中，我们可以让学生通过与同桌讨论操作、教师课件演示来感知"凑十"的过程和方法，进而理解"凑十"的算理。出示有 10 格的盒子，其中已经装了 9 个乒乓球，盒子的外面有 3 个乒乓球。让学生通过观察，动手摆，知道为了能很快算清楚一共有多少个乒乓球，只要把盒子外面的 3 个乒乓球拿出 1 个放在盒子的空格里，凑成一整盒 10 个，盒子外面的乒乓球由于拿走 1 个，还剩下 2 个，即把 3 分为 1 和 2。进而说出 9 个和 1 个凑成 10 个，10 个再加上剩下的 2 个就是 12 个，接着列出下列算式：9+3=12。使学生充分感知"看大数，分小数，凑成十，再相加"的计算过程，进而理解"凑十"的算理。

在教学中恰当地运用旧知，通过类比，同化新知，完成知识的正迁移，十分有利于学生对新知的理解和认知结构的形成。例如，教学"两位数加一位数"（进位）就可以利用"两位数加一位数"（不退位）的口算方法。

（2）视听结合，切实加强口算的训练。

《义务教育数学课程标准（2011 年版）》明确指出："培养学生计算能力，要重视基本的口算训练。口算既是笔算、估算和简便运算的基础，也是计算能力的重要组成部分。要引导学生在理解的基础上掌握基本的口算方法，坚持经常练习，逐步达到熟练。"我觉得培养一年级学生的计算能力，首先要从口算能力着手。因此我在每堂课前都安排口算训练，结合教学内容和学生实际情况，利用 3 至 5 分钟时间，进行口算练习。视算和听算是口算训练的两种基本形式。视算是通过眼看、脑算、口说得数；而听算则要通过耳听、脑记，才能说出得数。在口算训练中我经常变换口算形式，将视算和听算相结合，交替使用，这样能提高学生的口算兴趣。口算的内容要有针对性。不同的课型，口算的内容不一样。新授前的练习，要发挥其启导功能。

口算不借助任何工具，只凭思维和语言进行计算，具有快速、灵活的特点，在日常生活及学习中有着极为广泛的应用，对发展学生的注意、记忆、思维能力均有直接的作用。口算能力的培养，重在平时，贵在坚持。在计算中，凡能用口算或部分能用口算的尽量用口算解决，这样有利于提高判断能力、训练反应速度，同时可以熟练和巩固口算方法，并进一步转化为技能。

（3）培养学生良好的计算习惯。

有的学生计算能力低，固然有概念不清，没有真正理解算理和熟练地掌握算法等原因，但没有养成良好的计算习惯也是重要原因之一：有的学生审题习惯差，往往只看了一半就动手去做；有的学生书写不规范，数字、运算符号写得潦草，抄错数和符号；有的没有检验的习惯，题目算完便了事。因此出现了同一次练习中，同样性质的题目，有的可能算对了，有的可能出错的现象。所以要想提高学生的计算能力，还要注重培养学生的计算习惯。

养成良好审题习惯。在教学中，我对学生提出严格的要求，要求他们计算时要认真而仔细。审题的方法是两看两思。即：先看一看整个算式，是由几部分组成的；想一想，按一般法则应如何计算；再看一看数据之间有没有特别的地方，想一想能不能用简便方法计算。学生按照这些方法去做，就能使计算有了初步的保证。

养成良好书写习惯。要求学生书写工整、格式正确、字迹端正、不潦草、不涂改，保持作业整齐美观。对书写认真、字迹清晰的学生进行表扬和全班展示，对书写不规范的学生，我便通过让他们去练字或者与同桌比比看等手段来尽可能地使他们的书写规范。

养成良好检验习惯。培养认真检查的习惯。检查时要耐心细致，逐一检查。一查数字符号，二查演算过程。概括为"一步一回头"的计算习惯，在计算时做一步回头检查一步。检查数字、符号抄写是不是正确，得数是否准确等，并要求孩子根据各种相应的计算法则耐心细致地计算，克服粗心大意的毛病。

俗话说"兴趣是最好的老师"。口算枯燥乏味，学生很容易产生厌倦情绪。因此在学习过程中，激发学生的口算兴趣是尤其重要的。根据低年级学生好动、好胜心强的这一心理特点，我在教学中采用多种形式对学生进行口算训练。例如：夺红旗、抢答、对口令，开火车、找朋友、邮递员、给小动物找家、摘苹果等游戏方式；就连比赛的方式也不尽相同：有小组比、男女生比、同桌比等。比赛的内容也不一样：如比速度、比正确率、比方法多样等。当然，对应的奖励机制也是必不可少的，如奖励小红旗、小花儿、笑脸印章等。这样多种形式的训练，不仅激发学生的学习兴趣，而且使每个学生都积极参与，这样才能收到事半功倍的效果。

三、培养"好玩有趣"的小学数学教师

依托课题研究，倡导好玩有趣的数学教学，培养"好玩有趣"的小学数学教师。

传统的数学教学让人们对数学学科形成了固化的认知，那就是抽象、枯燥、刻板，使人们对其缺乏学习的兴趣与激情。陈省身教授通过自己一生对数学的研究，以他自己的切身体验提出的"数学好玩"教学理念，对于人们学好数学、用好数学具有积极的意义。[1]

美国芝加哥大学心理学系伊恩·莱昂斯博士研究发现全世界大约每 5 个人就有一个数学恐惧症患者，可想而知数学恐惧症已经成为一种非常普遍的现象[2]。然而在 2002 年世界数学家大会上，91 岁

[1] 蔡亚轻. "数学好玩"理念在小学数学教学中的渗透[J]. 新教师，2018（11）：67-68.

[2] 邢春美. 好玩数学，玩好数学[J]. 时代教育，2018（12）：155.

高龄的著名数学家陈省身先生在会见孩子们时，用孩童般稚趣的语言为孩子们题词："数学好玩"，说明数学也可以是一门有趣令人好玩的学科。小学数学"好玩有趣"的活动化课堂是建立在快乐教育、赏识教育理论基础上的一种教学模式。学员们怎么认识这个问题的呢？

石权："好玩有趣"的数学教学活动，就是让孩子们经历形式多样、轻松愉悦、新颖有趣的"玩"，积极主动参与数学学习活动，在有趣玩耍中学习知识，发展能力；在有趣玩耍中达成教学效果，促进课堂的高效；在有趣玩耍中启迪智慧，体验成功，为终身学习奠基；在有趣玩耍中树立创新意识，激发创新思维，培养创造能力；在有趣玩耍中培养形成数学思想，让数学核心素养生根落地。

（1）创设情境，"玩"出兴趣。

笔者认为，兴趣是学生数学核心素养之核心，小学生更是如此。如何让孩子们对枯燥乏味的知识产生浓厚的学习兴趣，教学中我们应根据学生心理特点、已有的知识经验、教学内容创设一个学生感兴趣的游戏情境，激发学习兴趣、激活学习愿景，让学生积极主动沉浸其中，利用已有的知识、经验去探究、理解、发现、学习，激活思维，促进高效学习。《义务教育数学课程标准（2011 年版）》指出："数学教学，要紧密联系学生的生活实际，从学生的生活经验和已有知识出发，创设生动有趣的情境。"例如，在教学可能性一节时，一开始就和孩子们玩起翻扑克牌游戏，将四种花色的扑克牌打乱，让孩子们猜一猜随机翻出扑克牌花色可能出现的结果。课堂气氛一下就调动起来，孩子们七嘴八舌地猜起来……然后让孩子们每人随机翻一张牌，和自己猜的结果进行比较，并统计结果。孩子们发现：每一次翻牌有可能翻到自己猜的那个花色，而且猜到花色的可能性是 1/4。接着追问孩子们为什么会出现这样的结果，让孩子们根据统计情况展开激烈的讨论，这样，孩子们在高涨的情绪中怀着浓厚的兴趣自然地进入了新知学习。孩子们在有趣的情境中玩耍，激发了学习兴趣，在玩耍中探究新知，获得了成功的体验，为终身学习奠定良好的基础。

（2）设置悬念，"玩"出潜能。

在学生的心灵深处，都希望自己是一个发现者、研究者、探究者。作为教师，我们应在数学教学活动中让学生在玩中学会思考，学会探究数学真理，激励他们不断去探索，让他们感受到成功的喜悦。教学等式的恒等性时，临下课时我和孩子们玩了一个猜数字游戏：请孩子们想一个数，把你想的数先加上 8，然后乘以 2，再减去 6，最后再除以 2，把结果告诉老师，信不信老师能立刻说出你们想的那个数？学生异口同声道：不信！当老师一个个说出孩子们想的那个数时，看着孩子们那种惊讶、崇拜、疑惑的眼神……老师话锋一转，今天我们的课就上到这里。孩子们可以利用我们今天学的等式的恒等性想一想刚才的游戏，为什么老师能很快地给出答案？在这里巧妙地设置悬念，让孩子们不仅仅是玩，而是要带着疑问去玩，要作为探索者去玩。没过几天，我发现孩子们自己也创造了"猜数字"游戏：随意想两个一位数，用其中一个数乘以 5，然后加上 7，再乘以 2，最后加上另一个数，把结果告诉他，他可以一下告诉你想的两个数是多少。孩子们在疑问中玩耍学会思考，提升了应用意识；孩子们在探究真相的玩耍中升华知识，形成了数学思想；在创新玩耍中激发潜能，激活了创造性思维。

（3）提供空间，"玩"出水平。

《义务教育数学课程标准（2011 年版）》提出："要让学生在参与特定的数学活动，在具体情境中初步认识对象的特征，获得一些体验。"要想让学生真正领略数学的魅力，就应当让他们多参与数学活动，在参与中体验、感悟数学的真谛。在教学中怎么才能让学生的既学得轻松有趣，又能真正理解其中的数学思想，作为教师就要给孩子们提供一个平台，指导他们去实践，在实践中玩，在玩中学习，"玩"出水平。例如，在教学鸡兔同笼时，鸡兔有 66 只脚，23 个头，鸡和兔各有多少只？孩子们扮演鸡兔，让兔起立，前脚举起，此时地面上有 46 只脚，原来有 66 只脚，有 20 只脚到哪里去了？兔子的脚举起来了，所以很快就可以算出兔子有 10 只，鸡有 13 只。孩子们很积极、很开心地参与其中，课堂气氛更是活跃，重要的是大部分学生在轻松有趣的玩中掌握了鸡兔同笼的解题方法，创造性思维也得到发展。"纸上得来终觉浅，绝知此事要躬行。"是啊，要想真正理解知识，必须经过自己亲自实践，才能将其变成自己的东西，才能灵活运用。教师在教学活动中需要有意识地设计一些实践性的"玩"来"还原"思维过程，引导学生在有趣的玩耍中解决数学问题，理解数学思想，发展数学思维；让孩子们在实践性的玩耍中体验数学魅力，顿悟数学思想，提升创新思维。

（4）线上互动，"玩"出个性。

随着科学技术的不断发展，"互联网+"教育、人工智能、翻转课堂、慕课等新教学手段应运而生，线上教学已成为现有集中线下教学的有益补充。怎样让线上教学生动有趣而又有效果呢？笔者认为应加强师生间的线上互动，让孩子们在互动中"玩"，在与老师互动的玩中拉近师生距离，玩出个性。《义务教育数学课程标准（2011年版）》明确提出："数学教学是数学活动的教学，是师生之间、生生之间交往互动与共同发展的过程。""数学要适应学生个性发展，有益于启迪开发智力。"

① 课前互动，激发个性思维。学生只有对所学的知识产生深厚的兴趣，才能激发热切的学习愿望，真正成为学习的主人。在教学"比例的意义"一节内容时：把老师的帅照进行放大，出现三种不同的情况：第一张老师变得又瘦又高；第二张老师变得又胖又矮；第三张老师没有变形，仍然帅气。这时就让孩子们连线说说为什么会出现这样有趣的现象，因为是线上教学，孩子们也敢于大胆地评论老师，屏幕上出现了孩子们天真有趣的猜想……这时，老师说，之所以第三张照片没有变形，是因为按一定的比例来放大的，今天我们就一起来学习——比例。孩子们带着愉悦的心情和浓厚的兴趣投

入到新知的学习中。课前的一些小魔术、小游戏等趣味化方式，不仅能吸引孩子们的注意力，激发学习兴趣，面对同样的情况有不同的想法，促进孩子们个性思维的发展。

②课中互动，激励个性参与。《义务教育数学课程标准（2011年版）》提道："学生学习应当是一个生动活泼的、主动的和富有个性的过程。除接受学习外，动手实践、自主探索与合作交流也是学习数学的重要方式。学生应当有足够的时间和空间经历观察、实验、猜测、计算、推理、验证等活动过程。"在因新冠肺炎疫情线上教学期间，我教学圆锥的体积时，提前让孩子们在家自制等底等高的圆柱和圆锥各一个。课中，教师进行完实验后，请孩子们连线一起做这个实验，让孩子们在与老师互动中经历观察、实验、推理的过程，从而深刻地理解圆锥的体积为什么是 $V = 1/3Sh$。孩子们在游戏性的互动中，积极参与，拉近了师生间的距离；在自制学具的过程中培养了动手、动脑能力，张扬其个性；在实验观察过程中，学习主动性得到极大的发展，更为终身学习打下坚实基础。

在线上教学期间，我也适时地通过在课中发一些小红包、和孩子一起做运动等形式来加强师生互动，让孩子们觉得线上学习也很有趣，很好玩，还能让孩子们积极主动地参与到学习中。

作业互动，发展张扬个性。《义务教育数学课程标准（2011年版）》指出："义务教育阶段的数学课程要面向全体学生，适应学生个性发展的需要，使得：人人都能获得良好的数学教育，不同的人在数学上得到不同的发展。"设计一些有趣、操作性强的作业。例如，我在教学圆锥的认识时就布置了一个视频作业：让孩子们做一个圆锥，然后将圆锥侧面展开，观察叙述圆锥展开后是一个什么图形，并且和圆柱进行比较；拍一段将三角形纸片通过旋转一周所形成的图形作讲解的小视频。孩子们根据自己对知识的理解提交了个性化的作业，发展了学习能力、空间想象能力，初步形成数学模型思想。

要从学生的心理、认知特点以及教学内容出发，把好玩有趣的数学活动融入数学课堂，让学生经历知识形成、发展、再创造的过程，从而理解知识背后蕴含的数学思想，进行深度学习，进而让学生学会用数学的眼光观察世界，用数学的思维分析世界，用数学的语言描述世界。

张润：小学生总是对新鲜好玩有趣的事物充满了好奇和探究的欲望，尤其是低年龄段的小学生喜欢尝试各种新奇的游戏。那么教师就可以精心设计贴近孩子们生活的游戏情境，通过游戏使学生动手、动脑、动口能力得到训练，也让学生觉得我们的数学课堂是这样的好玩有趣，激发学生的学习兴趣。例如在教学"认识人民币"这一课时，就可以设计一个购物的游戏：教师准备多个已经贴好价签的物品，让学生用自己手里的钱来购买，让学生扮演顾客和售货员，让"顾客"拿着钱去购买物品，然后经历算钱、付钱、找钱的过程。通过这样的游戏，学生不仅能够准确辨认人民币的面值大小，而且还融入了人民币的计算，让学生能够真正体验到买东西的过程。

（1）借助多媒体，实物学具进行动态演示。

随着现代信息技术的发展，我们可以借助的教学工具变得越来越丰富，在课堂上我们利用多媒体课件使得教学省时省力，在必要的时候还可以动画演示，能够让学生清楚直观地掌握所学的知识，这样的动画效果学生们也是非常感兴趣。比如教师在上课之前可以让学生观看一个跟本节课的学习内容相关的动画或者短视频，这样很快就可以吸引学生的注意力，有利于学生更好地参与进课堂。我们还可以利用实物演示，让学生的动手能力得到了训练。例如在教学"认识三角形"时，为了让学生明白三角形具有稳定这一点特性，教师可以进行一个演示实验：准备一根筷子、一根短绳、一个锤子，用短绳将筷子和锤子分别连在一起，然后用筷子的一段抵住锤子的一端，使得三者之间形成一个三角形，最后将它悬挂在手指上。这时候学生就会以不可思议的眼神紧紧地盯着教师手上，感到无比震撼。学生观看过这样的实验，便会记得三角形具有稳定性，那么我们的教学目的就达到了。这样使学生感受到学习数学的乐趣，从而变得乐于学数学、喜欢学数学，激发了学生的主动参与性。

（2）联系生活实际，设计生活化情境。

数学知识来源于生活，但同时又要运用于生活。因此，教师教授数学知识时，不能只注重知识的讲解，还要教会他们运用所学知识到日常生活中。教师要善于从学生熟悉的生活中创设教学情境，让学生从生活中看到数学，感受数学，激发学生的学习兴趣。例如在教学"分类与整理"这一课时，可以让学生拿出课前准备好的玩具（汽车、坦克、飞机……）、漫画书（《西游记》《大话三国》……）、水果（橘子、苹果、香蕉……）。教师可以向学生提问：同学们，我们有这么多好吃、好看、好玩的东西，该怎样分类呢？学生可以各抒己见，生1：把它们摆在一起，生2：把好吃的放在一起、好看的放在一起、好玩的放在一起。学生通过动手实践、自主探索、合作交流，参与了知识的形成过程和发展过程，理解和掌握了分类的方法，获取了数学经验，同时也培养了学生的动手能力和观察能力。又例如教学"有余数的除法"时，一位老师带着22位学生去公园划船，每条船最多坐4人，至少需要多少条船？可以让学生先动手画一画，然后学生独立思考，列式计算：$1+22=23$（人），$23 \div 4=5$（条）……3（人），有的学生可能不经过思考就说只需要5条，这样显然脱离了生活实际。只有将生活实际与数学紧密联系起来，学生才能更好地掌握数学。

（3）妙语激趣，创造轻松愉悦的课堂氛围。

教师在课堂上处于主导地位，创造轻松愉悦的课堂氛围在于尊重学生的主体性。因此，教师在平时要注意拉近学生的距离，给予生活和学习上的关心，与学生能够相处融洽，从而得到学生的信任，这有利于增强学生学习的积极性。同时教师在课堂上也应该保持愉悦的教学状态，因为教师的情绪在一定程度上会感染学生，愉悦的情绪会让学生感到放松，产生积极的影响，而严肃的表情则会让学生感到紧张，产生消极的影响。教师也要学会利用幽默诙谐的方式积极评价，这既可以活跃课堂气氛，又可以激励学生，增强学习的自信，久而久之，学生就会觉得这样的课堂有趣不枯燥。

胡雪梅：在小学教学领域，游戏化教学模式是比较具有实效性的教学模式，游戏教学模式能够很好地激发学习者的学习兴趣，有效地设置学习情境，能够提高学习者的专注力，让其将全部的注意力都投入到学习过程中，能够将游戏和学习相结合，在玩游戏中快乐地学习。在游戏教学模式中充分重视符号意识的形成、几何观念的训练、应用意识的培养等。这个教学模式能够丰富课堂的教学模式，吸引学习者的注意力，充分调动学习者的主动性，增加教师和学习者的互动次数，改变课堂的满堂灌模式的现实，让数学基础知识变得更简单、更形象、更具体。

此教学模式应该以小学学习者的兴趣为依靠，设置教学内容，展开教学过程，进而提高教学质量，培养学习者的各项基础知识和能力。在课程设计的过程中，还应尊重课堂内容的科学性，将科学的知识传授给学习者，为以后学习者的成长打下坚实的基础。在课程实施过程中，要充分思量学习者的想法，学习者学习实际的情况，从学习者的实际出发展开教学，这样有助于提升教学质量和教学效率，减轻教师的教学负担。在课程结束后，还应增加相应的课程结果的检验，检验课堂教授的效果，检测学习者的学习成果，并且做出进一步的教授方案和课程设计。最后，凭借及时的评价和奖励等措施，评价和奖励学习者的课堂表现，提高学习者的学习兴趣和学习动力，提高学习者的自信心和积极性，帮助学习者更好地参与课堂，适应课堂。

该游戏教学模式将游戏和学习有机结合。可以应用"学具"模拟数学模型，帮助学生更好地理解周长、面积等的计算过程。通过游戏教学模式，能够使学习者更好地适应学习，更深刻地掌握学习，但也有一个弊端，教师不恰当的教学方式容易使学习内容和游戏过程比重失衡，造成学习者对于游戏的重视，进而造成对于知识内容的忽视。这一点，是需要教师反思并在不断的实践中完善的。当小学数学教师应用到这一模式时，要注意平衡这两者之间的关系，以学习为主，游戏方式为辅，从而更好地开展小学数学的教学。

陈以强：教学资源要有趣味化。

（1）创设问题情境，实施启发式教学，激发学生的认知兴趣。

新课程倡导启发式教学。启发式教学与传统的填鸭式教学相比具有极大的优越性。要想实施启发式教学，关键在于创设问题情景。创设问题情境是指具有一定难度，需要学生努力而又力所能及的学习情境。那么如何更好地创设问题情境呢？这就要求教师要认真钻研教材，深入挖掘知识的内在规律和新旧知识之间的相互联系，充分了解学生已有的认知结构，把数学特有的严谨、抽象、简洁、概括等属性，通过巧妙的形式引发学生的兴趣，诱发学生的积极思维活动，这样才能创设一个良好的问题情境。例如在教学一年级上册"第几"一课时，我采用了讲故事方法创设问题情境。我先画了一幅美丽的森林图画，然后依次贴上了小白兔、小熊猫、狮子、松鼠、小马。边贴边讲故事：美丽的森林里新来了一群可爱的小动物。他们今天都搬到新家了。现在我们一起去看看它们都住在什么地方……这节课老师创设了一个生动而有趣的问题情境，我们一起编故事，一起讲故事，让学生犹如进入了一个美丽的大家园。要通过更巧妙新颖的形式，引发学生的兴趣，让课堂变得好玩有趣，诱发学生进一步的积极思维活动。

（2）改变例题和练习的呈现方式，激发学生的学习兴趣。

新教材已经为教师提供了丰富的教学资源，课本的数学内容的呈现方式也贴近儿童的生活实际，符合一年级学生的年龄特点。但这些毕竟是静止的东西，要引起学生的注意和兴趣还有很大的欠缺。

低年级儿童往往对活动的事物更感兴趣，如能把这些静止的资源活动化，进一步增加它的趣味性，那一定能牢牢地抓住学生的双眼。如在教学"10的认识"一课时，我把0~9十个数字设计成拟人化的"数字小朋友"，让这十个"小朋友"——在黑板上呈现。看到抽象的数字长上了手脚，成了会哭会笑的小精灵，学生的热情异常高涨。

罗余静： 在每堂课的开始环节，教师有意识地设置生动有趣的情境，可以让学生快速地进入到学习之中，热情高涨。比如我在教学长方形和正方形的周长时，并没有直接进入主题，而是利用投影仪，向孩子展示了几幅有关长方形和正方形的优美图片，问："老师想给一幅图片做一个相框（说着出示了一幅长方形的图片），挂在教室里，大家随时欣赏。孩子们，老师这里有一根2米长的木条，大家算算够不够？"孩子们的积极性一下子就调动起来了，大家争相发言。

兴趣是最好的老师，是孩子学习最积极、最活跃的心理因素。因此，在课堂教学中，教师要联系孩子的年龄特征，以激发孩子学习兴趣为着眼点，根据教学内容，通过课堂提问，引导孩子在创设的问题情境中产生悬念，造成孩子渴望知道结果的心理状态，诱发孩子主动学习，积极思维，产生学习新知的强烈愿望。课堂提问应当尽量避免随意性，应在知识的关键处、思维的转折处、规律的探求处设问。设计问题还应考虑到思维的深度和广度，既要使学习层次较高的学生有想头，又要使中下学生有"答头"。

比如，我在教学"长方形的面积"计算时，先出示两个长方形：一个长10厘米，宽2厘米；一个长5厘米，宽4厘米。问孩子："这两个长方形哪个大？"在孩子们争论不休时，我因势利导："要是能计算出它们的面积，就能知道它们的大小了。那么如何计算长方形的面积呢？孩子们想不想知道呢？"一石激起千层浪，这样设疑引入新课，激发了孩子的求知欲，为完成本节课的教学任务打下一个良好的基础。

　　在教学中，我从不轻易对孩子说："你错了。"孩子在学习过程中出错是自然的、正常的、必然的。在课堂中，我努力发掘孩子身上的闪光点，然后大力表扬。经常告诉孩子们，你们是最聪明的，班级因为有你们而精彩。在班级中，我也建立了一些合理的激励机制，比如：在一、二年级时，作业得了 10 个优，可以到老师这里来兑一个五角星；考试测评中，分数达标了，可以到老师处盖一朵小红花；作业整洁美观，可以得到一个"顶呱呱"印章……以此来推动孩子们学习的愿望。

　　数学来源于生活，服务于生活。数学就在我们的生活中，生活中处处都要用到数学。在实际的课堂教学中，随时创设一些生活的情境，让学生融入其中，会收到意想不到的教学效果。比如：我在教学人民币的换算时，拿了各种面额的人民币若干，还拿了一些小商品，让几个学生充当老板的角色，我则和其余孩子充当购买者的角色。教学 3 元－2 元 5 角=（　）角，孩子觉得很抽象，也无法理解。于是，我拿出 3 元钱给"老板"，说："我买一个 2 元 5 角的本子，你看该找我多少钱呢？"孩子结合自己平时买东西的经验，快速地算出应结果。每个孩子多实际操作几次，对人民币的计算理解起来就相对简单了。

　　教师良好的幽默感，能激发和提高学生的学习兴趣。如：我在教学二年级"角的初步认识"时，孩子对角的印象只停留在书本上一条边是横着画的，另一条边从顶点往上延伸出去，且开口向右。当我把角的开口向下、向左、向上，或者斜着时，再问孩子们："这些还是角吗？"很多孩子都说，老师，这不是角。这时，我就想，怎样才能让孩子明白：角的形状与开口方向无关呢？于是，我就用夸张的声音说："孩子们，快看老师变魔术了。"我就让孩子从正面、后面、侧面观察我，问："老师站的方向变了，我还是你们的老师吗？"让孩子们在我幽默的课堂氛围中理解了角的形状与开口方向无关，只要有一个顶点、两条直直的边就行了。教师的幽默教学，可以让知识变得浅显、生动而有趣，犹如满天迷雾被太阳驱散，一切东西都看得明明白白。

为了活跃课堂气氛，在一些知识点的教学中，我还采用了歌谣式教学。利用孩子熟悉的歌谣旋律、节奏，把一些知识点编成儿歌，可以让孩子永久记住。如：我在教学《年月日》时，孩子需要记住大月和小月的天数。于是，我就结合孩子们喜欢唱的《两只老虎》这支歌，把书上的口诀编成：一三五七，一三五七，八十腊，八十腊；大月三十一天，大月三十一天，永不差，永不差。这样一来，孩子们的兴趣上来了，一下子就牢牢地记住了。

四、培养"有效教学"的小学数学教师

好玩有趣可以说是方法和手段，有效教学才是目的和目标，我在有效教学上带领大家进行研讨，努力培养"有效教学"的小学数学教师。

核心素养受到广大教育工作者的关注，也在不断地渗透到小学数学教学中。核心素养的不断渗透，既有助于学生掌握数学思想，建立数学意识，也使得数学不再是一门枯燥的学科，真正成为学生感兴趣的学科。[①]可见，在核心素养视角下分析小学数学课堂教学是不是有效十分重要。有效课堂可以简单分为课前的有效准备、课堂的有效组织和课后的有效评价三个部分。以小学数学为例，教师在有效课堂的构建过程中应做好充分的课堂准备，在课堂教学中进行有效组织并调动学生参与的积极性，课堂学习之后根据学生的情况进行有效评价、评估，了解学生的实际学习情况进而调整后续的课堂教学计划，从而实现提升数学课堂教学质量的目标。[②]

---

① 黄大玲. 核心素养下小学数学教学的有效性分析[J]. 数学学习与研究，2021（24）：62-63.
② 王柳理. 新课标下小学数学构建有效课堂的教学策略研究[J]. 数学学习与研究，2021（22）：94-95.

我们工作室对这个问题又是怎么看的呢？

闫晓芬： 因为传统教育模式的影响，目前大多数的数学课堂还具有教师过于重视成绩的现象，将数学知识灌输式地传递给学生，使得学生在学习过程中越来越乏味，将数学知识学习当成任务来完成，应付数学考试。这种教育模式缺少趣味性和有效性，存在"现实意义"的问题，导致数学与生活相背离。

影响小学数学课堂教育有趣性和有效性的主要因素如下：

（1）良好的师生关系是开展有趣有效课堂的基础。

师生关系对整个课堂教学的状况具有决定性，良好的师生关系有利于有效的数学课堂教学。一方面，教师应该给予学生尊重和热爱，在新课程背景下开展小学数学教育，教师应该是学生的引导者、组织者与合作者。只有师生建立良好、和谐的关系，才能不断改变课堂教学氛围，让学生积极融入课堂教学，在轻松、愉快的教学氛围中收获欢乐和知识。另一方面，教师应该给予学生信任和赞美。在开展小学数学课堂教学时，教师应该给予学生适当的鼓励，并对其良好表现进行赞美，使其拥有展示机会。同时，教师应该让学生明白，每一个人都有自身的闪光点，每一个人都可以变成优秀的人才这一道理。

（2）教师具有优秀的人格魅力是创造有趣有效课堂的前提。

在轻松和谐的小学数学课堂教学中，教师的人格魅力对数学教育的发展具有重要意义。教师的言论和行为、文化素质、道德品味和丰富的精神对所有学生的培养具有示范作用，这样能够有效缩小师生之间的距离，协调老师和学生之间的关系，创造一个轻松愉快的教育环境，最大限度地提高学生的学习效率。

（3）活跃的课堂氛围能够激发学生的学习兴趣。

首先，教师和学生之间应该进行亲切的对话，形成民主、平等、开放、和谐的课堂环境，以最大限度地调动学生的思维。在亲切平等的对话课上，学生能够有效消除忧虑与紧张的情绪，放飞思维的翅膀，勇敢回答或提问。其次，课堂教学应该具有激情，在课堂教学活动中，应该充满激情，教师利用抑扬顿挫的语气和丰富的肢体语言，能够让学生更加轻松、愉快地学习。在此过程中，教师和学生可以获得情感的共鸣，让学生获得良好的学习感受。最后，多样化教学方式。教学方式应该具有灵活、多变、新奇的特点，规避千篇一律的现象。多样化的教学方式能够激发学生的学习兴趣，有效调动教学氛围。

开展有趣有效小学数学课堂的措施：

（1）创建良好的师生关系。

古人言："亲其师而信其道。"如果学生不喜爱小学数学任课教师，那么就会在不知不觉中丧失对这门课程的兴趣。首先，教师在开展教学的过程中，应该给予学生充分尊重，与学生建立良好的师生关系，并理解、信任学生，拉近师生间的距离，和学生建立良好的平等关系，使其能够全心全意配合教师的教学，并热爱数学教学，达到教与学的目的，事半功倍。其次，教师应该和学生相互坦诚，平等对待所有学生。在开展课堂教学时，对优秀的学生给予一定的鼓励，使其能够在学习上精益求精；对于中等成绩的学生，应该对其进行鞭策，使其能够产生急流勇进的精神，不断前行；而对于学习困难的学习，教师应该给予更多学习上的帮助，并发现他们的闪光点。最后，教师应该给予学生生活中的爱护。老师不仅应在学习上严格要求学生，而且应在生活中体贴学生。在课后，教师应该抽出一些时间到学生家中走访、讨论，了解学生的生活状况，并获取家长的建议，使得教师、家长、学校能够形成有机整体，以此来推动教学工作的发展。

（2）学习生活资料。

开展数学教育主要是让学生能够具有一名公民应该掌握的基础数学知识与技能，为其终身学习打下良好的基础。教师应该开启小课堂，将生活中的话题引入数学教学的大课堂。但是，在现行的教材中，常会出现题目老化、数据落后、远离学生实际生活的状况，如处理零件、道路维修等方面的知识，与当今信息技术的飞速发展相比，教材的更新显然有些滞后。所以，教师在开展小学数学教学时，应该结合生活实际，吸引更多先进的生活、科技等紧密联系的拥有时代与地方特点的数学生活资料来处理、整理教材，对教材内容进行整合。例如：在完成"税率"这一教学内容后，教师可以结合"今天我是收税员"这一主题，实行课后巩固联系。首先，帮助学生查找各种税率，并排列在黑板上；然后，邀请两名学生扮演相关的税务人员，其他学生扮演商家；最后，由两名税务工作者完成上面收税的活动。其中，学生群体也可以扮演"奸商"的角色，要求收税员只可以利用"讲道理"来完成收税工作。通过这种活动，将教材中缺少生活性的题材，改编为学生感兴趣的生活话题，使得学生能够提高积极性，充分投入教学活动，发现生活中的数学知识，以此来提高学生利用数学思维处理实际问题的能力。

（3）注重课堂教学的情境导入。

在开展课堂教学时，良好的课前导入能够有效激发学生的思维，吸引学生的注意力，激发学生的求知欲，使其形成强烈的好奇心并以良好的状态参与学习活动，为数学课程的开展打下良好基础。

代义偲：估算是小学阶段数学学习的重要组成部分，作为教师，不能仅仅将估算作为一种计算方法教给学生，其教学内涵还应包括通过估算培养数感、锤炼数学思维、提高问题解决的能力。随着课程改革的深入推进，估算正逐渐成为一些专家学者的研究内容，估算的重要性也得到了大家的广泛认可。估算不仅是一种不可或缺的运算能力，也是一种重要的数学思想方法，更是解决问题的一种有效策略。

（1）估算有利于培养学生对事物认识的整体感。

强化学生的估算能力，有助于他们对运算和测量结果有概括性的认识，如估计事物的大小（如楼房的高度、身材的胖瘦等）、事物的属性（如开水的温度）、事物的变化（如不断生长的小草）等等。教育源于生活，生活本身蕴涵着教育。任何课上的精彩都离不开教师平日对学生的培养，只有点滴的累加，才有不断生成的可能。所以，平日培养是精彩生成的必要条件。只有这样，学生在直面纷繁复杂的社会时，才能有所取舍，做到"心中有数"，从而增强他们对事物认识的整体感。

（2）估算有利于增强学生的数感。

数感是《义务教育数学课程标准（2011 年版）》提出的关键词中的第一个，足以说明培养数感的重要性。而《义务教育数学课程标准（2011 年版）》指出，数感主要表现在这些方面：理解数的意义；能用多种方法来表示数；能在具体的情景中把握数的相对大小关系；能用数来表达和交流信息；能为解决问题而选择适当的算法；能估计运算结果，并对计算的合理性做出判断。在教材编排中，将培养学生的数感作为首要目标。例如：在认识 20 以内的数之后，让学生抓一把黄豆估一估大约有多少粒，然后数一数，使学生充分感受 20 以内的数。在学习了大数之后，安排对一沓纸厚度的估计，使学生充分地体验和感知大数。再例如，在学习两、三位数的乘法时，教材通常安排先估算，对结果有大概的判断，再学习精确计算，并将精确结果与估算结果比较。精算与估算紧密配合，提高了学生对运算结果估算的能力，同时培养了学生的数感，从而提升了学生的运算能力。

（3）估算有利于提高学生的数学思维。

数学教学不仅要让学生掌握现代生活和学习所需要的知识与技能，而且要发挥数学在培养人的思维能力和创新能力方面的不可替代的作用。在估算过程中蕴含着复杂的思维活动，估算对培养学生的逻辑推理能力具有不可忽视的作用。郑毓信教授认为：估算的学习有利于培养学生的数感，也有利于训练学生的思维，特别有益于增强学生思维灵活性和创造性。运用估算解决生活实际问题，从具体问题中抽象出数量关系的过程，能增强学生解决现实生活中的问题，提升他们的数学建模意识。

在解决实际问题中培养学生的估算意识。

估算有助于解决生活实际问题，培养学生的数感，但并不能简单地告诉学生，必须让学生去具体的情景中体验估算的意义与用估算解决问题的乐趣。估算是学生内心的一种活动，它需要情景去驱动，好的情景有助于激发学生对估算的需求，所以教师应该结合实际情况创设具体情景去培养学生的估算能力。

虽然日常生活中用到估算的例子很多，但适合学生又贴近现实生活的教学素材却不常见。这就需要教师善于挖掘教材中体现生活价值的知识点，并精心设计情景问题，创造估算的氛围。例如，"三位数乘两位数的估算"中的这样一道题："一头大象平均每天要吃 350 千克食物，动物园里有 26 头大象，一天准备 7000 千克食物，够吗？"学生体验给大象准备食物这件事，在实际生活中自然是要多准备些而不是准备得刚刚好，所以估算就行。有了估算意识，教师还可以提问："如果让你准备，你打算准备多少千克食物？"再次把生活现象呈现在学生面前，经历比较与思考，学生对估算意识有了进一步提高。学生的估算习惯需要大量的经验积累，结合学生的实际情况，教师可以适当地延伸题目。从低年级开始，教师有意识地创设一些学生熟悉的、有趣的、现实的生活情境，让学生感受估算的魅力，渐渐地学生会对估算产生浓厚的兴趣，从而估算意识和能力得到不断的提高。

彭丽："立足高效，追求卓越"的课堂精神让我们思考课堂要给予孩子怎样的影响。我们是否很容易想到小学数学课堂应该是好玩的，应该是充满童趣的？课堂在"好玩有趣"中尽显卓越之美：儿童情趣，课堂呈现色彩之美；动态生成，课堂演绎节奏之美；思维竞合，课堂彰显力量之美；个性创新，课堂根植灵魂之美。数学课堂，请让孩子开心地笑一次吧！诚然，知识可以被遗忘，但兴趣与精神可以无限延伸。

（1）活化"期待点"，情景空间更丰富。

以"圆锥的体积"为例，（多媒体课件）大屏幕：一个五光十色、高速旋转的陀螺。问：同学们认识它吗？

大屏幕：陀螺由动态转变成静态，并放大成空间立体几何图形。问：它由什么立体图形组成？（圆柱和圆锥）

大屏幕：陀螺立体图形旁边标注出具体尺寸。问：你怎样才能知道这个陀螺的体积呢？（计算圆柱和圆锥体积，再相加）

大屏幕：（问题）怎样求下面圆锥部分的体积呢？

由于计算圆柱的体积是以学生原有的知识结构为基础，所以学生兴趣十足，而问题却进一步激活了学生的观察、思考和探索的期待，情景空间丰富开来。可见，情景的铺设，活化期待，课堂的导入生动而高效。

（2）简化"抽象点"，思维驰骋更自由。

《义务教育数学课程标准（2011 年版）》强调数学知识的教学应注重学生对所学知识的理解，体会数学知识之间的关联，凸显知识的形成过程，让学生感悟数学思想方法及数学经验的活动过程。小学阶段，学生的思维类型是以直观动作思维和直观形象思维为主，即学生的思维活动主要由事物相关联的实际动作、事物的具体形象和表象的联想来进行。教学的主要任务之一就在于使学生的感觉、知觉转化为概念，用概念构成思想，并以言语的形式加以表达；进一步使他们学会把思想用于实际，让抽象的知识上升为具体的知识。

继续课例"圆锥的体积"，学生结合教材，在独立思考和探索后，进入了激越的合作学习和动手操作，尝试用不同的方法来解决圆锥的体积这一问题。学生思维自由驰骋在广阔的知识草原上。在学生的交流汇报中，得出几个关键点：（1）圆柱和圆锥等底等高；（2）圆锥比圆柱的体积要小；（3）圆柱的体积是圆锥的体积的 3 倍。

此时，大屏幕展示：动画模拟实验操作过程，与圆柱等底等高的圆锥形杯子先后装三杯水，倒进圆柱里，听见咚咚的水声，圆柱形容器就刚好装满。闪烁的地方强调"等底等高"。

声音与图像结合，动态与静态相交，学生深切地感受到了知识产生和发展的过程，形象地理解到了抽象的概念。

大屏幕展示：圆锥的体积=1/3 圆柱的体积=1/3 底面积×高（注意：这里的圆柱和圆锥等底等高）。

学生谈谈对公式化理解。并用字母表示出公式。

大屏幕：动画模拟实验操作过程，用排水法求出圆锥的体积，一个圆柱形容器里装有适量水，显示这时水面的高度，再把圆锥形的模型浸没水中，水面上升，记下此时水面的高度，便可以计算出上升部分水（圆柱形）的体积，也就是浸入水中的圆锥的体积。这是把圆锥的体积转化成圆柱来算。两个方法异曲同工。

知识获取的过程本身就应是一个动态的过程。在此过程中，学生不仅发展了空间观念，增强了数感，还提升了思维能力和品质。教师与学生之间的互动方式不再是简单教与学的"拼合"。而是民主和谐，教学相长。学生的学习方式也不再是被动、接受、封闭式的。学生的主体地位得到凸显，智慧尽情交流。在有生命的课堂中，一切是那么的鲜活。

（3）强化"关键点"，学习迁移更流畅。

学习迁移泛指一种学习对另一种学习的影响。如举一反三，触类旁通，推广类化。数学的学习迁移不只是方法的迁移，更有数学思想迁移，思维方式和活动经验的迁移。练习题不能是简单的题量堆积。教师精心设计教学活动和层次练习，才能在数学思考、问题解决、情感态度方面得到发展。在迁移过程中，学生已有的知识和技能得到运用，思想和经验得到验证和融合。学生的数学观念从疑惑到肯定，学习行为由自信到富有智慧和创新。

继续课例"圆锥的体积"，大屏幕展示：① 一个圆柱和一个圆锥等底等高，如果圆柱的体积是 12 立方分米，那么圆锥的体积是（　）立方分米。如果圆锥的体积是 12 立方分米，那么圆柱的体积是（　）立方分米。② 一个圆柱和一个圆锥等底等高，圆锥的体积比圆柱的体积小 12 立方分米，那么圆锥的体积是（　）立方分米。③ 一个圆柱和一个圆锥等底等高，圆锥的体积与圆柱的体积的和是 12 立方分米，那么圆锥的体积是（　）立方分米，圆柱的体积是（　）立方分米。

教师先鼓励学生用自己的方法独立思考，再讨论交流，若有需要再引导。

大屏幕总结并强调方法关键点，圆锥的体积=1/3 圆柱的体积（注意：这里的圆柱和圆锥等底等高）。如果圆柱的体积看成 3 份，圆锥的体积就是 1 份，那么圆柱和圆锥的体积之差就是 2 份，圆柱和圆锥的体积之和就是 4 份。

变式训练知识和抽象方法中，高效的关键在于教师强化"关键点"，鼓励学生建构起自己的方法链。在相似、多样的情景中，学生有完整的、丰富的、个性的体验过程，增强成功的愉悦感。

（4）深化"实践点"，个性创新更广阔。

个性在多次成功的实践中得到张扬，创新的步伐便迎向广阔的天地。《义务教育数学课程标准（2011 年版）》强调新的数学观：发挥数学在培养人的理性思维和创新能力方面的不可替代的作用。课程目标由"双基"到"四基"，突出"基本思想""基本活动经验"。然而，这只靠教师枯燥的教是难以办到的，重要的是将学生所学的知识与实践相结合，再重新组合、发展，形成自己的个性化的体系，在一轮又一轮新的组合中，才能形成新的能力，即创新能力。故美国教育家彼得·克莱恩说："学习的三大要素是接触、综合分析、实际参与。"

继续课例"圆锥的体积"。大屏幕：一个圆锥形粮食堆与一个圆柱形粮食堆的底面积相等，已知圆锥与圆柱粮食堆的体积比是 1∶6，圆锥粮堆的高是 4.8 厘米，圆柱粮堆的高是多少厘米？

在学生对模拟实践的探索后大胆地汇报。

解法 1：设圆柱、圆锥的底面积为 S 平方米，圆柱的高为 X 厘米，由题意可知：

（$13 \times S \times 4.8$）：（$S \times X$）=1：$6X$=9.6

解法 2：假设圆锥的体积是 1 立方厘米，那么圆柱的体积是 6 立方厘米，先求圆锥的底面积：1÷（4.8×13）=58（平方厘米）。再求出圆柱的高是 6÷58=9.6（厘米）。

解法 3：我们把题目中给出的圆柱称为圆柱 A，假设圆锥被压成底面积相同的圆柱 B，圆柱 B 的高就是圆锥高的 1/3，即 $4.8 \times 1/3$=1.6（厘米）。因为题目告诉我们圆锥与圆柱 A 的底面积相同，（也就是说圆柱 B 与圆柱 A 的底面积相等）圆柱 A 的体积是圆锥体的 6 倍，所以得出圆柱 A 的高是圆柱 B 的高的 6 倍，即 1.6×6 等于 9.6（厘米）。

同学们的想法多种多样，深化"实践点"，开阔了学生的思路，生成的是观念和方法，成长的是智慧与个性。

充满教师和学生智慧的课堂是有生命的课堂，更是高效的课堂。教师结合数学教学的特点和学生的实际情况，恰当把握策略中的"期待点""抽象点""关键点""实践点"，相信能不断激发学生参与学习活动，不断促进每一个学生的和谐发展，从而实现课堂教学的高效。

陈以强：语言是思维的外壳，从思维的开始，经历中间过程，再到结果，都要以语言来定型。在数学课堂教学中，要有效地向学生传授数学知识、发展学生逻辑思维能力，就必须重视对学生进行数学语言训练。通过"说"这条主线，促使学生思维活跃起来，从而培养学生数学思维能力。

（1）在"说"中体会、理解、完善数学概念，提高思维能力。

数学概念是揭示现实世界空间形式与数量关系本质特征属性的思维方式，其本身具有严密性、抽象性、科学性和明确规定性。数学教学的本质是思维展示和发展的过程，在这个过程中，数学概念教学是一个重要环节，也是学生数学思维能力产生和发展的初始阶段。抓好这个环节可以培养学生良好的数学思维能力，进而在整个数学学习过程中达到事半功倍的效果。如在教学"立体图形体积的复习课"时，针对这个课题学生提出有关的问题：我们学过的立体图形有哪些？这些立体图形的体积公式是什么？体积公式是怎样推导的？这些立体图形之间有什么关系？通过"摆一摆""说一说"，说出长方体、正方体、圆柱和圆锥体积计算公式，加强学生对这些形体之间的内在联系的认识，使学生对所学的知识进一步系统化和概括化。

公式、法则等的教学，要展开推导过程，在这个过程中，既要注意为学生创设主动探索的空间，提供大量感性材料，又要引导学生借助语言对感性材料进行概括，使学生逐步掌握分析综合、归纳推理等一些基本思维方法。

（2）在"说"中培养审题、分析、概括能力，提高思维品质。

要培养数学思维，从低年级开始就应加强训练。例如，可以让学生完整地表达思维过程，总结和概括本节课学到的知识。到了中高年级，就应该培养学生整理和归纳本单元知识要点的能力，形成知识体系，并让学生抓住题目的本质、规律与内在联系进行高度概括。同时，还可以设计一些练习题，培养学生概括和推理的能力。例如：客车每小时行 70 千米，货车每小时行 80 千米，两车同时从相距 500 千米的地方出发，经过 2 小时，两车相距多少千米?这道题由于条件不明确，从而存在三种情况：第一种是两车相对而行，两车相距为 500-（70+80）×2=200（千米）。第二种是两车背向而行，两车相距为 500+（70+80）×2=800（千米）。第三种是两车同向而行，如果货车在前，则两车相距为 500-70×2+80×2=520（千米）；如果客车在前，则两车相距为 500-80×2+70×2=480（千米）。又如：水果店运来 4 筐苹果，运来的橘子是苹果的 3 倍，水果店运来苹果和橘子一共有多少筐？就训练学生从条件出发可以这样想：根据"运来 4 筐苹果，运来的橘子是苹果的 3 倍"可以求出橘子有多少筐，再根据"4 筐苹果和 12 筐橘子"可以求出"水果店运来苹果和橘子一共有多少筐？"从问题出发可以这样想：要求"水果店运来苹果和橘子一共有多少筐？"要知道"苹果有多少筐和橘子有多少筐"，而"橘子有多少筐是未知的"，可以通过"水果店运来 4 筐苹果，运来的橘子是苹果的 3 倍"这两个条件求出。

经常引导学生按一定的逻辑、一定的规律，用简明的精炼的词语表述应用题的解题思路，可使学生日积月累地学会有条理地说，发展学生的数学语言。以后教学应用题时，仍然坚持让学生口述分析过程，学生就会逐步流利地表达出应用题的解题思路，学生的分析能力也提高了，同时也训练了学生的思维能力。

在"说"中训练准确、规范、精炼的数学语言，培养逻辑思维能力。

《义务教育数学课程标准（2011 年版）》中明确指出：在数学教学中必须充分发挥学生的主体能动性，增强学生的参与、交流、合作意识；现代心理学、教育学认为：语言的准确性体现着思维的缜密性，语言的连续性体现着思维的逻辑性，语言的多样性体现着思维的丰富性。数学是思维的体操，学生数学语言表达能力的培养显得尤为重要。教学时，教师应针对不同的学习内容教给学生数学语言表达的策略，如"数与代数"教学主要训练学生条理清晰地叙述算理、算法、概念、法则以及公式的来源；统计与概念教学主要训练学生描述收集和整理数据的方法，并能用准确的数学语言表述可能性事件；实践与综合应用主要训练学生说出自己对某一问题的分析过程，对自己的推理和思考进行合理地解释；空间和图形重视学生通过实际操作，口述公式的推导过程。

在教学中，我注意根据教材内容的特点，教给学生有条理地用数学语言来表达和思考的策略，把知识的获取与发展数学语言有机结合起来，以语言促思维，让学生能说会说。比如在表述长方形的周长公式时，很多同学容易说成"长方形的周长等于长加宽乘以二"，这样的说法把原本是长与宽的和乘以二变成了只有宽乘以二了，这是不正确的表述方法；或者也有的同学这样表述——"长方形的周长等于长加宽括起来乘以二"，这种说法的问题则是表达得不够准确，没有使用数学语言来描述。

在学生"说出"数学思维能力的同时，我们感到教师的评价语言对启迪学生的思维也有着重要的影响。在培养学生能力的同时我们也需要不断学习、研究，努力成为一个有智慧的教师。

钟健：学生计算能力是最基础的数学能力，培养计算能力是小学数学教学的一项长期而重要的任务。计算能力的强弱，直接影响学生学习数学的兴趣，同时也会影响到学生思维灵活性和数学思维敏捷度的发展。整个小学阶段主要发展学生的整数、小数、分数四则混合运算的能力，并要保证在计算正确的情况下提高运算的速度，同时要求方法恰当、以灵活多变的形式进行计算或运算。通过我近几年对六年级学生进行教学的经历来看，学生在计算中表现出来的错误情况令人担忧，部分学生的计算能力不高，尤其是20以内加减法口算能力较差，容易出错，这直接给数学课程的进一步学习带来了一定的阻碍。所以，我认为提高小学生的计算能力，提高学生的运算技能是整个小学六年数学教学的重点，同时也是每位数学老师应该长期训练的一个重要方面。计算题的教学中，教师一定要重视算理，揭示计算的规律，使学生知其然，又知其所以然。首先，利用多媒体课件、教具、学具的操作，让学生自主探索算理，感悟计算方法。算理是整个数学教学中的一个难点，非常抽象，所以在教学中尽可能通过直观演示等手段，使学生能够简单明了，弄清算理，为计算走好关键的第一步。心理学家认为：思维是从动作开始的。要使学生牢固地掌握数学知识，提高学生思维能力，就需要在形象思维和数学抽象之间架一座桥梁，充分发挥多媒体课件、学具等操作的作用。比如学生对"凑十法"的理解有困难，我们就利用小棒、实物等来帮忙，让学生通过摆弄学具学会"凑十法"的计算方法，初步感知"凑十法"的算理，教师再进行引导和总结，学生就能够很快地掌握"凑十法"的计算方法。其次，理论联系实际，生活感知，加深理解。利用学生已有的知识经验去理解新知识是构建教学知识结构的主要方式，教学中适当地运用旧知识，通过类比感受新知，实现新知识的迁移，同时也有利于学生对新知的理解和对新的认识结构的认同。例如在教小数加法的计算法则时，可以借助学生熟悉的人民币单位的进率关系，讲清小数点必须对齐的算理。对于学生容易忽略的地方，要注意加大力度，吸引学生注意，避免和减少以后计算中的错误。最后，对比练习，及时强化，时时纠正。根据学生容易产生错觉和思维定式的特点，有意识地把相似的概念、法则、算式进行辨析比较，促使新旧知识的消化。同时设计练习题时要有针对性，对重点、难点、易错点及时巩固。

雷玉威："美丽的轴对称图形"——二年级上册第五单元"观察物体"高效课堂教学案例反思。

首先，出示教学主题，并且让学生根据这个主题提出问题。通过让孩子自己提问题的方式明确本节课的教学目标——什么是轴对称图形以及轴对称图形为什么美丽。在学生把教学目标说出来后，教师通过追问的方式又把教学目标抛给学生。教师以轻松、简单、幽默的语气进行追问，使小学低年级的孩子更容易接受，即"轴对称图形是个什么东西？""美丽？它为什么美丽？"同时用图画的方式简单地板书在黑板上（火柴人即学生+说的话），让孩子有兴趣去看这两个问题，进一步明确本节课的教学目标。

在明确目标以后立刻让同桌互相说"轴对称图形是什么"，了解他们对轴对称图形的初始印象。其后，让孩子欣赏一些美丽的轴对称图形的图片，在欣赏的过程中让他们观察图片的共同特征，体验图形美在哪里，让他们讨论。之后在这些图形中拿出一个添加上虚线（对称轴），问孩子这幅图和其他图相比较增加了什么，这条虚线把这个图形怎么样了，如果这个图形沿着虚线对折会怎样等问题。

让孩子初步认识、感知对称轴。接着继续欣赏图片，出示一张有多条虚线的图片让孩子判断那条对称轴是正确的。这个过程目的是让孩子初步感知轴对称图形及对称轴，为孩子接下来的自学做准备。

其次，这堂课在老师指导学生学习的同时也穿插了学生的自主学习。在学生欣赏完这些图片以后，老师让学生带着这两个问题自学课本的相关内容，并且加了一个问题，即"虚线"叫什么名字。让学生在书本上勾画出来，同时同桌交流。

然后，本堂课还有简单的同桌合作探究，让同桌不断地讨论什么是轴对称图形，轴对称图形美丽在哪里，对称轴有什么作用等。由于是小学低段的学生，所以在讨论时仅限于同桌两个学生，讨论的问题也相对比较简单。

再者，本节课中老师的精讲点拨集中在指导学生画轴对称图形以及剪轴对称图形上。老师在黑板上画出数字、汉字、字母、图形等方面的轴对称图形，并且选择几个图形画出对称轴，让学生也跟着在本子上画。让他们感受到汉字的轴对称图形有很多，培养他们的民族荣誉感。而剪轴对称图形，老师先示范一次，引导他们了解到对折以后的折痕就是对称轴，然后沿折痕画出图形的一半，剪了以后打开就成了一个完整的图形，鼓励学生自己剪出更加美丽的轴对称图形。学生对这个活动有着强烈的积极性、高度的参与性。

其后，孩子们自己总结出轴对称图形是什么以及它美丽在什么地方。在一系列的活动做完以后，老师提出本节课最主要的问题："轴对称图形究竟美丽在哪里呢？"几个孩子可能说出"它的左右两边完全一样"这样的话语。同时这一句话也是对本节课最重要的总结。让孩子们把这句话反复说几遍，加深他们的印象。

最后，这节课还设计了练习题，学生完成课本上的"做一做"，找出轴对称图形并画出其对称轴。通过检测，孩子能够清楚地辨认出轴对称图形，但是有一部分孩子对画对称轴还没有掌握清楚。

本堂课的特点是教师完全没有讲出知识点，全部是学生在教师的指导下主动探索、发现、总结出来的，这是一堂学生主动建构的课，教师在课堂中只扮演指导者和参与者的角色。

王靖：提高小学数学课堂教学效率，深入解读教材是基础。

传统的教师讲、学生听的满堂灌教学观念随着新课标的诞生，已经逐渐淡出了教学阵地。《义务教育数学课程标准（2011年版）》中指出：学生是学习的主人，教师是数学学习的组织者、引导者与合作者。新课程理念倡导"以生为本"的思想，就是让学生在民主、和谐、愉快的课堂氛围下积极主动地探索新知识，体会学习的乐趣，实现"人人学有价值的数学；人人都能获得必需的数学；不同的人在数学上得到不同的发展。"要做到这些，一定要认真研读新课程标准，改变传统的教学观念。观念不改变，相当于换汤不换药。

教材是死的，人是活的。新课标要求教师用教材，而不是教教材。教师不能认为让教材再现就是完成了教学任务，必须经过再加工重新创造，使教材"新鲜出炉"，更大程度上把态度、能力的培养贯穿于知识的教学中。笔者曾听过一节"认识整时"的课（数学第一册第84-85页）。讲课的老师从第84页的主题图引出了课题，接着在师生互动中认识整时，动手操作拨"整时"后教师指导正确写整时，最后以第85页的"小明的一天"来巩固对整时的认识。整节课知识技能、过程方法落实得很扎实。可讲课的老师对插图并没有物尽其用，只是看一幅说一幅，缺少了有机地结合起来的观察与讨论，难免令人感到浪费了珍贵的教学资源。实际上，教材中的插图都经过了编写教材的老师精挑细选，几乎每一幅图都不止一层意思。笔者建议授课的老师把第85页的插图（一位小朋友一天的生活、学习时间的安排）以"先分后总"方式加以诠释，即先让学生自主选择插图讲解图意，巩固对整时的认识，再让学生综合起来看这几幅图谈谈自己的感受。尽量让学生主动地与自己的生活实际经验结合起来，体验到数学学习是有价值的，并有意识地建立学生的时间观念，渗透要养成珍惜时间、遵守时间的生活习惯和学习习惯。

提高小学数学课堂教学效率，优化教学过程是关键。

教学过程是一个师生双边统一的活动过程。任何学生在走进课堂之前，都是一张白纸。根据建构主义的观点，知识是客观存在的，但是对于世界的理解和赋予的意义每个人的领受是不同的，学习者在认知、解释和理解世界的过程中建构属于自己的知识体系。

（1）优化教学目标。

教学目标决定着教学活动的方向，决定着教学内容、方法、手段的选择，决定着教学效率的提高。传统教学目标搞"一刀切"，忽视了学生的个体差异。要为每个孩子量身制定不同的教学目标是不切实际的空想主义，但是制定分层目标是行得通的，可以分成下限目标、上限目标、发展目标。如在教学算法多样化时，笔者要求能力弱一些的学生只掌握基本算法即可，能力好些的学生则要求会运用多种算法，能力更好的学生在会运用多种算法的基础上学会择优或想出更好的方法。这样从学生的认知差异出发来设计差异化的教学目标，最终"促进所有学生在原有水平上得到应有的发展"。

（2）优化教学手段。

传统教学使用的是粉笔、黑板。这种单调的教学手段，制约了数学教学质量的提高和学生的发展。因此，提高课堂教学效率，要注意教学手段的优化。合理地运用多媒体辅助教学，结合声音、动画等，更能提高学生学习兴趣，激发其求知欲，使他们积极、主动参与学习。这对于发挥学生想象力和创造力，把"静止"的内容变为"活动"的形象，发展学生智力，培养学生观察、思维、解决问题等能力，实现课堂教学最优化，都具有十分重要的意义。

但在多媒体的选择和使用上，要注意"度"的把握。曾经有一段时间，大家为了赶时髦每一节课都用多媒体。开始的时候，很有新鲜感，可在反思中觉得并不是每一节课的每一个环节都需要多媒体，太多的刺激会让学生疲惫不堪，降低课堂的教学效率。而只有适当使用，才会发挥多媒体的优越性。多媒体技术毕竟是手段，而且只是一种手段。

（3）注重小组合作学习的有效性。

小组合作学习是指学生在小组中为了完成共同的学习任务，有明确的责任分工的互助性学习。合作学习体现了新课程的理念。在教学过程中不能什么都是小组合作学习，要根据学生和教学的需要而组织进行。内容简单的不用小组合作学习，内容较难的先要给学生留有独立思考的时间，再组织小组合作。这样，每个人都有思维上的参与，实现人人学数学。俗话说："没有规矩不成方圆。"在组织小组合作学习中，教师第一步要做的就是合理分组。合作学习的关键是教师要科学组建学习小组，即要遵循"组间同质、组内异质"的原则，根据学生的学习能力、性格爱好、成绩等进行分组，让不同特质、不同层次的学生优化组合。小组合作学习就是以培养学生合作意识、合作能力为目标的一种学习方式。

在课堂学习中，合作小组常常表现出不善于合作的状况。有一位老师课堂上的小组学习活动中出现了这样的情况：有的学生托着下巴冷眼旁观，有的学生溜到别的小组，有的东张西望……所以，教师在平时要采取策略培养学生的合作能力：① 鼓励学生在组内充分表达自己的观点。小组合作学习需要每个成员都积极地相互支持和配合，进行有效的沟通，特别是面对面的促进性互动，清楚地理解对方的想法与观点。对那些内向的、怕羞、不敢说的学生要多加鼓励和点拨。② 指导学生学会倾听。倾听，说起来容易，但做起来就有困难了。首先，要树立倾听的意识。教师应该告诉孩子们：如果你想得到别人的尊重，你自己就要先尊重别人，而倾听是你尊重他人的一种方式。其次，当众口头称赞那些愿意认真倾听他人的学生，建立起榜样。最后，评一评哪些学生学会了倾听。③ 达成共识。让学生对组内的认知冲突进行有效解决，从而解决问题，理解知识，建立并维护小组成员之间的彼此信任。

五、培养"善于数学实验"的小学数学教师

我和工作室成员一起，探讨数学实验教学在小学数学课堂中的应用，目的是培养"善于数学实验"的小学数学教师。

在数学实验过程中，通过教师的引导，学生可以不断丰富数学知识储备，同时可以在学习过程中掌握更多的数学学习技能，提高逻辑思维能力。教师应合理应用数学实验教学模式，给学生营造轻松、愉快的小学数学学习环境，以直观的方式展现数学实验活动，提高学生在参与实验学习时的理解能力，从而更好地保障小学数学教学质量[①]。工作室学员就数学实验教学在小学数学课堂中的应用展开了讨论。

杨杰：数学实验是让学生根据预定的实验方案，自己动手操作，进行探究、发现、思考、分析、归纳等思维活动，最后理解概念，掌握解决问题策略的一种教学方式。它的目的是提高学生学习数学的积极性，提高学生对数学的应用意识并培养学生用所学的数学知识去认识问题和解决实际问题的能力。不同于传统的数学学习方式，它是强调以学生动手为主的数学学习方式。

《义务教育数学课程标准（2011 年版）》指出：数学教学活动必须激发学生兴趣，调动学生积极性，引发学生思考；学生应当有足够的时间和空间经历观察、实验、猜测、验证、推理、计算、证明等活动过程。数学实验，不但可以让学生在实践操作手、口、脑并用，而且可以让学生在经历实践探索的过程中发现问题、提出问题并解决问题，还可以促进学生创新思维和创新能力的发展。

如在教学二年级上册"角的初步认识"时，教师可以让学生通过折角、摸角、创造角、玩角、比角、画角等多种活动来加深对角的认识。实验过程：让学生用准备好的不同形状的纸试着折一个角，

---

① 李国敏. 数学实验教学在小学数学课堂中的应用[J]. 天津教育，2021（27）：58-59.

大家比一比折的角一样吗？初步感知角。再把折好的角，用手摸一摸，说说摸到角的边是什么感觉，摸到角的顶点又是什么感觉，加深对角的感知。接着小组合作，用准备好的学具创造一个角，进一步巩固了"角有一个顶点和两条边"。通过玩自己制作的角来初步感知角的大小是可以变化的，再用重叠法来比较角的大小，巧妙地引导学生发现角的大小与边的长短无关，而是与开口有关，最后再画角就非常简单了。整堂课上通过一个又一个的动手实践激发了学生浓厚的学习兴趣，学生玩得尽兴，学得开心，不但使学生深刻理解了所学的知识，而且促使学生智力活动的潜力得到充分的挖掘和发挥，这样的数学课学生能不喜欢吗？

数学实验不仅要学生动手实践，还要学生在动手的同时动脑思考。学生在数学实验之前会进行实验方法筛选的数学思考，合理安排实验步骤的数学思考，实验中搜集有用数学信息的数学思考，实验后得到什么结论的数学思考，等等。

如在教学体积的概念时，首先引导学生讨论：用什么方法能准确比较出土豆和芋头谁大？在交流中选择最合理、最可操作的实验方法——排水法；在合理选择实验方法的基础上明确实验步骤分三步：①在同样大的量杯中装入同样多的水，而且水不能太多，②分别把土豆和芋头放入水中，③观察有什么现象；然后让学生带着问题（你看到了哪些现象？这些现象说明了什么？）进行动手实践；最后分析现象理解体积的实际含义，得到本节课的教学目标。进行这样的实验活动，可以让学生在通过动手实践探索数学知识的同时，还学会进行有序的数学思考、选择有策略的对比数学思考、确定实践步骤的统筹数学思考、分析现象的数学思考、归纳整理形成结论的数学思考……这样学生不仅掌握了本次实验所要理解的体积的实际含义，也学会了如何动手实践进行实验。这样的数学实验不仅调动了学生的积极性，还培养了学生善于思考的习惯，从而还提高了学生思维能力和解决问题的能力。

数学实验需要学生在动手操作的同时，动脑想、动口说，这样的共同合作使得手、口、脑等多种感官有效结合，不但提高了学生的动手能力和语言表达能力，而且还促进了学生思维能力和创新能力的发展，并且在小组合作中培养了学生的合作意识和合作能力。

如在教学三年级下册"长方形的面积"时，首先引导学生大胆猜想长方形的面积和什么有关系。学生会猜可能和长方形的长有关，也可能猜与长方形的宽有关，还可能猜与长方形的长和宽都有关，甚至还有可能猜与长方形的周长有关。在学生不断思考、大胆猜想的时候引导学生在组长的组织下，合理分工，有序地开展实验。实验过程：① 用面积为 1 平方厘米的小正方形拼出 3 个形状各异的长方形。② 在记录单上分别记录 3 个长方形的长、宽、面积。③ 讨论长方形的面积和长、宽存在什么样的关系？在此基础上得出"长方形的面积=长×宽"就是水到渠成了。然后让学生分组先估计、再测量教室里长方形物体表面的长和宽，计算这些长方形的面积，看估的和算的是不是接近。最后引导学生在课后探究：在我们的生活中有很多物体的表面并不是长方形的，如正方形的面积怎样求呢？它的面积计算公式是怎样的呢？再如三角形，我们怎样可以知道它的面积呢？整节课学生在探究、发现的过程中，自己动手和动脑，获得了感性认识；经过启发、讨论和独立思考，学生主动参与、积极探究，获得了长方形面积计算的方法，学生思维能力、实践能力和创新意识得到了发展。通过小组合作，让小组成员各司其职、相互合作，学生的合作意识与合作能力也得到了提高。

实践出真知，数学实验正是让学生在动手操作中自己发现问题，自己思考问题，自己去寻找其中的奥秘，在探索中不断提高自身能力，在探索中体验成功的乐趣。数学实验，为学生的能力发展提供了一个舞台，为学生的自由发挥开辟了一个空间，在小学数学课堂中大力推进数学实验非常必要。

陈以强：让学生动手操作、体验，激发学生的参与兴趣。

我在让学生练习时，喜欢让学生把书本中出现的人物当作自己。因为这样一来学生会觉得这道题目更贴近自己，感觉更亲切。

给学生创造动手操作、亲身参与的机会，让他们在参与中体验成功。

如在教学"连加连减"一课时，我事先制作了一些天鹅头饰，并且请班里的九个小朋友戴着头饰表演天鹅飞来飞去的情景。下面的小朋友一看到这道活动的"例题"，立刻被深深地吸引了，积极性也被充分调动起来。教师很轻松地突出了重点，突破了难点。

利用学生好动及好胜的心理特点，组织一些数学竞赛抢答等活动，让每个学生都有参与的机会。

学习竞赛以竞赛中的名次或胜负为诱导，可以刺激学生自我提高的需要，从而在一定程度上提高学生学习的积极性，影响学习效果。一般的学习竞赛对于中等的学生影响最大，因此大部分孩子会在竞赛中通过努力不断进步。若采用竞赛与自我竞赛相结合的形式就会使先进的学生更先进，后进的学生也变先进。这样还有利于防止学生的骄傲情绪和自卑心理。例如在教学"10以内加减法、连加连减、加减混合"的复习整理课时，我采用了小组竞赛的方式，让每个学生都有参与的机会。竞赛分为三部分：口算、我当小考官和抢答思考题。每一项均为全班参与，并从各组选出不同人次进行评判，记入该组成绩。由于同学们的集体荣誉感都很强，以比赛的形式上复习课大大提高了他们的学习积极性，课堂安排层次性强，同学自己出题考自己进一步提高了他们的数学思维能力和理解能力，语言的表达能力方面也有了很大的提高。

雷玉威："排列组合"是人教版义务教育课程标准实验教科书二年级上册第8单元中的内容。

本课的教学目标有：通过观察、猜测、比较、实验等活动找出最简单的事物的排列数和组合数；初步培养有序地、全面地思考问题的能力；培养初步的观察、分析及推理能力。

本节课的教学重点是经历探索简单事物排列与组合规律的过程。难点是初步理解简单事物排列与组合的不同。

通过观察、猜测、比较、实验等活动，认识排列和组合。

抢座位（三人抢两座位）：

（1）无序抢。

（2）拿着数字卡片抢。

（3）猜：哪种情况是排列？哪种情况是组合？

学生自由发言，可以说出自己的想法。

（1）猜密码：为什么这么猜？——请学生自由发言。

（2）同桌合作：用数字 1、2、3 组成不同的两位数，能组成多少个？

①集体自由发表自己的意见。

②同桌合作：先商量怎么办？然后再由一人摆，另一人记。

老师用媒体出示温馨提示：要想不重复、不遗漏地摆出所有不同的两位数，应注意：有序思考、有序摆出，有序记录。

③全班展示：以同桌为单位，展示同桌的记录结果。（老师评价方向指引：谁有序，有什么顺序？）

（3）同学友好活动：握握手——三人小组活动。

①全班发表各自的感觉：三人分别握手，一共要握多少次？（引导：怎么想的？）

②三人小组活动。

温馨提醒：两人握手，另一人记录；每人都要与其他两人握手；怎么记录才简单？要求：先商量后活动。

这节课充分地体现了学生的主动性原则，让学生在快乐中学习，时刻吸引着学生的兴趣，整节课充满了活跃的氛围。

首先，出示了本堂课的主题，明确了本堂课的目标。然后抢板凳游戏的形式让学生初步感知了排列组合，学生对这个游戏非常感兴趣，当这个环节结束，老师说本节课就上到这里时，学生都要求继续上下去，对排列组合这个课产生了好奇。在学生的学习还没有结束时，又立刻拿出课件创造情境，让学生进入数学王国寻宝，再一次提高了学生的学习积极性，并且设计了一把密码锁，让学生找出密码才能进入。在寻宝的过程中，穿插了五个活动，包括同桌的合作学习，把1、2、3三张卡片拿出来摆两位数，同桌1个摆1个计数；3个孩子互相握手，要握几次手。两个活动后就来区别两个活动的不同点。之后，又有一个学科综合的活动，用3个汉字两两组词，最后进行了两个练习，并对这节课做了一个总结，让学生说说什么是排列，什么是组合。

这堂课老师只起了引导的作用，主要的知识是由学生自己探索发现的，学生学习知识的过程是主动建构的过程，完全不存在老师对学生硬灌这一现象。

这堂课中对学生的个性创造有了充分的体现，但由于活动过多、环节太杂，精讲点拨这一块做得还不是很到位，让大多数学生在突破难点上有一定的困难。

瞿晶晶：我在教学中发现，义务教育教科书人教版数学教材安排了很多贴近学生生活的情境图，这不仅关注到学生的年龄特点，同时也为教师的教学提供了丰富的、可借鉴的课程资源，大大地提高了课堂的教学效率。在教学中该如何有效地利用教材情境图？

（1）引导学生发现情境图中的数学问题，激发学生探究的欲望。

利用学生熟悉的生活情境唤醒学生的生活经验，更能贴近学生思维的最近发展区。让学生在多种生活情境的刺激下，寻找到数学与生活的连接点，自然引出课题。如人教版三年级（上册）"秒的认识"教学片段：

师：同学们，看——

课件出示"新年到，鞭炮声声，文化广场热闹一片，大家聚集在大屏幕前，和春晚主持人一起倒数新年钟声敲响"的镜头，镜头定格在运动的钟面上。

生：（情不自禁地高声跟着数）10、9、8、7、6、5……（新年的钟声敲响）

师：跟随着时间的脚步，我们又一次听到了新年的钟声。那么，谁能说说10、9、8、7、6、5、4、3、2、1应该用什么时间单位？

生：秒。

师：（用疑惑的语气重复）秒？（板书：秒）

师：同学们对秒这个时间单位好像很熟悉，你们还在哪里见过？

生1：学校对面马路红绿灯出现的时间，也是以秒计算的。

（课件出示马路上红绿灯指示时间的情境）

师：还有吗？

生2：秒表。体育课上，体育老师用秒表记录我们跑50米用的时间。

（课件出示体育老师用秒表记录短跑时间的情境）

师：哦！奇怪，新年钟声的倒数，红绿灯指示的时间，记录短跑的时间，怎么都用"秒"这个时间单位呢？

生3：因为"秒"这个时间走得很快。

生4：因为"秒"这个时间很短。

师：真是善于感悟时间的小能手！

师：计量很短的时间，常用秒。秒是比分更小的时间单位。

上述片段中，教师结合教材，利用情境图逐一呈现新年倒数钟声的情境、马路上红绿灯指示时间的情境、体育老师为学生记录短跑时间的情境，这样，不仅吸引了学生的注意力，激发了他们的学习兴趣，也让他们在不经意中调集自己平时的生活经验和知识积累，大脑中对"秒"由最初的印象到慢慢强化，从而抽象出数学概念与数学问题，比分更小的时间单位——秒的引入也就水到渠成了。爱因斯坦说过："兴趣是最好的老师。"而新课教学的导入，就是要通过情境图的呈现，挖掘学生已有的知识经验，在唤醒学生已有知识储备的同时，让学生对新授知识充满兴趣。

（2）充分利用教材情境图，进一步挖掘教材，引导学生深入探究。

以教材呈现的素材为载体，深挖教材中蕴含的数学知识，激发学生去寻找生活中的素材，从而加深学生对知识的理解，进而开展对新知识的探究。如人教版三年级（上册）"认识毫米"教学片段：

师：请同学们认真观察尺子上 1 毫米的长度，用手对着尺子比划 1 毫米的长度。

（抽两名学生上台展示）

师：谁来判断一下这两位同学比划得是否正确？

生 1：第一位同学是对的，从 1 刻度到下一小刻度是 1 毫米。

生 2：第二位同学也是对的，两个小刻度之间的距离是 1 毫米。

师：真聪明。下面请同桌互相比划，互相用尺子量一下比划得是否正确。（学生在比划与测量中修正 1 毫米的长度。）

师：同学们都比划得很认真。那么，你对 1 毫米的长度有什么感觉？

生 3：很短！

生 4：很窄！

师：对，1 毫米的长度很短，哪些物品的长度大约是 1 毫米？

生 5：尺子上两个小刻度之间的距离是 1 毫米。

师：没错，尺子上就有 1 毫米的长度。请同学们认真观察尺子有刻度那边的厚度大约是多少？

生 6：1 毫米。

师：真会观察！那么，哪些物品的长、宽、厚跟尺子有刻度那边的厚度一样大约是 1 毫米呢？

生 7：爸妈进校门的接送卡，还有业主卡。

生 8：游戏卡……

师：真会观察，生活中处处皆学问。老师也收集了一些。（课件播放：1 分硬币的厚度大约是 1 毫米，身份证的厚度大约是 1 毫米……）

上述片段中，教师轻松地利用情境图的提示，引导学生用手势比划尺子上 1 毫米的长度，发现尺子有刻度那边的厚度大约是 1 毫米，在比划中对 1 毫米的长度形成表象，继而引导学生发掘生活中更多、更好的素材来巩固对 1 毫米这一长度概念的理解。

（3）充分利用教材情境图，潜移默化地渗透教学思考和方法。

义务教育教科书除了强调算例算法外，还注重数学思考与方法。教师应充分利用情境图，有目的、有层次地向学生渗透数学思考与方法，可提高学生解决问题的能力。如人教版三年级（上册）"万以内的加法估算"教学片段：

师：同学们，喜欢看《爸爸去哪儿》吗？巨幕影院正在播放。

课件出示：

师：请同学们认真观察，这道题的问题是什么？解决这个问题，需要利用哪些信息？

生 1：问题是"六个年级的学生同时看巨幕电影坐得下吗？"需要利用的信息是"一到三年级来了 221 人，四到六年级来了 239 人，巨幕影院有 441 个座位"。

师：你打算利用这些信息怎样估算？在四人小组里交流一下你的想法。

（这里没有选择让举手的学生先回答，防止课堂变成少数优生展示的平台，而是让他们的思维与其他学生发生碰撞。）

学生自主探究进行分析与解答：

生 2：估成整百数计算：200+200=400，221≥200，239≥200，所以 221+239≥400，但无法判断是否大于 441。

生 3：估成几百、几十计算：220+230+450，450≥441，221≥220，239≥230，所以 221+239≥441，坐不下。

师：两位同学都用了估算，区别在什么地方？这道题进行估算时适合精确到哪个位数？

……

师：你的估算合理吗？如果合理，请作答。

上述片段中，充分利用教材的情境图，逐一渗透解决问题的三个层次教学：① 问题是什么？需要利用哪些信息？② 让学生自主探究进行分析与解答。③ 回顾与反思：你的估算合理吗？学生在教师的引导下逐步掌握解决问题的策略。看似放慢了教学的步子，实际上数学的思想在这里得到了有效地渗透，估算的意识得到很好的培养，学生的问题意识、反思意识也得到了有效的训练。

六、培养"具有信息化意识"的小学数学教师

教师的信息意识是指教师在面对信息的时候所具有的一种敏感度。教师信息意识的高低将直接影响教师获取信息、处理信息的能力。

教学形式和任务的变化使线上教学成为当前小学教学的重要形式之一[①]。根据当前阶段开展线上教学的实践经验，教育信息化推广势在必行。随着教育信息化的迅速发展，信息化教学作为一种新型的教学模式，在一定层面上已经改变了传统的教学方式[②]。

教育与技术融合背景下，运用现代信息技术可以显著提升小学数学课堂教学的有效性。目前，小学数学教学在学生核心素养培育层面存在不足[③]。对此，通过运用理论与实践相结合的研究方法，在明确现代信息技术的应用基础上，提出了增强学生的学习兴趣、丰富数学课学习内容、利用信息技术辅助学生建构知识框架、跟踪学生课后学习动态等实施措施，可以有效提升小学数学课堂教学有效性，促进学生个体数学核心素养的有效提升。因此，我强化了培养"具有信息化意识"的小学数学教师。下面就听听学员们对这些问题

---

① 王玲. 开展小学线上教学的实践与思考[J]. 名师在线，2021（19）：93-94.

② 许湘闽. 小学数学信息化教学应用策略的研究[J]. 天津教育，2021（26）：57-58.

③ 谢艳红. 现代信息技术在小学数学有效课堂构建中的应用[J]. 当代家庭教育，2021（25）：79-80.

的看法。

雷兆勇：如何开展好玩有趣的线上教学课堂教学，对于我们这些特殊教育教师来说，这是一个全新的命题，也是一个全新的挑战。前路漫漫，荆棘绵延，但只要我们坚守初心，定会以专业的操守保证不辱使命。

家长们表示，首先他们陪伴孩子听老师讲课，从老师那里学习到了辅导孩子的方法，他们变得更加有耐心了，脾气也好了，因为他们从老师身上感受到了对孩子的那份爱心，觉得自己作为父亲，应该为孩子付出更多，而不是埋怨更多。其次是他们从孩子这段时间的学习情况看到了孩子成长的希望，他们觉得自己的孩子虽然学习速度慢一点，但她们同样焕发出了生命的光彩，孩子的进步让他们看到了孩子未来的希望。

最后，家长们提出了如下建议：一是加强脑瘫徐动型孩子的动作康复训练指导，特别是导致其说话异常的呼吸与口肌能力训练；二是加强孤独症儿童家庭教育指导，特别是在疫情期间社会性互动大量缺乏的情况下，让家长学会如何做辅导；三是丰富亲子活动；四是增强孩子计算的独立性；五是加强体育锻炼指导；六是增加线上教学的趣味性。

针对调查结果，我以"好玩有趣、集中注意、学会思考、贴近生活"为指导思想，拟定了线上的教学计划，开展"好玩有趣的线上教学活动。

（1）科学理念——奠定好玩有趣的线上教学的基础。

《培智学校义务教育课程标准（2016年版）》为我们实施线上数学教学提供了全新的教学理念和依据。将智力障碍孩子培育成"好照顾的人、好家人、好帮手、好公民"，是基于不同智商水平的孩子提出的十分具有操作指导意义的本地优化的教育目标。在新冠疫情的特殊时期，"好玩有趣"的线上教学，能让我们的培智数学课堂充满童趣，让孩子们的生命在课堂时空感受到快乐，体会到数学在生活中的好玩，感受到数学的魅力。

"珍爱生命，尊重残疾，服务社会"，这是我们特殊教育教师最基本的育人理念。"有志无碍，有为无残"，学校校训所表达的豁达与乐观，是我们对孩子进行赏识教育的目标与归宿。值此非常时期，我们深刻认识到，特殊儿童不应成为教育的孤岛，他们需要网络搭起成长的阶梯，在我们的赏识激励之下，在好玩有趣的课堂教学之中，给他们快乐的方向。

给孩子们的线上学习带来快乐，这是我最大的愿望。线上学习是枯燥的，这种学习方式有很大的局限性。但特殊教育的特殊性就在于，家长的陪伴与辅导使我们的教学效率更高了。老师的任务就是不仅要通过好玩有趣的教学活动，吸引学生参与教学活动，让孩子们的脑子转起来，思维活动起来，还要能够通过多种方式的教学手段让学生安静地坐下来！

（2）潜心教学——实现好玩有趣的线上教学的真谛。

我使用江津向阳儿童发展中心按照此理论研发的一套针对学前智力发展迟缓儿童的课程——《知觉动作课程及其测评量表》对全班学生进行标准化测评。通过测评，我们可以了解到孩子现有的发展水平在哪一个层次。该量表共有 26 项标准。比如过了第六项（听指令前进跪走 3 步）没过九项（听指令交替半跪及复育数数 1~10 下）的孩子：他们基本上还处于概念的具体特征阶段与动作表征阶段，随着知觉辨别能力的发展，他们需要在具体事物的操作过程中，发现某一类别的事物与非同一类别的事物的各种外在属性之间的区别，这时候他们要大量地练习事物配对、分类等活动，处于知觉发展阶段。通过测评，我们班的 18 个孩子，最差的就是在第六项，最好的在第十二项（指令下交替半跪及诱导建立 1~10 数量概念）：即叫他做几个交替半跪他就做几个交替半跪，做完知道自己停下来。这意味着该孩子基本处于概念的图像表征阶段，有基本的概念理解能力，已经建立 1~10 的数量概念。处于概念期这一发展阶段，我们可能通过网络进行线上教学了。由此，我们也就能理解为什么有的孩子无法参与网上学习，因为他们的学习发展水平还处于动作知觉期，根本无法理解老师在讲什么，所以他们就无法做到自控并参与老师的学习了。

有了科学的测评结果，我就能为每一个孩子制订个别化教学计划了。根据个别化教学计划，不同障碍类型的孩子，教学时采取的方式方法都不会一样，学习内容、学习难度都会不一样，真正做到因材施教，一生一策。

在数学教学过程中，我根据班上学生的测评结果，将他们分成A、B、C三组，进行分层教学。总的教学目标主要是培养学生基本的数前概念、数概念、计算技能、测量技能、统计以及图形符号思考能力，按照学生数学能力发展顺序逐步提升学生的数学能力，如：一一对应、数概念、唱数、数数、运算、测量等。不同层次的学生，其学习内容、难易程度都不一样。每一名学生面对的学习内容都是最适合他们当前的心理年龄特点与知识水平的，学习过程中只需踮踮脚就能学到。所有的孩子都能通过简单的努力品尝成功的喜悦，所以他们会觉得我的数学课好玩有趣，乐在其中。

比如处于第六到第九项的孩子，我让家长每天监督他们做20组交替半跪，一组10个，边做边数，做到数数与动作一一对应，这是大脑、听觉、视觉、口腔与肢体的协调配合。完成任务后进行适当的社会性强化，让他们体验作为一个社会人所应得到的鼓励与尊重。

刚开始线上教学时，是复习1~100的数字的认识。这对于刚形成数概念的孩子们来说，颇具难度。生硬的读背肯定效果不佳。我让妈妈们为孩子准备了20颗黑围棋子，20颗白围棋子，20颗跳棋子，20颗青石子，20根棉签。总计100。然后让他们自己动手画了一张1~100的数字图，让他们边点数棋子边放在相应的数字上，每10个一排。慢慢脱离数字图，自己在白纸上边数边摆，10个一排。有的孩子摆得不整齐，我就启发他们画横线，画格子，折纸痕，他们还自己发明了好多方法来帮助自己摆整齐。

我们玩得最多的还是听声音在黑色卡纸上摆石子。我用电子琴弹出 5 个一样的音，孩子们就摆 5 颗，弹 10 个一样的音，孩子们就摆 10 颗石子。连续弹 6 个一样的声音，3 个不一样的声音，就是相同石子摆 6 颗，摆 3 排。

通过让孩子们在课堂上玩起来，孩子们参与度很高，感觉到了数学课的好玩有趣。因为所有的学习内容与学习素材均来源于生活，他们觉得倍感亲切。同时，在玩的过程中，他们锻炼了的听力、记忆力，提升了学习的专注度，最为重要的是培养了规则意识与热爱生活的态度。

何韵：利用多媒体辅助教学吸引注意力。"良好的开端是成功的一半"。精心设计课堂的开始，让学生产生良好的第一印象，无疑是这一课成功的关键一步，也能让学生兴趣盎然，收到事半功倍的效果。数学知识本身比较抽象、枯燥，如果用传统的教学方式进行教学，无法激发起学生的学习热情。有时教师在讲台上讲得滔滔不绝，绘声绘色，而学生在讲台下则是听得昏昏欲睡，或者偷偷地做着与学习无关的事情，丝毫没有学习的兴趣。这时，教师可以利用多媒体辅助教学，吸引学生的注意力。

在数学课堂上，经常会遇到教师说半天，学生还是一知半解的情况。这时，可以用多媒体帮助学生打开教学思路，突破教学重难点。调动学生的多种感官，让学生积极思考、探索，从而提高学生的创新能力。

教师在教学过程中，要从教学效果出发，结合教学内容，通过精心设计，巧妙包装，将愉快观念充分融入教学过程中，激发学生学习兴趣。

比如笔者在实际教学中是这样设计的：

联系实际引入。比如在教学"长方形的认识"时，结合"神六飞天"中飞行员身上的中国标志，引入课题。

利用多媒体手段引入。在刚进入课堂时，电脑出示一只蝴蝶特效："欢迎来到电脑王国，我是电脑王国的蝴蝶公主。今天，我要带大家一起走进一个有趣的数学世界。"

儿歌引入。在教学"凑十法"时，让学生接儿歌：你拍一，我拍（9），我们都是好朋友；你拍2，我拍（8），遵守纪律人人夸……

联系旧知识引入。这样能紧紧扣住学生的心，使学生充满好奇和饱含兴趣地进入后面的学习中。

彭丽、周妮：随着科技的进步，信息技术在教师课堂教学中发挥着越来越重要的作用。信息技术与课堂教学整合的研究也愈发深入。信息技术与学科整合是实施教育教学的有效手段。正如《基础教育课程改革纲要（试行）》强调的，大力推进信息技术在教学过程中的普遍应用，促进信息技术与学科课程的整合，逐步实现教学内容的呈现方式、学生的学习方式、教师的教学方式和师生互动方式的变革，充分发挥信息技术的优势，为学生的学习和发展提供丰富多彩的教育环境和有力的学习工具。信息技术与数学课堂教学怎样整合，才能更好地提高数学课堂教学的有效性？根据课堂教学实践，笔者认为在数学课堂教学中可把握这样几个策略取向。

（1）活化"期待点"，情景空间更丰富。

从物理学的角度讲，活化又称激发，是从外界获得足够能量后，其电子由较低的基态能级跃迁到较高能级的过程，也常指某一物质从其无活性状态转变为具有活性状态的过程。在数学课堂中，起始环节的关键在于活化学生对持续学习的期待，激活学习和情景的准备状态。铺垫好了这一层，才有学生的主动参与行为。问题情境？兴趣氛围？探索欲望？借助现代信息技术特有的教学内容的呈现方式，恰能满足这一课堂要求。所谓的活化期待，也就是创造能吸引学生主动参与并可能立即付诸学习行动的情境因素，可以是问题点，可以是情感点，也可以是兴趣点等等。活化期待，课堂的导入不再是硬生生、干瘪瘪的，学生的思考不再是散乱的、盲目的；活化期待，数学课堂愉快、和谐的情景空间不断拓宽、延伸、更加丰富。

以"圆锥的体积"教学为例。

（多媒体课件）大屏幕：一个五光十色、高速旋转的陀螺。问：同学们认识它吗？

大屏幕：在陀螺由动态转变成静态，并放大成空间立体几何图形。问：它由什么立体图形组成？（圆柱和圆锥）

大屏幕：在陀螺立体图形旁边标注出具体尺寸。问：你怎样才能知道这个陀螺的体积呢？（计算圆柱和圆锥体积，再相加）

大屏幕：（问题）怎样求下面圆锥部分的体积呢？

由于计算圆柱的体积是以学生原有的知识结构为基础，所以学生兴趣十足，而问题却进一步激活了学生的观察、思考和探索的期待，情景空间丰富开来。可见，利用信息技术进行情景的铺设，活化期待，课堂的导入生动而高效。

（2）简化"抽象点"，思维驰骋更自由。

小学阶段，学生的思维类型是以直观动作思维和直观形象思维为主，即学生的思维活动主要由与事物相关联的实际动作、事物的具体形象和表象的联想来进行。教学的主要任务之一就在于使学生的感觉、知觉转化为概念，用概念构成思想，并以言语的形式加以表达，进一步使他们学会把思想用于实际，将抽象的知识上升为具体的知识。信息技术在课堂中的运用特别是在突破知识难点上恰好能化繁为简，化抽象为直观形象，化静态为动态，有效地实现这一教学任务，不断提高学生学习的积极性。

继续课例"圆锥的体积"，学生结合教材，在独立思考和探索后，进入了激越的合作学习和动手操作，尝试用不同的方法来解决圆锥的体积这一问题。学生思维自由驰骋在广阔的知识草原上。在学生的交流汇报中，得出几个关键点：①圆柱和圆锥等底等高；②圆锥比圆柱的体积要小；③圆柱的体积是圆锥的体积的3倍。

此时，大屏幕：动画模拟实验操作过程，与圆柱等底等高的圆锥形杯子先后装三杯水，倒进圆柱里，听见咚咚的水声，圆柱形容器就刚好装满。闪烁的地方强调"等底等高"。

声音与图像结合，动态与静态相交，学生深切地感受到了知识产生和发展的过程，形象地理解到了抽象的概念。

大屏幕：圆锥的体积=1/3 圆柱的体积=1/3 底面积×高（注意：这里的圆柱和圆锥等底等高）。

学生谈谈对公式化理解。并用字母表示出公式。

大屏幕：动画模拟实验操作过程，用排水法求出圆锥的体积，一个圆柱形容器里装有适量水，显示这时水面的高度，再把圆锥形的模型浸没水中，水面上升，记下此时水面的高度，便可以计算出上升部分水（圆柱形）的体积，也就是浸入水中的圆锥的体积。这是把圆锥的体积转化成圆柱来算。两个方法异曲同工。

在信息技术运用的教学中，教师不再是教学的主导，而成为学生的指导者和信息导航者。他们和学生一样，成为课程的参与者。教师结合数学教学的特点和学生的实际情况，恰当把握整合的策略取向：活化"期待点"、简化"抽象点"、强化"关键点"、深化"实践点"，相信能不断地实现信息技术与数学课堂教学的有效整合，逐渐增加学生获取信息的正确方法和技能，激励学生乐于学习，高效学习，不断提高课堂教学的有效性。

钟健： 传统教学过程中教师通过黑板、教具模型等物体展示的各种信息，而利用计算机可以将成文字、图形、影像等资料进行一些必要的处理（如动画），将这些资料组织起来，在课堂教学时，利用大屏幕投影电视连接起来，也可以在网络计算机教室中进行，让学生能够更形象直观地发现问题和了解问题的实质。利用这种模式进行课堂教学，在较短的时间内，计算机使学生多种感官并用，提高对信息的吸收率，加深对知识的理解，因而可以做到更高密度的知识传授，大大提高课堂利用率。如对于圆周率的概念的教学，利用几何画板，可以对圆周进行展开，同时跟踪测量圆周长和圆半径，引导学生发现圆周长与圆半径的比是一个定值。由于实验中圆可以随意变化，学生很容易接受 π 的存在。

运用计算机多媒体教学方法可以实现师生互动的灵活教学模式。

学生自身由于家庭、环境等因素的影响，在后天的培养过程中会出现差异，所以我们大力提倡因材施教，让优异的学生"吃"得饱，让学习有困难的学生适当学习、及时"消化"。利用计算机，教师把预先设计好的教学课件放在多媒体教学网上，使每个学生根据自己的学习进度和接受程度自由选择相关内容，各取所需，并且可以多次重复观看，不再被动地接受教师的说教；同时，教师也可以对各类学生因材施教，提高教学的灵活性。教师在跟踪指导的过程中要多给孩子鼓励性的评价，要注意引导孩子分析出现错误的原因，以防下次出现同样的错误，要让孩子学会学习。人机交互式教学可以使孩子掌握自己能够接受的知识，同时教师也能够更好地掌握学生的学习情况，便于教师在课堂上及时调整自己的教学方法和目的。

数学的教学内容相对比较抽象，再加上有些内容的传统的教学手段难以直接呈现给学生，所以就导致部分学生难以掌握这类知识，这就形成了教学的难点。而教学重点是我们在教学过程中要求学生必须掌握的内容。传统的教学方法在某些教学重点、难点的教学上有一定的局限性。计算机辅助数学教学进入课堂，可使抽象的概念具体化、形象化，尤其计算功能进行动态的演示，从而弥补了传统教学方式在直观感、立体感和动态感等方面的不足，利用计算机的特点可处理其他教学方法难以处理的问题，并能引起学生的兴趣，从而增强他们的直观印象，这就为教师解决教学难点，突破教学重点，提高课堂效率和教学效果提供了一种现代化的教学手段。比如在讲图形的平移和旋转时，如果用传统的教学方法，就用教具进行比划或在黑板上画图演示，整个过程不仅慢而且还不能清楚地演示移动的过程，而且很难把平移后的图像与原来的图像的关系说清楚，学生很难掌握。但用计算机辅助教学，可以很清楚地看到整个过程。

下课后，学生可以利用一些辅导软件来巩固和熟练某些已经学会的知识和技能。提高学生完成任务的速度和准确性，同时老师也能够利用辅导软件了解学生的学习的掌握情况。这种课件不仅可以提供文字、图形、动画、视频、图像，还有语音解说和效果音响，图文并茂，具有很好的视听效果。教学内容的组织多按章节划分知识点模块，学习者可以根据需要自取进度，逐步深入地学习，复习已经学过的知识内容。这种课件能够补充课堂学习的内容和加强对概念的学习。交互性、及时反馈和足够耐心的优点使得数学辅导课件非常有用。

教学内容改革的一些思考。

多媒体计算机与数学学科教学之间是相互辅助的关系，二者相辅相成、不可分离的。随着计算机慢慢地深入人们的生活，整个社会已经从依靠纸笔运算转换到有效地、恰当地使用技术，计算机技术能帮助学生用数学思想深入思考问题、简化概括过程，提高学生解决问题以及在几何与代数、代数与统计和真实问题情景与相关数学模型之间建立联系的能力。数学教育应安排更多的时间让学生去思考和理解更本质的方面，学会提出问题和抽象概括，从而达到帮助学生深入地思考数学、应用数学的目的。学校的数学教学应更重视培养学生对数学思想、方法及其应用的认识，重视现实问题的解决。

在数学教学中，很多问题都可以考虑让学生在计算机上去解决，现在已经有一些软件可以让学生去使用。例如利用电子表格、Word文档、Flash 等软件都可以培养学生的数学思维，如建立方程去解决分组问题，进行估算以及检验一个变量的变化对其他变量的影响等。电子表格在帮助学生探讨数量关系方面也是一个有效的工具，教师可以要求学生研究不同列的值，并总结出其中的数量关系。另外，许多电子表格还有加、减、乘、除、求和和求平均数等功能绘制统计图工具，这能很好地帮助学生完成统计里的学习任务。再如，Flash里面的函数公式可以让学生去学习数学函数的相关内容。

七、培养"有效开展课程德育"的小学数学教师

育人是学校的根本任务,课程德育是不可或缺的手段,培养"有效开展课程德育"的小学数学教师迫在眉睫、势在必行。

在新课程改革工作不断推进的过程中,小学数学教学体系愈加完善,其要求在实践教学中不仅要讲解数学基础知识与技能,还要重点培养学生的综合素养,培育学生成为社会需要的综合型人才[①]。基于此,小学数学教师要充分认识到新课改背景下的小学数学教学目标,不断优化自己的教学模式,在教学设计中融入德育教学内容,以此来满足新课程改革的教学要求,发挥小学数学学科教学的价值。

雷兆勇:作为小学一线数学教师及班主任,应按照"有教无类、因材施教"的指导思想来进行教学,才能使小学生在该阶段的个别差异保持动态平衡。也只有在这样的理念下工作,才能够满足家长对自己孩子的殷切的期待,取得良好的教育效果。

要进行"因材施教",首先得全面了解该班的学生的学习特质和学习水平,找出他们差异的地方,再针对其弱项、缺点进行有针对性的辅导或教育,对其强项、优点进行拓展或发扬。在教学过程中,要借助家长学校、家长会等经常与家长进行沟通,让家长充分了解自己孩子学习的优弱势,教给家长教育孩子的思想观念和方法,告诉家长近一个月内的教学计划,家长需要在家里配合教师做辅助性工作。只有通过家校合育,才能达到教育效果的最优化。

通过一段时间的教育教学观察,我对全班学生有了准确的了解,我把他们的学习水平进行了大致划分。这样划分的目的就是达成"有教无类,因材施教"的目标。因为在家长的心目中,自己的孩子是最聪明的,他们从孩子入学第一天起,就对孩子抱有很高的期望,觉得自己孩子第一学期学完,一定会是双百分。事实却大不相同。我们

---

① 王金凤. 在小学数学课程中融入德育教学的策略研究[J]. 天天爱科学(教育前沿), 2021 (8): 163-164.

要通过各种途径让家长明白，先天遗传、家族环境、后天教育培养等因素都会造成孩子身心发展差异，其学习能力是有差异的。我们要针对这些差异采用不同的教学方法，以达到最优的教学效果。

其次是制定班规，如不准带玩具、漫画书等到学校，如上课前应准备好本堂课的相关课本及用具，其他的一切物品均应放于书包内，还有就是加强课堂的精彩程度，吸引该部分孩子的眼球，延长孩子集中注意力的时间，不让其走神。

在家庭教育中，对于专注力欠缺的孩子，家长应该对其进行专门的训练。家长要挤出时间来，经常和孩子玩一些亲子游戏，如下跳棋、象棋、五子棋，经过半年到一年的长期坚持，孩子的专注度就会得到大幅提高。

同时，家长一定要有意为孩子设定赏识目标，完成一定的目标任务，他就能得到一定的奖赏。家长可以利用孩子好玩游戏的心理，告诉孩子，如果他能在一小时内看完一本课外书，在经过检验以后，他就可以玩十分钟的游戏。这样，游戏就成了激发他看书的动力，这不是化害为利吗？

父母和孩子一起制订一个规则（合约），然后相互监督，相互评分，相互奖励。根据孩子的表现情况，家长可以在单位时间里，规定孩子可以玩手机、打游戏的时间，如果孩子坚持完成一周、一个月、一季度，你给孩子分别奖励什么？完成50%的目标奖励什么？等等。公平起见，家长也要在规则包含一些自己需要改进的地方，如不训斥孩子，不唠叨等等，同时让孩子监督，如果做不到孩子也可以惩罚家长。如果所有家庭成员都能肩负起自己在合约中的责任，孩子的进步是可以期待的。

对于家长而言，我们要具备两个理念：

一是要培养家庭成员对自己孩子的信任。要想孩子自信，家长得相信自己的孩子是优秀的，至少在某些方面是优秀的。要给孩子创造独立的机会，让他们在实践的成功之中建立自信。

二是要尊重孩子。孩子是一个独立的人,有自己的思想。如果家长不能在孩子成绩好时就尊重他,成绩不好时就任意贬损他,那就错了。家长一定要学会换位思考,自己当年是不是和他的处境一样?自己那个时候最需要的是什么?我现在该给他提供什么帮助?

第一,家长无私的爱是孩子自信的动力和源泉。不管孩子考好还是考差,都不影响对孩子的爱,养育他成为一个独立自主的人、正直的人,是你最大的目标。爱孩子对家长而言是无条件的。

第二,当孩子要做某事的时候,家长要学会放手,让他去尝试,而不是包办所有的事情。因为你的帮助让孩子永远都无法在锻炼中建立自信,获得自信。

第三,善于发现孩子的优点。没有一无是处的孩子,父母要善于在孩子身上寻找闪光点,并及时给予赏识。这是让孩子认识到"我能行"的天赐良机。

第四,父母对孩子的期待要合理。你的孩子也许永远无法成为爱因斯坦。你过高的期望值只能让孩子时常感受到挫败。调整你的期望吧,以孩子一般的水平,他只能得 C,如果他今天得了一次 B,你就庆祝吧,因为你的孩子进步神速!不管过去,不管未来,只要活在当下,你和孩子都会是幸福的。

综上分析,在教育孩子时要分类关注,分类讲解,要在家校合作的基础上,通过赏识教育,培养其良好的学习习惯和生活习惯,以及环保意识、爱国意识、感恩意识、安全意识等。在教学时,应分内容不同,学生智力水平不同,家庭环境不同,要求各异,坚持对症下药,关注后进生,细到每个人,不让一个学生掉队,真正做到学而有异,授而有异,和而不同,真正做到有教无类,因材施教。

汤和平:现代教育要求教师不能再像以前的老教师采用体罚等手段来教育学生。现代的学生越来越懂事,他们不再以为老师是权威,他们已逐渐有自己的观点。

教师通过创设一定的道德情境,让学生在想象性的情感体验中,经历动机的冲突、情感的激荡、认识的升华。我们都有这样的经验，要在平静的水面击打出浪花，只轻轻拍击一下是不行的，而应把手插入水中，用力持续推动，则后浪推前浪，水势汹涌。班主任要在学生心头引起持久汹涌的感情"巨浪"，只轻轻"搅动"一下也是不行的。苏联教育家赞可夫指出：教学法必须触及学生的情感领域，触及学生的精神需要，才能发挥高度有效的功能。因此，教师要善于唤起和诱发学生对道德现象的情感体验。我们要逐步培养学生善感的心灵，让学生真正地感动，以自觉的行动克服不良的行为。

　　既然我们选择了教师这一职业，就不要吝惜自己的情感；只有自己心中拥有太阳，才能给人以阳光；只有掌握了爱的艺术，你的心血才会浇灌灿烂的希望之花。

　　雷玉威：对于将德育教育与二年级高效课堂的数学教学相结合，我有以下理解：

　　（1）提高渗透德育教育的意识。

　　我国教育的目标是培养德、智、体、美、劳全面发展的社会主义现代化建设的接班人，其中德育教育在五大教育中处于首要地位，可见学生的品德教育对学生的全面发展起着多么重要的作用。而在小学教学中，学生对数学的学习又占据了他们非常重要的一部分学习时间，因此在提高课堂效率的同时，加强德育教育对数学教学的渗透就非常有必要。高效课堂与德育教育具有对立统一的关系，提高课堂效率有利于加强德育教育的渗透，为德育教育提供更多的时间；而德育教育同样可以促进课堂效率的提高，学生在"动情"和"晓理"以后会更加认真地学习，从而提高学生课堂学习的效率。

　　（2）以优秀的数学文化感染学生。

　　二年级是学生从具体形象思维向抽象思维过渡的关键时期，这一阶段学生的课堂注意力集中时间只有 10～20 分钟，那么要想学生在课堂 40 分钟里获得最大的收获，就必须提高课堂效率。活动和游戏是吸引学生学习兴趣、提高课堂效率的良药，但同时优秀的数学文化也可以有效地吸引学生的学习兴趣，提高课堂的效率。

比如，二年级的教学重点里有乘法口诀，在乘法口诀的整理与复习中就介绍了在我国乘法口诀的历史。课本中谈道："我们学习的乘法口诀，在我国两千多年前就有了。那时把口诀刻在'竹木简'上，是从'九九八十一'开始的。所以也叫'九九歌'。七百多年前才倒过来，从'一一得一'开始。我们现在学的乘法口诀有45句，叫'小九九'，有的地方用81句口诀，叫'大九九'。"教师在教授时首先让孩子们自己看一遍这段话，然后让他们把乘法口诀产生的时间勾画出来，和现在很多外国人都不会背口诀做一个对比，充分地提升了他们的民族荣誉感；其次，教师引导学生要向古人学习，从"九九八十一"开始背，即把口诀倒过来背，有了古人做榜样，学生背诵口诀的积极性非常高；最后，教师还介绍了"大九九"，让孩子们比赛把"大九九"也背出来。学生在整个教学过程都充满了饱满的学习兴趣和热情，这样也大大地提升了课堂教学的效率。

（3）用特有的数学美陶冶学生。

美的事物人人都喜欢，人人都爱看。二年级的学生也对美的事物赞不绝口，因为美的事物不仅会给人以视觉的享受；而且一般是直观的，是看得见、摸得着的东西，这让学生理解起来更加方便容易。高效课堂中就应该更多地营造出特有的数学美，让学生在美的享受中轻松自在地学习。

比如"轴对称图形"和"镜面对称现象"这两课，我在设计的时候非常注重一些漂亮图片的收集，让学生首先欣赏一些美丽的轴对称图形或镜面对称现象，然后在学生对他们有了一定的认知时再引出这两课时相关的内容。如此，不仅学生充分地欣赏到了数学美，还为接下来学生对这些美的图形或者现象的学习营造了一个轻松的学习氛围。

（4）以科学的数学观武装学生。

数学中的辩证因素大量存在，要善于用数学中的辩证思想去进行数学学科德育。而在数学中，加与减、乘与除、乘方与开方等都存在矛盾的对立与统一的关系。而对于小学二年级数学来说，"加与减"是最重要的一组对立与统一的关系，教师在教学时应该着重引导学生看清楚"加与减"之间的关系。

比如，"乘加乘减"这一课时，主题图呈现"游乐园里的旋转木马图，一共有 4 个旋转木马，其中 3 个旋转木马都坐 3 个孩子，第四个旋转木马坐了 2 个孩子"，教师在引导学生写出不同算式即"3×4-1=11"和"3×3+2=11"以后，还要特别引导学生找出这两个算式的异同点，从而使学生能够更好地理解"乘加"与"乘减"的区别与联系。

（5）用实际生活中的数学激励学生。

美国著名的教育家杜威说过"教育即生活""教育即生长""教育即经验的不断改造"。教育与生活是密切联系的统一体，教育离不开生活，生活中处处渗透着教育的契机；生活也离不开教育，教育能够帮助学生更好地生活。实际生活中的数学知识不仅丰富多彩，并且充满了课堂数学所不具备的实用性。学生通过解决实际生活中遇到的数学难题，能够让学生了解学习数学的重要性和必要性，促使他们更加努力地学习数学知识，自然而然提高课堂的效率。

在进行数学教学设计时，我尽量结合实际生活，运用实际生活中的数学案例来进行教学。比如，统计学习画条形统计图。教师先制定统计表，用正字统计出学生最喜欢的动物人数，和自己切身有关的，学生就会非常感兴趣；然后把正字变成数字；接着就教学生画统计图。再比如，在认识长度单位这一单元，教师让学生在家里面测量一些家具的长度，并将其记录下来，第二天学生在课堂上汇报自己的测量情况，由其他同学评价他测量得是否合理。这些都是贴近学生生活实际的内容，很容易吸引他们的学习兴趣。

雷兆勇：通过建立家校共育机制，完善各项共育制度，严格考核教师的日常沟通效能，从而实现教师与家长心灵的无缝连接。

学校家校共育的核心精神就是"爱孩子"。教学理念"有志无碍，有为无残"，充分展现了我们对孩子的殷殷期望与真诚的鼓励。校训"欣赏关爱"既是老师们的内心表达，也是学校对老师们提出的严苛要求。

作为特殊教育学校的教师，在与孩子们朝夕相处的过程中，能够真切地感受到作为这些孩子父母的不易，对这些家长心中的那份痛苦与无助也感同身受。令人感动的是，孩子们的父母们没有放弃希望，他们总是千方百计把孩子送到学校来接受教育。孩子们的一点点进步，都令他们欣喜万分，真是天下父母心啊！

因此，对于孩子们的家长，我们内心充满了同情；对于孩子，我们胸中溢满了怜爱。看着一个个鲜活的不幸的生命，我们没有理由放弃。我校陈校长常说的一句话就是："我们拯救一个孩子，就可能拯救一个家庭！"多年来，我们学校把"不拒绝任何一名孩子，不让任何一名家长再受伤害"纳入师德师风建设的管理制度，要求老师们时刻鞭策自己，平等地给予他们受教育的机会。因为，这意味着会给我们意想不到的惊喜。

学校改名为"涪陵区特殊教育学校"那年，新收了一名插班听障生——18 岁的小 A，他一米八几的个子，壮硕的体魄，青涩的胡须，手足无措的神情……面对这一名从未入过学的大龄小学生，我们直犯嘀咕：他虽是聋哑，却不会手语，交流怎么办？从未上学，现在插班，落下的四年课程咋办？再加上如果他惹是生非、欺凌弱小，我们又该怎么办……在我们心里，有几十个疑问，几百个不情愿。

学校领导耐心地给老师们做工作，说他家里父母都是老实本分的农民，上天弄人，不仅幺儿是聋哑人，他们的大儿二儿三女也是聋哑人。他们也曾绝望，也曾经想要放弃。然而父母之慈爱，如此博大，父母之胸怀，如此宽广！他们没有选择放弃，而是含辛茹苦把孩子们都拉扯大。看吧，那深深的皱纹，那因整日竹编而布满老茧的双手，都是他们血泪的印记。如今，小 A 已经是其父母最后的希望了，作为常自诩为人道主义者的我们，难道还有什么理由拒绝他吗？

老师们热泪盈眶，虽未为人父母，但已经从陈校长的泪眼中感受到了自己义不容辞的责任！从小 A 母亲那渴盼的眼神中感受到了殷切真诚的信任！

在学校领导的支持与配合下，我们为小 A 制定了详细的教学方案，利用课余时间，对他落下的功课从 1、2、3 学起，从简单的一笔一画教起，从手语中每一个手指关节的变化、每一个表情的意思表达、每一个细小动作练起。

我们还发现他非常喜欢篮球，于是鼓励他发挥自己的身高优势，请求体育老师对他进行了系统的训练。通过坚持不懈的努力，短短几年，他就以熟稔的球技被选入重庆市聋人篮球队。

临近毕业时，眼瞅着他和全班的同学工作无着落，陈校长心急如焚，难道他们只能回到荒远偏僻而又看到不到希望与出路的老家吗？难道我们的特殊教育，必须要面对这残忍的结局吗？

那年暑假，校长带着同学们一起找残联、求朋友、觅信息，不知有过多少次的展示、解说和哀求，历经了无数的碰壁、失望和迷茫，最后终于为每位同学都谋得了一份收入还算不错的工作。

如今，他已经在重庆主城买了房，娶了妻，育了女，过上了幸福的生活。特殊教育，彻底改变了这个家庭的命运。

从此，小 A 的母亲成了我们学校最好的宣传员，她逢人就夸我们特殊教育学校的好，真是感激涕零啊！此时此刻，教师与家长的心，彼此交融，升华为永世不忘的恩情。

从此，"不拒绝任何一名孩子，不让任何一名家长再受伤害"，让他们充分享受国家发展带来的民生成果，成了我校制度建设之中首要的一条办学目标。

走进家庭，是实现教师与家长两心交融的有效途径。

孩子的教育与训练，是教师与家长之间共同不变的话题。孩子的成长环境，是教师们最为关注的地方。2016 年 3 月以来，学校每个月都要利用周末休息时间组织全体教师分组进入到孩子家中进行家访，具体了解每一名孩子的生活环境和在家学习情况，用具体的教育措施取得家长的信任与支持。对于每一个家访的孩子，我们要求教师们完成以下工作任务：

（1）对家长进行心理疏导和技能培训。

许多残障孩子的家长对待自己孩子的态度或多或少会受其残疾影响，或过度溺爱，或放任不管，或无所适从。教师要从专业的角度，给他们解释孩子残疾的成因，使其了解。有的孩子的残疾，是可以通过教育训练，充分改善其症状，实现与正常人接近或一样的功能，从而帮助家长建立信心。

（2）向家长介绍我们学校的发展情况。学校派出的每一个家访小组手中，都有一本我们统一编印的《教师家访工作记录手册》(简称《手册》)，在《手册》里，通过多幅图片，我们向家长们介绍了我校的校舍情况、教师师资、近十年来取得的丰硕的成绩，同时还介绍了我校的办学理念系统、学校家访活动方案。

（3）了解学生家庭基本情况。

这包括家庭住址、父母姓名、学历、职业、联系电话，家庭成员及家庭收入情况、学生基本情况和家长对孩子培养的希望。

（4）详细记录，客观评价。

教师对此次家访目标的实现程度进行客观评价，并照相记录家访过程。

家访的过程是漫长而艰辛的。我校有的学生家住龙潭、大顺，教师们常常要驾车五六个小时才能完成家访任务。但家访作为我校家校共育最重要的一条制度，我们学校是坚定不移地执行的。

送教上门，是实现教师与家长两心交融的有力手段。

每年的九月份，我校都会迎来大量的智力障碍学生，导致我们学校的一年级新生班大大超员。国家规定培智班的最大班额不能超过十二个，可我校的现状是基本上每个班都有近二十个。如果从特殊教育专业性出发，针对这种智障孩子，最行之有效的教学方法就是个别化教育。太多的智力障碍学生在一个班，而且智力程度不一，给学校的教学安排带来巨大的困难。个别化教育更是无从谈起。甚至有的学生目前的生活自理水平还无法适应学校的班级授课。因此，为了实现这些孩子的最优化安置，我们针对不适应我校班级授课的孩子采取了送教上门的教学方式。学校与家长约定，每个星期周末，学校组织四次送教上门服务，在这两天时间里，老师们四人一组，备好课，带上教具，驾车到孩子家中给孩子上课。教师在给学生上课的同时，家长必须旁听，因为老师走后的余下时间里，他要帮助完成老师布置的训练任务。因此，家长必须一同学会许多个别化训练技巧，如语言训练技巧、动作训练技巧、脑瘫儿童的日常摆位等。

胡雪梅：在微信广泛普及的背景之下，以微信平台为核心，建立家校共育模式，已受到乡镇小学的高度重视。随着微信平台在教育领域的深度应用，家校共育对微信的应用也开始呈现多元化态势。微信工具的多元化利用，一方面体现了微信互动对家校合作的积极作用，但另一方面也带来了一些新的问题。例如，部分家长在班级微信群中随意发布投票信息等与教学无关的内容，或者直接将未经验证的谣言发布到微信群中，引起恐慌。针对此类问题，学校应当及时纠正学生家长的不当言行，必要时在微信群中告知其他家长引以为戒。在此过程中，管理者需要注意盲目干预家长言论自由对家长参与态度造成的不良影响，在给予家长充分尊重并取得家长理解的情况下，告知家长不当言论可能对学生以及其他家长造成的损害，从而让家长自觉遵守微信群管理规范。在改善微信群应用异化问题的同时，微信群的管理者还应当建立净化微信群环境的任务，让微信工具在家校共育中的应用呈现良性循环。需要注意的是，微信环境的营造，还需要学校在发布信息的监管上花费一定的精力。以学校微信公众号的管理为例，在发布信息之前，需要由专业团队对发布内容进行审核，重点评估内容的价值观导向是否正确，文章质量是否符合相应的标准，以及文章内容的深度是否恰当等。除加强微信公众号发布信息的监管，学校还应当建立可靠的制约机制，为微信环境治理提供一定的保障，尤其需要注意点名批评、盲目引用负面案例等问题，维护学生的身心健康。

在净化微信环境的基础之上，以树立良好学风为目标，结合微信互动实践的具体特征，建设"三位一体"的学风板块，准确把握乡镇小学的办学理念，教师、学生以及家长之间的联系，从而精准践行家校共育机制。从微信互动实践视角来看，学风板块的建设，需要有明确的内容质量标准，即确保该板块呈现的内容，对微信平台良好学风的树立有促进作用，能够引导学生、家长以及教师有意识地对自身职责的履行情况进行监督，规范学生自学、家长开展家庭教育以及教师授课等活动中的言行。考虑到乡镇小学的教学实践，以及家校共育迫切需要解决的难题，学风板块可重点从以下几个方面入手：① 设置奖惩公告栏目，根据学生在学校的表现，给予客观评价，家长能够通过该栏目及时掌握学生在校的学习情况与生活情况；② 设置匿名评教栏目，学生对课程教学设计或者教师的授课方式等有建议或者想法时，可通过该栏目匿名表达观点，而教师可根据学生的反馈信息适当调整现阶段采取的教学模式；③ 设置思政教育栏目，由学校思政课老师收集、整理相关素材，重点围绕家庭教育、家校共育等主题筛选素材，不定时发布正能量文章。鉴于微信互动实践的深度与广度要求，乡镇小学在建立微信公众号学风板块时，应当根据家校共育的具体方案，科学设置该板块的栏目，增进学生、家长以及教师之间的互动交流。

受客观条件的限制，乡镇小学在微信平台的应用上仍然缺乏可靠的经验与实践数据，而以微信互动为基础构建家校共育模式，势必会遇到各种应用难题，如何充分发挥微信平台的优势，借助这一网络媒介实现师生、教师与家长之间的高效沟通，并弥补乡镇小学在教学资源、师资力量等方面的短板问题，是乡镇小学迫切需要解决的难题。正确使用微信平台，需要学校做好版面设计、板块布局、功能设计等方面的工作，确保微信平台的引入能够满足乡镇小学家校共育的实际需要。例如，在背景、界面风格的设计上，可将地方文化特色、学校的办学理念融入其中，增强学生、学生家长的情感共鸣；在版面内容的设计上，由于学校微信公众号的使用人群主要为教师、学生以及学生家长，根据不同人群的使用需求，有针对性地定制板块内容，有助于公众号利用率的提升。而在后续使用过程中，公众号的管理人员还应当根据实际情况对版面设计进行微调，进一步提升平台利用效率。此外，对教师而言，平台需要提供必要的数据分析功能，方便教师掌握家长的活跃度以及近期发布信息的点击率等关键指标，为内容的逐步完善提供参考信息，并逐步建立起长效机制，不断更新微信平台。

八、结语：黄红涛名师工作室可持续发展的思考

名师工作室应坚持有视野、有情怀、有理念、有行为的四有标准，做到有格局、有动力、有灵魂、有作为。这样工作室才能更好地发挥名师的示范、辐射和引领作用，为青年教师提供学习和成长的平台，促进区域教学质量的提升和教育的发展。①很荣幸能成为重庆市小学数学骨干教师、市级学科名师、涪陵区名师、区名师工作室主持人。

沐浴着冬的考验、春的喜悦、夏的热情、秋的收获，承载着涪陵基础教育可持续发展的希望，我们相聚在名师工作室。这里，是一方提升素质教育理念的沃土；这里，更是老师获取真知，提升自

---

① 汪永富. 试析名师工作室建设的"四有"标准[J]. 教师教育论坛，2021，34（8）：82-83.

我的摇篮。有一句哲言是这样说的："交换一个苹果还是一个苹果，交换一种思维即是一种理论思想。"我们在这里要交换自己拥有的"苹果"，牺牲自己的休息时间，不惧高温酷暑，惜时守纪，尊师守道，勤学互助，能得到教育专家的引领，学习理论，商榷经验，转换角色，升华思想，开启了我们理论学习的扉页，更新我们的教育行为观念，转换我们的教育思路。在工作室里，我们系统学习了习近平新时代中国特色社会主义思想、习近平总书记关于教育的重要论述、教育基本理论、教师职业标准、数学课程标准等，丰厚了我们的理论底蕴。

教育发展永远在路上，我们必将带着责任上路，带着对涪陵区基础教育事业美好未来的渴望与寻求上路，轻装上阵，在学习中不断锤炼自己，在研讨中不断提升自我，用我们的睿智让涪陵区的教育充满无限希望！

乐学无止境，人生不设限。教育改革永远在路上，需要我们持续深化问题自省，动态内化思行改进自觉。

适应外在诉求，激发内生活力，进一步持续砥砺特色办工作室的专业品质，办有温度的小学特色工作室。

所谓特色，不仅是一种横向比较，还是一种纵向进取，要与时代同呼吸。工作室取得的成果解决了一些固有的教学问题，面对教育改革进入深水区，要全面把握世界百年未有之大变局和中华民族伟大复兴战略全局，坚持中国特色社会主义教育发展道路、培养德智体美劳全面发展的社会主义建设者和接班人。这有待于进一步深刻把握新形势下小学育人体系构建与实践的动态外在诉求，进一步系统深化小学教育教学改革为什么、是什么、做什么、怎么做等本质问题的理性审视与实践应答，进一步动态激发成果内生活力，持续砥砺名师专业品质。

立足对标对表，探索个性发展，谋求工作室创新突破，进一步动态创新小学教育教学改革的实践模型的内生格局，办有美感的小学创新教育。

所谓创新，更为关键的要素并不在于从无到有的独特性，而在于从有到优的优质性和从优到精的稳定性。工作室在建构优化育人的实践模型基础上，有待于进一步深化开展"度势、聚道、务器、实证"相统合的实践研究探索，联实际、优实践、具实效、重实证，动态创新、优化实践模型，进一步内生探索小学育人的主题、目标、课程、模式、评价、管理等核心要素的精准把握与思行突破，积极加强小学创新育人体系构建与实践的内生性格局建设。

要基于结果导向，注重过程本位，聚焦核心素养，进一步丰实拓展名师工作室的示范引领的策略建议，办有广度的小学质效教育。

所谓质效，反映在结果，生成于过程。工作室在提出了育人体系构建与实践策略质效建议的基础上，有待于进一步基于结果导向，注重过程本位，聚焦核心素养，有针对性地、实效化开展小学育人体系质效改进的实证研究，进一步拓宽工作室成果的辐射面，在实践中检验、在实践中深化、在实践中升华，进一步加强共性诉求的个性演绎、隐性经验的显性凝练、零散思考的系统整合、感性体悟的理性升华，为小学育人体系的质效改进提供更具建设性启示与实效性借鉴的示范引领。

参考文献

［1］吴支奎，邹秀秀. 新时代教师的社会素养及其培育[J]. 教育科学研究，2021（8）：86-90.

［2］周九诗，鲍建生. 中小学专家型数学教师素养实证研究[J]. 数学教育学报，2018，27（5）：83-87.

［3］许建立. 小学数学思想方法与学生数学素养培育——评《小学数学与数学思想方法》[J]. 中国教育学刊，2021（7）：144.

［4］宋乃庆，蒋秋，李铁安. 数学史促进学生学习发展——基于小学数学课程的视角[J]. 自然辩证法通讯，2021，43（10）：71-76.

［5］杨健，李磊，傅海伦. 中国当代小学数学课程目标发展演变的特征分析[J]. 数学教育学报，2020，29（5）：36-40.

［6］朱忠明. 小学数学课程目标70年的演进与展望[J]. 基础教育课程，2020（6）：50-56.

［7］赵娜，孔凡哲. 新中国成立70年小学数学课程内容的发展历程、趋势与诉求[J]. 教育学报，2019，15（6）：34-39.

［8］孙彦婷，李星云. 我国小学数学课程建设70年的历程与发展趋势[J]. 课程·教材·教法，2019，39（11）：53-58.

［9］叶育枢. 香港小学数学课程评价："理念""方式"与"启示"[J]. 数学教育学报，2019，28（5）：19-23.

［10］白颖颖，马云鹏，Douglas McDougall. 加拿大安大略省小学数学课程改革探析[J]. 外国教育研究，2019，46（4）：63-76.

［11］曹培英. 课程改革进程中若干地方性实践的回顾与分析——上海市基于"五四学制"的小学数学课程内容精简样例[J]. 课

程·教材·教法，2018，38（12）：42-46，20.

[12] 章全武. 改革开放 40 年小学数学课程的嬗变——基于 7 份课程文件内容的分析[J]. 上海教育科研，2018（9）：18-22.

[13] 殷娴，杨涛. 小学数学课程"数学思考"目标体系的构建[J]. 课程·教材·教法，2017，37（3）：85-89.

[14] 刘久成. 五国小学数学课程内容的比较及启示——基于现行中美澳英日小学数学课程标准[J]. 外国中小学教育，2016（10）：58-64.

[15] 罗锐. 慧雅文化小学数学课程基地的创建[J]. 教学与管理，2016（23）：4-5.

[16] 张文宇，宋军. 加拿大小学数学课程标准中的数感与运算能力评析——以安大略省为例[J]. 数学教育学报，2016，25（3）：38-43.

[17] 陈婷，孙彬博. 清末民国时期小学数学课程的嬗变及其评析[J]. 数学教育学报，2016，25（1）：21-24.

[18] 李伟. 美国小学数学课程标准及其对我国的启示[J]. 教学与管理，2016（2）：56-58.

[19] 吴正宪.《新版课程标准解析与教学指导——小学数学》书评[J]. 数学教育学报，2015，24（5）：100.

[20] 陈婷，谢升梅，蔡金法. 我国中小学数学课程中"问题提出"的演变——基于课程标准（教学大纲）的分析[J]. 课程·教材·教法，2021，41（5）：82-89.

[21] 章全武. 改革开放四十年小学数学统计与概率内容嬗变研究——基于七份课程文件的内容分析[J]. 数学教育学报，2020，29（6）：69-73.

[22] 赵国宏，宋润仙. 基于视频分析的信息技术与小学数学融合研究[J]. 延边大学学报（社会科学版），2020，53（6）：119-125，143-144.

[23] 杨健，李磊，傅海伦. 中国当代小学数学课程目标发展演变的特征分析[J]. 数学教育学报，2020，29（5）：36-40.

[24] 何璇，马云鹏. 国际视野下小学数学核心素养的价值取向与内涵[J]. 课程・教材・教法，2020，40（2）：92-98.

[25] 钟志德. 小学数学互动教学中采用交互式一体机的探讨[J]. 中国教育学刊，2019（S1）：52-53，56.

[26] 闫国瑞. 试析荷兰"现实数学教育"理念的课程实现[J]. 比较教育研究，2018，40（11）：81-90.

[27] 刘莉. 小学数学"综合与实践"活动案例开发与研究[J]. 基础教育课程，2018（20）：34-39.

[28] 蒋盼盼，杨钦芬. 我国小学数学课标表现标准的缺失及改进[J]. 教学与管理，2018（18）：82-84.

[29] 严虹，曹一鸣. 基础教育阶段数学课程内容设置的国际比较研究——基于六国"数与运算"课程内容的研究[J]. 教育学术月刊，2017（4）：96-103.

[30] 吉智深. 数学实验在小学数学中存在的理由及价值[J]. 教育探索，2016（1）：35-38.

[31] 李伟. 美国小学数学课程标准及其对我国的启示[J]. 教学与管理，2016（2）：56-58.

[32] 王烨晖，边玉芳. 课程评价模型的理论建构与实证分析[J]. 教育学报，2015，11（5）：80-86.

[33] 曹培英. 从学科核心素养与学科育人价值看数学基本思想[J]. 课程・教材・教法，2015，35（9）：40-43，48.

[34] 王介锁. 小学数学学科教学中应用意识的培养策略[J]. 中国教育学刊，2020（S1）：70-71.

[35] 袁敬丰，刘德宏. 滋养理性——小学数学学科育人新探[J]. 上海教育科研，2019（11）：85-88.

[36] 彭国庆. 小学数学学科基础素养分析与培养[J]. 教学与管理，

2019（14）：30-33.

[37] 马云鹏. 深度学习的理解与实践模式——以小学数学学科为例[J]. 课程·教材·教法，2017，37（4）：60-67.

[38] 刘芳. "说课"的现状分析和创新操作——以小学数学学科为例[J]. 中小学教师培训，2017（3）：24-27.

[39] 曹培英. 小学数学学科核心素养及其培育的基本路径[J]. 课程·教材·教法，2017，37（2）：74-79.

[40] 庄惠芬. 小学数学学科关键能力的培育策略[J]. 教育理论与实践，2015，35（35）：59-60.

[41] 石翠芸. 论信息技术与小学数学学科整合[J]. 中小学教师培训，2015（7）：44-47.

[42] 张屹，王珏，谢玲，等. 小学数学 PBL+CT 教学促进学生计算思维培养的研究——以"怎样围面积最大"为例[J]. 华东师范大学学报（教育科学版），2021，39（8）：70-82.

[43] 林爱村. 结构化思维培养的教学策略研究——以小学数学为例[J]. 上海教育科研，2021（8）：81-85.

[44] 陈雅琳. 变教为学的小学数学教学活动开展——评《教与学：小学数学中变教为学的研究与实践》[J]. 中国教育学刊，2021（8）：134.

[45] 丁晓然. 小学数学高效课堂的构建策略——评《小学数学教学活动设计与案例分析》[J]. 中国教育学刊，2021（7）：143.

[46] 佟茂峰. 基于核心素养培养目标的小学数学教学——评《小学数学核心素养教学论》[J]. 中国教育学刊，2021（6）：114.

[47] 唐彩斌. 大数据时代小学数学精准教学评的整体优化[J]. 全球教育展望，2021，50（6）：95-104.

[48] 查人韵. 具身认知视域下小学数学实验的教学策略[J]. 上海教育科研，2021（5）：83-86.

[49] 白颖颖，马云鹏. 如何从教师的教入手照顾学生多样性——对

四位加拿大小学教师数学教学实践的研究[J]. 全球教育展望，2021，50（5）：114-128.

[50] 范会敏，陈旭远，张娟娟. 基于精准框架的素养导向数学课堂教学评估——以全国小学数学（人教版）核心素养示范课教学视频分析为例[J]. 数学教育学报，2021，30（2）：20-25.

[51] 石迎春，于伟. "有过程的归纳教学"的行动与省思[J]. 教育科学研究，2021（4）：66-71.

[52] 黄友初，陈杰芳，尚宇飞. 小学数学优质课堂的教学语言特征研究[J]. 课程·教材·教法，2021，41（4）：105-111.

[53] 章勤琼，阳海林，陈肖颖. 小学数学教学中的表现性评价及其应用[J]. 课程·教材·教法，2021，41（3）：83-89.

[54] 陈婷，李兰，蔡金法. 中国小学数学"问题提出"教学的研究与实践——基于《小学数学教师》和《小学教学》（数学版）中"问题提出"文章的分析[J]. 数学教育学报，2021，30（1）：19-24.

[55] 于然，赵世恩. 深度学习的内涵与教学实践——以小学数学为例[J]. 数学教育学报，2021，30（1）：68-73.

[56] 刘体美. 小学高年级数学应用题分类建模教学策略及实例分析——从教师与学生角度讨论[J]. 中国教育学刊，2020（S2）：99-101.

[57] 岳增成，沈中宇，王鑫，等. 影响小学数学教师 HPM 实践的叙事研究[J]. 数学教育学报，2020，29（6）：74-79.

[58] 庄海翔. 小学数学课堂教学中积极性沉默的特征及实施[J]. 教学与管理，2020（35）：38-40.

[59] 朱国军. 基于深度学习的教学要义及实践[J]. 上海教育科研，2020（12）：89-92.

[60] 张先彬. 小学数学深度教学四原则[J]. 人民教育，2020（22）：52-54.

[61] 张艳. 小学数学任务型学习的教学设计原则[J]. 教学与管理，

2020（32）：43-45.

[62] 戚洪祥. 数学问题解决：演变、内涵及实践路径[J]. 上海教育科研，2020（11）：88-92.

[63] 陈春芳. 不同教学策略影响深度学习的比较研究——以小学"循环小数"教学为例[J]. 上海教育科研，2020（11）：85-87，67.

[64] 朱德江. 促进深度学习发生的小学数学教学设计[J]. 教育理论与实践，2020，40（29）：56-58.

[65] 季晓华，罗康敏. 小学数学教材中史料的编排特点与教学启示[J]. 教学与管理，2020（29）：70-72.

[66] 宋运明. 核心素养导向的小学数学概念教学——融合优秀教师课例的探析[J]. 基础教育课程，2020（20）：41-45.

[67] 周文斌. 数学学困生的一般性成因和转变思路[J]. 人民教育，2020（Z3）：94-95.

[68] 张明红. 数学教学要回归学科本质[J]. 人民教育，2020（Z3）：91-93.

[69] 朱俊华，刘晋扬. 大观念视角下的小学数学单元整体教学[J]. 基础教育课程，2020（14）：38-43.

[70] 姜立刚，罗丹. 小学数学课堂教学价值观培育路径探析[J]. 教学与管理，2020（20）：37-40.

[71] 王介锁. 小学数学学科教学中应用意识的培养策略[J]. 中国教育学刊，2020（S1）：70-71.

[72] 钟志德. 小学数学互动教学中采用交互式一体机的探讨[J]. 中国教育学刊，2019（S1）：52-53，56.

[73] 李光华，李双娥. 小学数学"数学广角"内容分析及教学策略[J]. 教学与管理，2019（2）：45-47.

[74] 郑毓信. 小学数学教师专业成长的"中国道路"[J]. 数学教育学报，2018，27（6）：1-6.

[75] 于正军. 小学数学教学不可缺失过渡语[J]. 教学与管理，2018（23）：34-35.

[76] 夏金. 小学数学教学中的追问须适宜[J]. 教学与管理，2018（5）：33-34.

[77] 杨琰. 基于规则教学的小学数学思维渗透分析[J]. 教育理论与实践，2020，40（8）：53-55.

[78] 陈娟. 小学生数学思维结构化的培养途径[J]. 教学与管理，2014（23）：42-43.

[79] 李秀娣. 小学数学课堂教学中学生思维能力培养的问题与对策[J]. 教育理论与实践，2013，33（14）：59-61.

[80] 卢锋. 发展空间观念提升思维能力——以小学数学教学为例[J]. 教育理论与实践，2012，32（11）：58-60.

[81] 程明喜. 小学数学"深度学习"教学策略研究[J]. 数学教育学报，2019，28（4）：66-70.

[82] 刘云霞. 在小学数学思维对话课堂教学研究的道路上前行[J]. 当代教育科学，2015（12）：39-44.

[83] 朱景岩. 新教学理念下利用数学教学发展学生思维能力初探[J]. 中国教育学刊，2018（S1）：156-158.

[84] 孙保华. 依托抽象，提升学生思维能力[J]. 中小学教师培训，2017（4）：50-53.

[85] 孟红玲. 小学数学教师专业知识发展培训模式研究[D]. 上海：华东师范大学，2015.

[86] 孙兴华. 小学数学教师学科教学知识建构表现的研究[D]. 长春：东北师范大学，2015.

[87] 杜志强，李蒙. 当前中小学教师专业发展虚拟共同体建设的痼疾与应对之策[J]. 中国教育学刊，2021（9）：90-92.

[88] 吴军其，任飞翔，李猛. 教师数字能力：内涵、演进路径与框架构建[J]. 黑龙江高教研究，2021，39（9）：83-90.

[89] 彭艳贵，徐伟，王鹤颖. 卓越中学数学教师的内涵与培养路径[J]. 鞍山师范学院学报，2021，23（4）：17-22.

[90] 彭泽平，黄媛玲. 乡村振兴战略视域下乡村教师本土化培养：内涵、价值与实践路径[J]. 现代教育管理，2021（8）：65-70.

[91] 田振华. 小学全科教师的内涵、价值及培养路径[J]. 教育评论，2015（4）：83-85.

[92] 孙兴华. 小学数学教师学科教学知识建构表现的研究[D]. 长春：东北师范大学，2015.

[93] 岳增成，汪晓勤. HPM 案例驱动下的小学数学教师专业发展——以"角的初步认识"为例[J]. 基础教育，2017，14（2）：96-103，112.

[94] 穆洪华，胡咏梅，刘红云，等. 教师专业发展对其课堂教学策略有影响吗？——来自中国基础教育质量监测的证据[J]. 教师教育研究，2017，29（6）：66-72.

[95] 郑毓信."问题意识"与数学教师的专业成长[J]. 数学教育学报，2017，26（5）：1-5，92.

[96] 赵思林，潘超. 中学数学教师核心素养及构成要素[J]. 数学教育学报，2021，30（2）：48-54.

[97] 方勤华，吕松涛，杨贞贞，张硕. 农村小学数学教师专业发展状况与学习需求分析——基于《小学教师专业标准》的一次调查[J]. 数学教育学报，2019，28（2）：35-40.

[98] 顾明远.《小学教师专业标准》说明[N]. 中国教育报，2011-12-14（003）.

[99] 李星云. 论小学数学核心素养的构建——基于 PISA2012 的视角[J]. 课程·教材·教法，2016，36（5）：72-78.

[100] 马云鹏. 深度学习的理解与实践模式——以小学数学学科为例[J]. 课程·教材·教法，2017，37（4）：60-67.

[101] 王月芬. 课程视域下的作业设计研究[D]. 上海：华东师范大

学，2015.

[102] 吴宏. 小学数学深度教学研究[D]. 武汉：华中师范大学，2018.

[103] 徐国明. 小学数学核心素养培养的思考与实践[J]. 中小学教师培训，2016（7）：42-45.

[104] 曹培英. 小学数学学科核心素养及其培育的基本路径[J]. 课程·教材·教法，2017，37（2）：74-79.

[105] 何齐宗，龙润. 小学教师教学胜任力的调查与思考[J]. 课程·教材·教法，2018，38（7）：112-118.

[106] 闫月静. 基于核心素养下的中学数学观[J]. 教育教学论坛，2020（12）：368-369.

[107] 朱立明，马振，冯用军. 我国教师专业素养测评指标体系的构建[J]. 教育科学研究，2019（12）：80-87.

[108] 周九诗，鲍建生. 中小学专家型数学教师素养实证研究[J]. 数学教育学报，2018，27（5）：83-87.

[109] 雷万鹏，马红梅，黄华明. 基于学生成绩残差分解技术的教师教学质量评价[J]. 华东师范大学学报（教育科学版），2021，39（7）：84-91.

[110] 刘芳，黄未未，姚璐，等. 小学数学特级教师课堂"提问"的教学特征及其启示——以18位知名特级教师各一节课为例[J]. 江苏理工学院学报，2021，27（3）：100-105.

[111] 王成营. 小学数学思想方法指导功能与适用情境的差异性分析[J]. 教学与管理，2021（26）：33-36.

[112] 许建立. 小学数学思想方法与学生数学素养培育——评《小学数学与数学思想方法》[J]. 中国教育学刊，2021（7）：144.

[113] 郑义富. 关于数学精神、数学思想与数学素养的辨析[J]. 课程·教材·教法，2021，41（7）：112-118.

[114] 刘正松. 基于工具视角的数学实验育人价值[J]. 教学与管理，2021（14）：41-43.

[115] 丁福军，张维忠. 创造性思维在数学教材中的呈现研究——以人教版小学数学教材为例[J]. 浙江师范大学学报（自然科学版），2021，44（2）：234-240.

[116] 谷晓沛. 小学数学教师学科教学知识建构模式研究[D]. 长春：东北师范大学，2018.

[117] 吴宏. 小学数学深度教学研究[D]. 武汉：华中师范大学，2018.

[118] 付天贵. 数学文化对小学生数学学习兴趣影响的测评模型构建研究[D]. 重庆：西南大学，2020.

[119] 史宁中. 学科核心素养的培养与教学——以数学学科核心素养的培养为例[J]. 中小学管理，2017（1）：35-37.

[120] 杨文正. 学习情境链创设视域下的计算思维培养模式[J]. 现代远程教育研究，2021，33（5）：72-81.

[121] 姚林群，杨凌. 发达国家中小学教师专业标准制定——以美国、英国和加拿大为中心的考察[J]. 教师教育论坛，2020，33（12）：83-86.

[122] 任志宏. 加拿大：中小学教师专业标准有哪些[N]. 中国教师报，2020-02-26（003）.

[123] 袁丹，周昆，苏敏. 基于能力标准的小学全科教师培养课程体系架构[J]. 课程·教材·教法，2016，36（4）：109-116.

[124] 吴传刚. 我国现行中小学教师专业标准改进研究[D]. 哈尔滨：哈尔滨师范大学，2019.